任伯年

年谱

丁羲元 著

天津出版传媒集团

天津人民美术出版社

图书在版编目（ＣＩＰ）数据

任伯年年谱 / 丁羲元著. -- 天津 ：天津人民美术
出版社，2018.1（2023.6重印）
ISBN 978-7-5305-8495-8

Ⅰ．①任… Ⅱ．①丁… Ⅲ．①任伯年（1840-1896）
一年谱 Ⅳ．①K825.72

中国版本图书馆CIP数据核字(2018)第016004号

出 版 人：杨惠东
责任编辑：田殿卿
技术编辑：何国起
装帧设计：田殿卿

天津人民美术出版社出版发行

天津市和平区马场道 150 号

邮编：300050　　　　电话：(022)58352900

出版人：杨惠东　　网址：http：//www.tjrm.cn

鑫艺佳利（天津）印刷有限公司印刷　　全国新华书店经销
2018 年 1 月第 1 版　　　　2023 年 6 月第 2 次印刷
开本：787 毫米×1092 毫米 1/16　印张：20　印数：3001-4000

◆丁羲元

　　《任伯年年谱》之创，于今忽忽三十年矣，时易世改而江山不可复识。中国迅捷地和平崛起，尤其上海的熠熠生辉更凸显着自近代开埠以来海上画派及其艺术传统的重要地位。其中任伯年及其大量作品，生机勃勃依旧，动人魅力无限。在曾经的繁华与正在展现的辉煌两个波澜壮阔的崛起的时代之间，历经了百载沧桑，其中深刻的联系，是历史的回眸与启示。

　　任伯年作为中国艺术史上超一流的画家，不仅属于过去，也同样属于当今和未来。有关其年谱，实属非易，其生平事迹，远非俯拾即是，或唾手可得。近代文献和史料的大量毁失，加之任伯年文字记载本来之奇缺，困难倍增。因此只能另辟蹊径，转从任伯年传世的大量作品中，寻觅缀集，旁征考订，找出线索头绪，倒不失为丘壑通幽。唯任伯年画作手稿，极为丰富，佳作照眼，转盼生动，但亦甚多伪作，鱼龙混杂，因此首先应严加鉴别。故谱中所录任画，人物、肖像、山水、花鸟，直至各类画稿，数可千计。其中大多为国内外各大博物馆精藏之作。经 20 世纪 80 年代，延至 1989 年正式以《任伯年年谱·论文·珍存·作品》出版。人谓此年谱内容一新，丰富多彩，且可为上海画派乃至中国近代画史之研助。但我总以为任伯年之精彩，或仍有大量杰作妙笔，或珍贵有趣的史料逸闻隐于我们并不知处。因此积以时日，静观探寻。

　　近二十多年，我较专注于晋唐宋元古代巨迹之研究，而于往来太平洋两岸，访问欧洲、日本期间，亦无时不留意于海上画派诸名家作品和史料之搜集。尤其于任伯年，其史料之开掘，我觉仍有不少空间。过去已经对相关史载、笔记有所涉猎。而对《申报》尤有会心留意。记得三十年前，在上海图书馆徐家汇藏书楼，查阅《申报》原件，皆百多年前物矣，尘灰扑面，气味刺鼻，翻检为难。至 20 世纪 90 年代，上海图书馆对《申报》重新复制，按原大之半，装订亦堆积如山矣。文字更小，而栏目广告检读更须用心。一段时间，坐于馆中翻阅，半日有时只取有用者半行数行而已。当时自认为垂钓，有时一日只钓一两条小毛鱼，亦足乐矣。果然，《申报》中深藏若虚，有关海派书画家之资料，亦复不少。特别是发现了任伯年《回乡口号》(《申报》己卯正月三十日发表)的诗作,还有杨伯润《海上六子吟》诗(《申报》戊寅十二月二十三日发表),其中称赞任伯年"偶吟新句亦绝尘,思致清真近韦柳",这就拓开了对任伯年追求诗书画"三绝"风格的新的认识和探讨。此后又发现了任伯年更多的诗作,从而为任伯年"诗画一律"全面风格的运用和探求提供了新的视角和思致。如此类史料之发掘,尤其还涉及任伯年与其同时代画家的关系、交往,以及对任伯年画中款题所涉人名的更多了解,如任伯年与虚谷合写肖像画的"詠之",姓高;所画《以诚小像》,不姓"何",而应姓"雷";丁卯(1867年)为波香画《风尘三侠图》之波香,是溪上"叶金缄";字隐耕、号龙湫旧隐的是"葛天民";其他如"听涛"为"杨楷","紫封"为"俞成诰","仰乔"为"方仁高"等等,都为进一步研究提供了线索。总之,任伯年之史料仍有待于不断地完善和探求,这方面如《申报》及各种期刊有着巡回之余地。

我以为"年谱"不应只是史料或资料简单的堆积或拼接,而应对其做研究式的甄别,特别应发现或梳理出前后史实之间的内在联系为佳。画如其人,知人论世,沿着这一思路应探寻出其背后的人物生活背景或社会背景。因此,在"年谱"中我有若干"考"和"按",对有关人物、事件、作品真伪内容之类,进行了考订和说明,如此让"年谱"立体化起来,前后贯穿活起来。如在任伯年由苏州来上海定居的戊辰(1868年)仲冬,有一帧肖像画,过去定为《陈允生像》(浙江省博物馆藏),实乃有误,而因无法判定其实故以《佚名像》而改之。又如《任薰像》,亦非任伯年笔墨。凡此之类,皆从原谱中剔除而说明之。又从任伯年作品观之,自1868年(戊辰)至1877年(丁丑)间,任伯年的大量画作均由胡公寿题款或补景或合写,二人关系至密,其中也透露出其时任伯年已住在胡公寿家对面,衡宇相望,因此交往极为便捷。而至1877年,任伯年作品(传世可见者)明显充实丰富,不但多,且有不少高帧巨屏,皇皇大作出现,用印也明显增多,此正说明任伯年于是年底已营建沪北外滩附近新居,寓沪十年,声誉赫然。而至翌年(1878年戊寅)终于有返回山阴龙山故乡之行。从后来虚谷为之画《山阴草堂图》可以更得实感，对其艺术之变化发展更多关注。这种图像深处的现实是可以从年谱联系中探寻的。任伯年作为载誉画史的"最为杰出"的画家，其"年谱"中对其艺术各时期风格的变化也有具体的揭示，或在按语中加以提示小结。任伯年风格中的系列美，在年谱中也注意追踪，如著名的《风尘三侠图》，自丁卯（1867 年）至丁亥（1887 年）二十年间仅传世之作就有十件，足以展观其风格之变化历程。又如任伯年对吴昌硕的画像，自癸未（1883 年）至乙未（1895 年）十二年中，有七件佳作，这在中外画史上都是罕有其例、遥领风骚的。所以，我一直视任伯年为艺术家中的艺术家，不亦宜乎。在年谱中还对任伯年的用印做了若干考证和整理，所见诸书用印释文之有误也予以说明。综上而论，因此数十年后，终于决定对《任伯年年谱》重新校补修订出版。

《任伯年年谱》20 世纪 80 年代出版之际，曾得郑逸梅先生、伍蠡甫、李铸晋教授三家作序，真是荣幸之至。尤其逸梅老和伍师二序，写得情溢乎辞，文情并茂，令我感动至今。如今两师均已作古，怀想未已。李铸晋教授亦已九旬耄年，健旺亦不如前了，时移途远，也久未得通音问，谨此遥颂祝福了。这次新版《任伯年年谱》应编者之邀，由我自置一序，遂将数十年来，《任伯年年谱》其中经纬、所增益之内容及充实变化，略述感怀如上，以与读者进一步交流。又蒙编者精心配置任伯年画作及有关史料图例，著录于系年之间，图文交辉，转觉任伯年之艺术繁富流美，生生不息。有关任伯年艺术风格之成就、影响和地位，以及鉴定赏析种种，作者均另有诸详论，可并作参考，兹不赘述，爰为序。

甲午（2014 年）七月新秋之吉，蝉声楼头，丁羲元于沪上

原序一

◆郑逸梅

　　沪上园林，饶有水木清嘉之美，当推豫园为首屈一指。我曩时赁庑城南，辄徜徉疏散其间，深觉冬索春敷，夏茂秋落，四时各有景色，迄今投老残年，杜门不出，但园林的机趣蕴蓄，纳爽开襟，犹萦之于怀。尤其点春堂上高悬一幅任伯年的《观剑图》，给我印象更为鲜明，那线条的流畅、神情的英隽，确非大手笔不办。

　　三任画派，影响后代较大。所谓三任，为任熊（渭长）、任薰（阜长）、任颐（伯年）。从辈分而言，伯年较晚，可是他别辟畦径；识者的评价，也以伯年为最突出。当我居阜民路时，屋主孙子山，和伯年的哲嗣董叔为莫逆交，因得闻知伯年的往事。子山喜和我谈人物掌故，偶尔谈到了任伯年，我欣喜命笔，写入我的《小阳秋》中，略云："伯年为人，真率不修边幅，画人物花卉，仿北宋人法，纯以焦墨勾勒，赋色秾厚，颇近老莲。后得八大山人画册，更悟用笔之妙。虽极工细之作，必悬腕中锋，自言：'作画如颐，差足当一写字。'间作山水，沉思独往，忽然有得，疾起捉笔，淋漓挥洒，气象万千。书法亦参画意，奇劲异常。寓沪城三牌楼附近，称且住室，卖画为活。邻有紫云者，善以紫砂抟为鸦片烟斗，时以紫云斗称之，价值绝高。伯年见之，忽有启发，罗致佳质紫砂，为作茗壶酒瓯，以及种种文玩，镌书若画款识其上，更捏塑其尊人淞云一像，高三四尺，须眉衣褶，备极工致。日日从事于此，绘事为废，几至粮罄无以为炊。妻怒，尽举案头所有而掷之地，碎裂不复成物。仅得留存者，即淞云像一具耳。伯年徐徐曰：'此足与陈曼生争一席地，博利或竟胜于丹青也。'吴昌硕学画于伯年，时昌硕年将大衍矣。伯年为写梅竹，寥寥数笔以示范，昌硕携归，日夕临摹，积若干纸，请伯年正定，伯年视之，则竹差得形似，梅则臃肿大不类。伯年曰：'子工书，不妨以篆隶写花，草书作干，变化贯通，不难得其奥诀也。'昌硕从此作画甚勤，每日必趋伯年处请益，伯年固性懒，因此画件益搁置，无暇再事挥毫。妻又恚甚，欲下逐客令，伯年一再劝止之始已。"世俗认为昌硕和伯年的关系为友而师，实则伯年颇喜奖掖后进，不以师道自居，那么关系是师而友了。

　　伯年精绘人物，尤多写像，曾为乃翁淞云画了多帧，又为昌硕画《饥看天图》《酸寒尉》《蕉阴纳凉图》，都属传神阿堵，为其生平得意之笔。

此外并喜画粉黛婵娟。或谓伯年画仕女有欠姿媚，我却别有所见，费晓楼、改七芗着笔纤柔，其美在容；伯年涉笔浑朴，其美在骨。或又以伯年画罕有题识为憾，我又认为伯年的画，其景局中充溢着诗的情趣，不须再赘韵语。我家所藏伯年的花卉，着墨不多，而轻微淡远，耐人玩索，奈于"文化大革命"中失去，为之嗟惜不置。今所存的，伯年画佛小幅，未署名，亦无印章，董叔为题，那是的真无疑的。又董叔辞世，其弟子吕十千录未刊遗稿凡五册，分《嫩凉文存》《嫩凉诗存》《嫩凉词钞》《嫩凉杂著》，嫩凉为董叔别号，辗转为我所得。又藏有董叔手临《董美人墓志》，原作为吴湖帆梅景书屋物，湖帆极爱之，晚间纳入衾中，谓"与美人同梦"，靳不示人，董叔和湖帆商恳，借一夕便归赵璧，乃通宵不寐，剪烛临摹一过。董叔身后，这摹本亦归我有，虽历劫尚留前半册，曾农髯、褚礼堂题封面和扉页。又藏伯年女任霞字雨华画的小册页，凡此都是任氏的流衍世泽，弥足珍贵的。

我和作者丁羲元的订交，也可资谭助。当时鉴赏家钱镜塘尚在世，卜居茂名南路，楼头轩爽，四壁都是书画，琳琅满目。且悬画按着季节，时常变易。如春梅盛放，就是悬着许多梅幅，都是明清人的杰构。他又在庭院中杂栽盆花，把绿萼梅、胭脂梅等供置几案，使画中的花和盆中的花相映相补，顿使一室充溢着芳郁的青春气息。到了夏秋，转及寒冬，也就把莲菊松竹及山茶等等的盆栽，配着应景的丹青妙迹，幽秀之致，使人挹之不尽。羲元是镜塘家的座上客，我去观赏，恰和羲元相值，一见如故，握手欢然，此后频通音问。他曾在北京文化部中国艺术研究院攻读中国美术史，研究任伯年，致力很深，著有《谈任伯年的艺术道路》《任伯年艺术论》等，又经十多年的暝书晨抄，搜讨追溯，撰成这部《任伯年》一书，分四部分，一、年谱；二、论文；三、珍存；四、作品：计约一百帧，多有未发表者，煌煌炳炳，蔚为大观，这是艺术界的一大贡献。于付梓之前，爰识数语如此。

一九八七年春作于纸帐铜瓶室，时年九十有三

原序二

丁羲元同志多年从事中国绘画史和中国绘画美学的研究，近来先后发表的《虚谷研究》《论无笔画及其地位》《谢赫〈画品〉的再认识》等作，都是很有思想深度的专著，为识者所称道。他的新作《任伯年》以"年谱""作品"为基础，写出论文多篇，评价一代名家、海上画派创始人山阴任颐的艺术。这部书体系完整，材料与观点、图与文、史与论密切结合，言之有物，言之成理，在我国尚属罕见，是十分值得庆贺的。

任伯年的伟大，首先是由于正确掌握了创新和传统的关系。贡布里希曾说：艺术再现缺少不了两件东西，即图式和印象，前者掺杂着陈旧的概念，后者乃当前的感觉与感知，而一幅画中二者时常是并存的。伯年笔下蕴藏着陈洪绶的衣褶纹和枯树梢（人物画、山水画）、宋人的勾勒（花鸟画）、明人的泼墨（花鸟画表现特多），所有这些都是已有的图式或格式，但一经伯年妙用，便都给观者以新的刺激，唤起新的反应。这是由于伯年的创作，印象先于图式，以现实感受、生活所见为主导，来运用传统知识与概念。也就是说，伯年的感觉、印象十分丰富，足以触发情思，进行创作；画家的内心或作品内容是他自己的，而不是从前人、旁人那里搬来的，所以称得起是新而非旧；再加上心手相应，笔随意转，于是画面出现了图式的翻新、变革，迥然不同于前辈或古人。这里有许多例子，不妨略举一二。老莲喜作枯树梢，双钩而劲挺，伯年袭其造型，却将双钩改为线条、晕染相参合，其质感之美，便非老莲所能及。伯年的衣纹亦出自老莲，但常于墨痕间敷淡彩、染淡墨，遂多凹凸感、节奏感，取得新的突破。伯年画山石，时常是披麻、斧劈、折带、乱柴兼施并用，复劲笔作细草，来统摄这些似乎分崩离析的线条，使分歧归于统一，确实别有韵致，而浙派之限于斧劈，新安之仅擅折带，华亭、娄东之不离披麻，不过是已有图式的奴隶耳。伯年画花卉，并非照搬宋人双钩，而是笔踪脱落，以墨或色弥补、衬托，线、面交织，勾勒、没骨互用，因而产生节奏之美。所有这些足以说明，任伯年尽管还保留一些已有图式的痕迹，却能别开生面，创造了贝尔（Clive Bell）所谓"有意味的形式"，它发源于感觉印象，植根于生活现实，并非主观臆造，所贵也就在此。

其次，任颐并非纯粹的文人画家。他学过写真、塑像（捏面人）、制作紫砂茗壶，这些都是民间艺术，文人、士大夫所不屑为，然而民间艺人重视视觉、触觉和钻研技巧这一优良传统，却帮助伯年锻炼出相当卓越的造型本领，不仅增强了绘画的三维空间之感，而且导致艺术形式的创新，使他成为杰出的肖像画家。且看他的《任淞云像》《高邕之像》：淞云是伯年的父亲，特擅写真，却状其寄情山水，心有所会，一阵高兴，笑容可掬；邕之精于鉴赏，则描写他注目凝神，又惊又喜。同时，衣纹更随着品性神态而各具特征：淞云的，飘逸明快，特别是粗壮的三笔勾出了拢起双袖而从容自得；邕之的，转折重叠，象征复杂的思想认识过程。总而言之，伯年抓住对象的生活特点以发挥画家的想象，使衣纹的笔致也参与内心的刻画，共同完成形象的塑造，比起曾鲸只知面部不解衣纹、禹之鼎离不开大量道具，伯年可谓迈出崭新的一步。尤其是他的《姚小复像》，羲元同志推为"白眉"之作，诚非过誉，我玩味之余，试作一些补充。我们不难看出其最为得意处：粗线条、一折角，为右臂下垂衣纹；随即细线条、三折角，乃衣袖细部；跟着是袖口露出拇指，拇指直按竹杖；而以上几个部分，笔意连贯，一气呵成，如行云流水，十分自然，倘无深厚功力，是难以办到的。再看图的左下方，正当主人翁右臂之前，以淡墨没骨补石，石上几个浓墨横点，于是乎衣与石、人与物，被线、面、点巧妙地合为一体，把观者的审美欣赏引向深处：一、伯年写出主人翁不是凡夫俗子，犹如顾恺之画谢幼舆，"宜置丘壑间"；二、伯年以线、面、点组成的结构本身，足以传达对象的内心世界，再一次使观者体会作品的"有意味的形式"。应该说伯年此作，使肖像画艺术臻于化境了。

艺术美总是通过艺术形式美，才能表现，才能完成。羲元同志评论任颐的艺术造诣，主要也是抓住这条基本规律，加以阐发。他的文章旁征博引，笔墨生动细腻，而且趣味横生，读后颇有所想，故欣然为作小序。

一九八七年元月于尊受斋

目　录

 任伯年年谱

A Chronicle of RenBonian's Life

任伯年像
徐悲鸿画

◆**清道光二十年（1840 年）　庚子　1 岁**

是年鸦片战争爆发。

画坛之盛，向称江南。明季以降，即有吴派、浙派之誉。"上海一埠，始仅一黄浦江滨之渔村耳。"[1]然至明清，文物殷盛，邑中敦朴之士，信道好古，闲习翰墨，又代有闻人。乾嘉时有平远山房之设，为海内所推。道光己亥（1839 年）虞山蒋霞竹来沪避暑，集诸名士于小蓬莱阁，操翰无虚日，殆为书画会之嚆矢。[2]

【按】

上海位于中国东海之滨，在苏州河与黄浦江之汇流处。黄浦江，一名黄歇浦、春申浦，为古代春秋时楚国春申君黄歇的封地，故得名。上海简称"沪"或"沪渎"，"沪"原为海边捕鱼的一种工具，因上海是滨海之地，故又有此简称。

早在南宋咸淳年间（宋度宗 1265—1274 年），上海已建镇。咸淳七年（1271 年）建奉天后之顺济庙，内有丹凤楼（至明中叶，移建到城楼万军台上），"凤楼远眺"为沪城八景之一。元代至元二十八年（1291 年）上海建县。明代嘉靖三十二年（1553 年）为御倭寇而建城。周九里、高一丈五尺之城墙，有六门，四水关。至清二次重修，加城墙高为丈四二尺，当时已为"舳舻相衔，帆樯林立"的"江海之通津，东南之都会"。

① 徐珂《清稗类钞》第一册第五十四页（商务印书馆）。

② 详见高邕之《海上墨林·序》。

（上海县城墙直至1912年7月始拆，至1914年冬仅留大境路关庙一处保留。）

上海县城北至黄浦江一片，原为芦滩，直到19世纪50年代初，其江河交界处的涨滩刚刚形成，芦草萋萋，天翁（白鹭）翔集，江边唯有纤夫小路。但鸦片战争后，1843年（11月17日）上海开埠，又据《虎门条约》（即《五口通商附粘善后条款》），中英双方议定界址，租屋或租地与英国人居住，"华洋分居"，"不许逾越"。1845年上海道台官慕久与英领事巴福尔商定第一个《土地章程》，英国人首先看中并租用这块滩涂，东至黄浦江，北至李家庄，南至洋泾浜，共830亩。1848年美国人复将虹口至苏州河一带划为美租界。1849年（4月6日）法国人又将"南至城河，北至洋泾浜，西至关帝庙诸家桥，东至广东潮州会馆沿河至洋泾浜东南"一片共986亩的地区划为法租界。由此形成上海县与外国租界共存分管的局面。而一二十年间，外滩洋楼林立，金融汇集，成了中国乃至东亚的大都会，景象壮观，实乃空前。

夏，任伯年生于浙江省山阴县（今绍兴），名颐，初名润，字伯年，号小楼、次远。小名任和尚。

其父任鹤声，字淞云。"能画像，从山阴迁萧山，业米商。"[1] "读书不苟仕宦，设临街肆，且读且贾。善画，尤善写真术，耻以术炫，故鲜知者。"[2]

张熊38岁。嘉庆八年（1803年）生。浙江秀水（嘉兴）人。字寿甫，号子祥，又号鸳湖外史。

任熊18岁。道光三年（1823年）生。浙江萧山县（今萧山区）人。字湘浦，又字渭长，号不舍。

任薰6岁。道光十五年（1835年）生。任熊弟，任伯年族叔。字舜琴，又字阜长。

胡远18岁。道光三年（1823年）生。华亭（今上海松江）人。字公寿，初号小樵，又号横云山民。

虚谷17岁。道光四年（1824年）生。安徽歙县人，家于扬州。俗姓朱，名虚白，字怀仁，号紫阳山民，别号倦鹤。

赵之谦12岁。道光九年（1829年）生。浙江会稽（绍兴）人。字㧑叔，号益甫，又号悫寮，晚号悲盦、无闷。

姚燮36岁。嘉庆十年（1805年）生。浙江镇海人。字梅伯，号野桥，又自号大梅山民。

朱偁15岁。道光六年（1826年）生。嘉兴人。字梦庐，号觉未。

杨岘22岁。嘉庆二十四年（1819年）生。浙江归安（湖州）人。字庸斋，号见山，晚号藐翁，又号迟鸿残叟。

周闲21岁。嘉庆二十五年（1820年）生。浙江秀水人。字存伯，别号范湖居士。

[1] 徐悲鸿《任伯年评传》，见上海书画出版社出版的《朵云》第三期。

[2] 任董叔《题任颐画任淞云像》轴（故宫博物院藏品）。

俞樾 20 岁。道光元年（1821 年）生。浙江德清人，字荫甫，号曲园。

沙馥 10 岁。道光十一年（1831 年）生。江苏长洲人，字山春。

蒲华 9 岁。道光十二年（1832 年）生。浙江秀水人。字作英，别号胥山野史。

钱慧安 8 岁。道光十三年（1833 年）生。宝山（上海）人，又名贵昌，字吉生，别号清溪樵子。

【考】

任伯年之生年，应为 1840 年。前有二说，另一以为 1839 年生，实误。据 1939 年 8 月 18 日至 23 日在上海大新公司四楼举办之"任伯年百年纪念展览会"，系由任伯年亲属吴仲熊等发起[1]，该展之纪念册有陈蝶野序一篇，其中有云："东坡生日，屈指百年。"此为按中国农历计年法，则任伯年生于 1840 年。又闻钱镜塘先生说，任伯年生于庚子年之夏。钱与任伯年之子任堇叔交往甚密，故知伯年事甚详，又曾参与任伯年百年纪念展，可知是展明言百年非虚应其事，而确为其实。又据章显庭所藏赵叔孺审定的《东津话别图》卷[2]题签明言："任伯年《东津话别图》精品，芸庐藏，叔孺署（乙丑五月）。29 岁作。"该卷作于 1868 年，29 岁，则推算其生年亦为 1840 年。

徐悲鸿先生在访问任堇叔和吴仲熊后写成的《任伯年评传》谓："伯年生于洪杨革命之前（1839 年）……卒于光绪乙未（1894 年）。"光绪乙未当为 1895 年，徐先生推算时误将卒年干支推算提前一年，故"1894 年"云云，必又将其生年推算提前了一年。故徐先生所述 1839 年乃推算之误，实际上仍为 1840 年。又《越中历代画人传》所云：任伯年"道光戊子生，光绪丙申卒"。道光年为 1828 年"戊子"，或为"庚子"之误，即 1840 年。

关于任伯年之籍贯，任之题款中皆用"山阴任颐伯年"，并自号为"山阴道上行者""山阴道人""山阴行者"，从未署"萧山"者。而吴儁题任画《范湖居士四十八岁小像》云："同治六年（1867 年）秋日萧山任颐画，越一年江阴吴儁题识。"胡公寿同治七年（1868 年）自题的任画《横云山民行乞图》云："萧山任柏年（柏，原款如此）写。"盖任画早期之作他人有题"萧山"者，而后则未见。徐悲鸿《任伯年评传》云："任伯年名颐，浙江萧山人，后辄署名山阴任伯年，实其祖籍也。其父能画像，从山阴迁萧山，业米商。"此论庶几称是。或云任伯年为"萧山航坞山人"。航坞山为今之坎山镇，其东为瓜沥镇，镇上原有任家楼。而瓜沥镇部分属绍兴。航坞山离萧山东北 45 里，据云为三县交界处，为"三不管"之地，故家谱中均不载。任伯年自署"山阴"人或与此有关，惜无法详考。

《清代萧山书画人物志》（周明道编）记任伯年少时随父迁徙山阴至萧山城内凤堰桥。录此备考。

又，戊寅（1878 年）秋任伯年由上海回乡，有《回乡口号》诗，有云"乱后归来意惘然，龙山横卧石田田"，则其故乡在龙山附近可知。

又，任伯年又名润，字小楼，此系早年在甬上（宁波、镇海）及苏州等地卖画时所署名款，盖早年尝师法费晓楼之仕女画，故自称"小楼"。据钱镜塘告，任伯年初来沪上卖画，仍有署"小楼"款者，因遭费晓楼之子费余伯反对，遂不复用。方若《海上画语》认为"任伯年，名颐，初字小楼"，实非"初字"，试从同治六年（1867 年）《灵石旅舍图》诸题识即可知。

◆道光二十一年（1841 年）　辛丑　2 岁

任熊作《仕女图》，周闲题词"昭君怨"。

◆道光二十二年（1842 年）　壬寅　3 岁

七月中英签订《南京条约》，鸦片战争结束。

◆道光二十三年（1843 年）　癸卯　4 岁

上海开埠。"最初开埠在道光二十三年九月二十六日。"①

任熊渭长 21 岁。

是年"从村塾师学画行像"。②

◆道光二十四年（1844 年）　甲辰　5 岁

中美《望厦条约》、中法《黄埔条约》签订。

吴昌硕生。八月一日诞生于浙江安吉。

◆道光二十五年（1845 年）　乙巳　6 岁

是年英驻沪领事在上海签订《上海租地章程》，遂为租界之肇始。

任熊 23 岁。是年顷在定海观吴道子木画，遂致力于唐人。

◆道光二十六年（1846 年）　丙午　7 岁

任熊 24 岁。是年偕陆次山侨寓西湖，观贯休《十六尊者像》，寝卧其下，自后无宋以后之用笔矣。

◆道光二十七年（1847 年）　丁未　8 岁

任熊 25 岁。夏五月作《采药图》。

1841 年
1842 年
1843 年
1844 年
1845 年
1846 年
1847 年

006

任伯年年谱
A Chronicle of Ren Bonian's Life

① 《上海县志》卷十四。

② 详见《桐阴县志》。

◆道光二十八年（1848 年） 戊申 9 岁

是年王韬描述"一入黄歇浦中，气象顿异。从舟中遥望之，烟水苍茫，帆樯历乱，浦浜一带，率皆西人舍宇，楼阁峥嵘，缥缈云外，飞甍画栋，碧槛珠帘。此中有人，呼之欲出，然几如海外三神山，可望而不可即也"。此为上海开埠五年之景观，上海外滩一带之建筑街市，西洋风调已惊人如此。①

吴谷祥（秋农）生。

胡璋（铁梅）生。

任熊 26 岁。是年始交周闲于钱塘，留住范湖草堂，终日临摹古人佳画。

任薰 14 岁。

◆道光二十九年（1849 年） 己酉 10 岁

是年顷任淞云以写真术授任伯年。"垂老，值岁歉，乃以术授先处士。"（任堇叔）

【按】

浙江山阴、秀水等地，多有写真传统，为明末清初曾鲸之派绪。②任淞云嘱任伯年将来访客人不必告其姓字，但图其容貌，故任伯年从小练就默写熟察心记之功，于日后绘画精于描写和独擅肖像之艺奠定深厚基础。

任熊 27 岁。留住范湖草堂。作有《秋花》四幅等。

◆道光三十年（1850 年） 庚戌 11 岁

是年道光皇帝病逝，咸丰即位。

任熊 28 岁。留住范湖草堂有三年，遇姚燮。春，周闲作楚游，偕往吴中，交陈塸、黄鞠辈，游京口等地。复偕陈塸游明州。秋，住宁波姚燮大梅山馆。

虚谷 27 岁。在镇江、扬州一带"以参将效力行间"。

高邕（邕之）生。

◆咸丰元年（1851 年） 辛亥 12 岁

太平军在广西金田村起义，建号"太平天国"。

任伯年在萧山习画。

任熊 29 岁。春，在宁波姚燮家完成《大梅山房诗意图》册 120 幅。冬，周闲自楚还，任熊复去嘉兴范湖草堂。

◆咸丰二年（1852 年） 壬子 13 岁

太平军北上，连战告捷。嘉平十二月攻克武昌。兵临南京。

1848 年
1849 年
1850 年
1851 年
1852 年

007

任伯年年谱

A Chronicle of Ren Bonian's Life

① 王韬《漫游随录》卷一第五十页，《黄浦帆樯》，湖南人民出版社，一九八三年版。

② 参看张庚《国朝画徵录》卷上。

任伯年在萧山家乡学画。约是年顷，据传在农村尝见两牛打斗，遂撩长衫代纸以指画牛斗之状，归而作《斗牛图》，尚有跋云：“丹青来自万物中，指甲可以当笔用。若问此画如何成，看余袍上指刻痕。”[1]（事或可仿佛，姑留置之。）

虚谷29岁。是年迫于形势，又接受太平军之规劝，“意有感触，遂披缁入山”，去苏州太湖石壁狮林寺出家，为书画僧，不礼佛号，唯以书画自娱，后以“虚谷”为名。

【按】

虚谷出家，接受太平军规劝一事，他曾告诉同时在上海关庙鬻画的安徽画家汪仲山（琨）。略云，太平军尝派人到虚谷处做宣传，问：“明朝姓谁？”虚谷答：“姓朱。”又问：“明朝的江山是谁抢去的？”答曰：“清朝。”又诘之曰：“你也姓朱，为何帮清朝打自己人？”虚谷无言以对。所谓“意有感触”云。尝闻虚谷有出家诗三首，高邕之书。[2]

任熊30岁。与周闲约游吴，“一至沪渎，有大腹贾欲以千金交欢，不乐其请，拒之而去”。到苏州，居华阳道院，结书画之社。游吴中，岁尽始归萧山。

林纾（琴南）生。

◆ **咸丰三年（1853 年） 癸丑 14 岁**

是年二月太平军攻克南京。遂定都，改名天京。相继攻克扬州等处。八月，上海小刀会刘丽川等举行起义。

是年英国人在上海创办麦加利银行。

任熊31岁。二月去苏州，由黄鞠为媒，娶刘氏孤女归萧山。

任熊于咸丰初年以嘉兴周闲荐入向忠武公荣金陵戎幕，为绘地图，羁居积年，得江山之助，笔法逾健。既归，鬻画苏州以自给，尺幅片楮，人咸珍之。[3]

夏日在金陵作《任熊自画像》图轴，题《十二时》长调一首。冬十月在沪，作《熏笼图》轴。

周闲34岁。秋，在上海因围攻嘉定周立春起义军，得蓝翎。

【按】

据笔者考，《任熊自画像》轴作于癸丑即1853年。[4]

任薰19岁。

任预（立凡）生。

倪田（墨耕）生。

任熊自画像
立轴 纸本
177.5cm×78.7cm
故宫博物院藏

① 详见《新民晚报》一九六二年三月二十四日《画家任伯年故事》一文。余向疑此为好事者艳其说也。

② 参见《萧山县志稿》（王仁溥撰，一九三五年），又笔者考证，见《文物》，丁义元《任熊自画像作年考》。此据钱镜塘先生闻汪仲山言，复转告于我。

③ 《文物》，丁义元《任熊自画像作年考》，见《文物》二○○二年二月号。

④ 二○○二年二月号。

是年在萧山。仍习画。

【按】

据徐悲鸿引王一亭所述有云："迨父卒（伯年约十五六岁），即转徙上海。"尝作折扇，书任渭长假款，于上海街头地上售之，适遇任渭长过，询问良久，终介绍任伯年赴苏州随任薰学画云。此事向来传为佳话。方若亦记云："伯年方抵沪，设摊石路夜市，陈画多渭长款。一日渭长经过，注视良久，询：'是画作者于汝何称？'曰：'阿叔。'渭长笑曰：'不敢当！我即渭长，未曾作此。'伯年大窘曰：'实不相瞒，我作也。'渭长曰：'画甚佳，何冒人为？'复细询寓处，别去。"次日致书胡公寿，代觅古香室安设笔砚云云。[1]

上述记载或有所据，而所述多有差误。如云任伯年迨父卒转徙上海事，其父卒于1862年，则任渭长早于1857年逝世（详见后），当无从相遇。而伯年之遇渭长，应在情理之中，因渭长为其族叔，又同在萧山。而在上海地摊邂逅，且先之不识，似难足信。或云此事实有，而地在萧山（一说宁波），非在上海。或云所遇亦非任熊渭长，而是其弟阜长任薰，均为推测之词。任伯年十五六岁来沪卖画事，尚无实据确考。然十五六岁左右在萧山或宁波等地遇见渭长，似为仿佛之间。渭长画风影响伯年特深，且伯年画中提及渭长曾称"余叔渭长有此"云云，无上亲切自豪，绝无生不相逢之憾，此类可细辨。又伯年后在宁波、镇海，亦曾住姚燮家，也是由于任渭长、阜长之关系。又伯年后来对倪墨耕、王一亭等学画之初处境之同情、帮助提携、发现培养，均有渭长之风，有渭长的影子在。故任伯年之遇于渭长，踪迹可辨，而其地在上海，则终无确据。

任熊 32 岁。在吴中，游京口等地。作有《列仙酒牌》。

任薰 20 岁。

杨伯润来沪上。伯润字佩甫，别号南湖，又号茶禅，嘉兴人。幼承家学，临古不辍，因以成名。咸丰之季避乱来沪，鬻画养母。[2]

姚燮 50 岁。咸丰时侨寓沪上，工画梅，巨干繁花，气体雄健，自号大梅山民。时项燿在沪设笺扇肆于豫园，姚燮为题额，曰"飞云阁"。沪上诸名士常于此雅集。[3]

任淇（竹君），萧山人，为任熊之叔，工写《兰亭》十三行，楷法精妙，寓沪甚久。

沙家英（子春），沙馥之弟，任熊癸丑甲寅间在苏州，从受业，又随渭长游京口金焦二山。

吴昌硕 11 岁，在安吉，学金石篆刻。

[1] 详见徐悲鸿《任伯年评传》、方若《海上画语》。

[2] 杨伯润，见杨逸《海上墨林》卷三第二十一页。

[3] 见杨逸《海上墨林》卷三第七页、第十四页。

◆ **咸丰五年**（1855 年）　乙卯　16 岁

是年正月春节，上海小刀会起义失败，刘丽川英勇牺牲。

任熊 33 岁。夏，于京口为周闲作《范湖草堂图》卷，"岁乙卯夏，偕陈塤重游焦山，总帅周公士法、副帅雷公以诚咸器重之，待以上客。为周闲作《范湖草堂图》卷，二丈，称杰构。"① 九月还吴，与黄鞠等游，十月作《四红图》轴。十二月归萧山，杜门一载。

◆ **咸丰六年**（1856 年）　丙辰　17 岁

任熊 34 岁。是年在萧山，作《剑侠传》《於越先贤传》，又作《十万图》册、《丁蓝叔参军三十岁小影》，重九于丁氏临碧山庄作《黄菊酒蟹图》轴。

◆ **咸丰七年**（1857 年）　丁巳　18 岁

1855 年
1856 年
1857 年
1858 年
1859 年
1860 年

010

任伯年年谱
A Chronicle of Ren Bonian's Life

任熊 35 岁。闰五月始有疾。仲夏作《秋林共话图》，六月杪扶病作《山水图》轴，题诗云："竹簟绳床白昼眠，嵯峨瘦骨更难便。起寻楮墨闲涂抹，秃树寒山想老莲。"八月周闲过萧山，九月自天台山返，任熊留之宿，同游湘云寺。十月疾大作，十月初七（11 月 22 日）卒于家，年 35 岁。终笔有《高士传》等，是年十月王龄刊。

◆ **咸丰八年**（1858 年）　戊午　19 岁

是年英法联军攻陷大沽，清政府与之议和，五月与英、法、俄、美各签订《天津条约》。

六月，周闲撰《范湖草堂记》。②

◆ **咸丰九年**（1859 年）　己未　20 岁

赵之谦 31 岁，是年中举人。怀才负奇，博通今古，与周白山友善，以文字相切。时游沪滨，墨迹流传，人争宝贵。③

吴友如，在苏州，业医。

虚谷 36 岁，游于苏州、扬州等地。

胡公寿 37 岁。

任薰 25 岁。

吴昌硕 16 岁。

◆ **咸丰十年**（1860 年）　庚申　21 岁

二月，太平军第一次进军浙江。李秀成率六七千众日夜下杭郡，二月

① 周闲《范湖草堂遗稿》中《任处士传》。

② 周闲《范湖草堂遗稿》（上海图书馆藏）。

③ 见杨逸《海上墨林》卷三第九页。

廿七日攻下杭州，三月三日悄然退出，遂解天京之围。①

任伯年在越州（绍兴）。

吴友如（嘉猷）是年云：“避难始来沪，始习丹青，每观各家真迹，辄为目想心存，至废寝食，探索久之。”②

吴昌硕17岁。从安吉避兵逃亡于浙皖山间，或做短工打杂，时食野草山果度日。

◆咸丰十一年（1861年）　辛酉　22岁

太平军李秀成率兵第二次攻打浙江。李容发（李秀成之侄）一路自萧山进取绍兴。9月29日攻克绍兴，12月1日合围攻克杭州。③

时任伯年在绍兴，其父命其趋行去诸暨包村逃避，在战乱中被卷入太平军（拉伕）。

又是年冬上海大雪，“咸丰辛酉十二月二十七、八等日，大雪至三昼夜，深至四五尺，港断行舟，路绝人迹，老屋茅舍率多压倒”④。

【考】

据任堇叔题《任伯年画任淞云像》轴云：“赭军陷浙，窜越州时，先王母已殂。乃迫先处士使趋行，己独留守。既而赭军至，乃诡丐者，服金钏甚都，先期逃免，求庇诸暨包村。村据形势，包立身奉五斗米道，屡创赭军，遐迩麇至。先王父有女甥嫁村民，颇任以财，故往依之，中途遇害卒。难平，先处士求其尸，不获。女甥之夫识其淡巴菰烟具，为志志其处，道往，果得之。金钏宛然，作两龙相纠文，犹先王父手泽也。孙男堇敬识。”⑤

又，任堇叔题《任伯年四十九岁摄影》云：“先处士少值俭岁，年十六陷洪杨军，大酋令掌军旗。旗以纵袤二丈之帛，连数端为之，贯如儿臂之干，傅以风力，数百斤物矣。战时麾之，以为前驱。既绥，植干于地，度其风色何乡（向），乃反风跌坐，隐以自障。敌阵弹丸，挟风嘶嘶，汰旗掠鬓，或缘干坠。坠处触石，犹能杀人。尝一弹猝至，感（撼）旁坐者额，血濡缕，立殪。先处士顾无恙。军行或野次，草凷（按：即“块”）枕藉，露宿达晨。赢粮蓏食，则群

任堇叔题《任伯年四十九岁摄影》

⑤ 见《美术界》第三期（一九二八年八月生生美术公司版）封面（丁义元藏）。

④ 徐珂《清稗类钞》第一册《气候类》。

③ 见《太平天国》二，第七百四十页《李秀成谕子任》。

② 吴友如《飞影阁画册》小启。

① 见《忠王李秀成自述校补本》第二十四页。

踞如蹲鸱，此岭表俗也。年才逾立，已种种有二毛。嗜酒病肺，捐馆前五年，用医者言，止酒不复饮。而涉秋徂冬，犹咳呛哕逆，喘汗颡泚，则陷赭军时道涂（途）霜露，风暍所淫且贼也。此影盖四十九岁所摄，孤子堇敬识。"①

任堇叔以上两段题跋，实为首尾相贯的一个过程，而向为人所忽。任堇叔所谓"赭军陷浙，窜越州时"，当指1861年9月29日李秀成第二次东入浙江之时。李秀成"由富阳破余杭，屯兵姑塘"，他命令侄儿李容发等"先保萧山而后攻绍兴，以除浙省之羽翼"（《李秀成谕子侄》）。李容发一路大军自萧山进取绍兴，准备合围杭州。而攻克杭州是在1861年12月1日，其后不久即撤离。正是这一时期，任伯年在绍兴，先是迫于父命，才"趋行"逃难，从而在包村一带卷入太平军中，一度在军中"掌军旗"。其时值冬令，与任堇叔所述"军行或野次，草由枕藉，露宿达晨""道涂（途）霜露"情景相合。但这段时间并不长，约一两个月，看来太平军攻陷或撤离杭州后，即所谓"难平"之后，任伯年即又返回寻父。但其父已在从绍兴逃往诸暨包村时，"中途遇害卒"。其尸身所怀藏的金钏等首饰及"淡巴菰烟具"（即水烟）"宛然"犹存。正说明其父为中途死于战乱，而任伯年"陷"太平军及归寻其父尸这段逃亡生活时间确实不长（详见下文）。

又，任堇叔所谓"年十六陷洪杨军"，看来是误记。因任伯年16岁时为1855年，其时太平军并未攻打浙江，也未进军上海，故任伯年不可能是"年十六陷洪杨军"，而应为1861年冬，其时年22岁。又有论者以为任伯年16岁曾"参加小刀会"云云，更属附会。

关于任堇叔题识中所谓"包立身"者，实系"包立生"之误。据施旭臣《金钟山房文集》有《包立生传》一篇，可知"包立生，诸暨田家子也，世居包村"，"（咸丰）十一年九月，粤贼陷诸暨，立生为所获，逃而免。十月归家，起义兵，从之者数万人，与贼角，屡歼贼众。贼怒，尽征浙东西精锐，悉力攻之。立生昼夜守御，间出奇兵扰贼。其为营不施壁垒，但以几案纵横排迤，贼不能近，则于对垒架大炮击之。立生简壮士十二人，衣黑衣冠，直趋贼垒，已立高台，被发仗剑。众见十二人所至，万贼辟易，而大炮已舁至，无一人伤者"。此即任堇叔所述"包立身（生）奉五斗米道，屡创赭军，遏迤麇至"的具体情景。包立生在包村顽守九个月，最后在太平军围攻之下，"走至马面山，中炮死"②。

由此可知，任伯年之"陷洪杨军"，只能是"陷"，绝非有些论者长期以来所渲染的"参加太平军"及"太平军的旗手"云云。任伯年在太平军攻打绍兴时，并无"参加"太平之初衷、动因和自觉，其父任淞云与他相约赴包村亲戚家，是"求庇""往依之"，是"迫""使趋行"，故只能是"陷"，被太平军"拉伕"（此例当时甚多）或"俘获"。且"大

② 《安吉施氏遗著》第三十九页《包立生传》。上海图书馆藏。

① 见《美术界》第三期（一九二八年八月生生美术公司版）封面（丁羲元藏）。

酉令掌军旗"之类，亦是战地临时之举。太平军作战，掌旗者甚众。①而太平军正规组织甚为严密，"军中兵士分三等。一等真正的太平军，军龄在六年以上。二等军龄在三年以上，被认为兄弟。第三等人最多，军龄在三年以下，包括新兵"，而"军中执掌旗帜的旗手颇多，都由精壮忠勇的人充任。重要统帅的旗手和高级军官的官级同等，他们在军中所处的地位极为光荣"。②显然，任伯年不具备以上这类经历和条件。从李秀成善于"制造旗帜，以作疑兵"来看，任伯年正是充任了这样临时的角色。

更重要又更有说服力的是，从任伯年现存作品中看不到与太平军直接或间接有关的画和题识。其作品题材非常广泛，但却从不画作战图。有一次任堇叔画《两军对垒图》，竟遭到任伯年的斥责。《匏簃杂志》云："堇叔生于洪杨乱后，家业荡然。伯年以鬻画赡家，课堇叔读，聪颖异常儿。髫龄尝画《两军对垒图》，为伯年斥责。盖其父饱经刀兵丧乱之苦，不忍画见黩武之事也。"③而任堇叔的大段题识，并非追述任伯年这段光荣历史，恰恰相反，任堇叔是将其父未老先衰的原因归咎于"陷洪杨军"时"道涂（途）霜露，风曀所淫且贼也"。故任伯年"参加"太平军云云，实为望文生义、无据附会也。④

◆ **同治元年（1862 年） 壬戌 23 岁**

年初，任伯年离开太平军。到诸暨包村一带寻找其父遗体。

【按】

又据任堇叔所题任伯年早期人物《仕女图》⑤有云："逊清咸同之交，先处士归自贼中，橐被萧然。由吴会而甬而沪，凡三易厥居。"可知"咸同之交"，即咸丰十一年（1861 年）与同治元年（1862 年）之间，与前述任氏经历及考证均相合。

是年吴宗麟（冠云）在沪上继萍花诗社后设萍花社画会于西城关庙，江浙名士一时并集。钱吉生、王秋言、包子梁合作《萍花社雅集图》，吴氏自为记以志其盛。萍花社画会是年凡六集，集24人，均为沪上著名书画家，如周存伯、朱梦泉、朱梦庐、俞少甫、顾梦乡等。⑥

秋，姚燮"因饥驱复飘蓬来游沪渎"，仿任渭长画《六逸九鬒图册》并题。

胡震卒。

俞达夫生。名礼，山阴人。任颐弟子。

◆ **同治二年（1863 年） 癸亥 24 岁**

是年，任伯年在萧山。

六月，任晋谦为任伯年刻"任润"白文印一方。款云："曩余与弟书一石，

① 见吟唎《太平天国革命亲历记》及插页《太平军作战图》。

② 吟唎《太平天国革命亲历记》第一百九十页。

③ 《墨林扪秀》卷十三，第一千三百二十五条。

④ 详见丁义元《任伯年研究三题》（《美术史论》一九八二年第二期）。

⑤ 见朵云轩藏。

⑥ 见杨逸《海上墨林》卷三，第七页。

弟自刻之，甚佳。今将赴申，出此索笔，且谓自制一石已磨坏矣。小楼，小楼岂余所篆者，必欲余刻耶？卿何自待之薄，而待余之厚耶？然弟之学进矣。癸亥六月为小楼弟作，牧父兄晋谦。"①

【按】

任晋谦，字牧父，萧山人。任伯年尝从其学篆刻，传世之作有"颐庵"白文印一方（今藏上海博物馆），款云："曩见牧父每制印，余观其用笔，茫然不解。后牧父仙脱，余此调久不弹矣。一日金君出石索篆，即奏刀毕，视之古气浮动，何也？昔日鄙而讷，今日悟而发，所谓存竹在胸，由是之乎。颐庵仁兄正之，伯年。"

又，任伯年是年六月在萧山，"今将赴申"之说，未知成行否，姑置此备考。

张子祥 61 岁，是年寓居沪上。

齐白石生。湖南湘潭人，名璜，号白石。

◆同治三年（1864 年）　甲子　25 岁

太平天国革命失败，六月十六日天京失陷。

姚梅伯卒。年 60。

黄宾虹生。安徽歙县人，名质，又字朴存。

◆同治四年（1865 年）　乙丑　26 岁

是年始游甬上（宁波），卖画为生。

夏日为哲卿作《玉楼人醉杏花天》[图1]，款云："玉楼人醉杏花天，哲卿仁兄大人雅属，乙丑夏日山阴任小楼润写。"钤白文"任润之印"。并作《梅花仕女》轴，均署"山阴任小楼润"款，又作《人物仕女图》轴（陈老莲体），署"山阴任润小楼"款，钤白文"任润之印"。另有《稻熟鹌鹑图》扇等。

是年秋后，客游镇海，住方樵舲家，作画甚勤。"曩闻镇海方樵舲君言，伯年之初鬻画也，尝主镇海方樵舲家。樵舲之尊人本好客，优礼之，伯年亦不言谢。半年后将辞去，谓为主人画像，伸纸泼墨，寥寥数笔，成背面形，见者皆谓神似。伯年曰：'吾幞被投止时即无时不留意于主人之举止行动，今所传者在神不在貌也。'"②

又于宁波作《仿老莲人物仕女图》，款题"乙丑岁山阴任润小楼写于甬江客次"，钤"山阴任润次远甫印信"朱文篆印。

任堇叔尝有跋云："逊清咸同之交，先处士归自贼中，幞被萧然。由吴会而甬而沪，凡三易厥居。此数稔中，缣素题署亦三易其名。因从渭长翁游，故当时画法一本老莲，此帧盖旅甬时作，由题署画法而可证明者。今甬上

山阴任润次远甫印信

② 马衡《题任伯年画仲英先生五十六岁小像》，一九四八年十一月。

① 见《丁丑劫余印存》卷十七，第五十三页，浙西四家所藏，上海书店版。

玉樓人醉杏花天

哲鄉仁兄大人雅屬乙丑夏日山陰任小樓閏寫

任润之印

－1865年－

图1

玉楼人醉杏花天　立轴

纸本　设色

128.9cm×32.9cm

乙丑　1865年

故宫博物院藏

豪家多有藏先处士遗翰者，并用此帧题署。古董家见之，往往聚讼甚嚣，不知实先处士少作精品也。乙亥仲冬拜观于沪垒寓寮长阿那室，任堇敬识。"①

【按】

此跋中所云"从渭长翁游"有误，实为"阜长"（任薰）。

秋，与任阜长合写费曼书像，题"同治乙丑秋日永兴任薰补衣，山阴任润写照"，钤"舜琴书画"（白文）、"任润之印"（白文）。②

吴昌硕 22 岁，去安吉应试补考庚申科的秀才，考中。

吴大澂同治初曾寓沪，入萍花社书画会。

吴云（平斋）同治时寓邑城四牌楼。

任阜长 31 岁。

◆ **同治五年（1866 年）　丙寅　27 岁**

春，在镇海姚梅伯家，为姚小复作《小浃江话别图》轴 [图 2]，款云："丙寅季春客甬东，同万个亭长游镇西南乡之芦江，卸装数日，适宗叔舜琴偕姚君小复亦来，谈心数天，颇为合意。小复兄邀我过真山馆，欵情款待，出素纸索我作话别图，爰仿唐小李将军法以应。然笔墨疏弱，谅不足当方家一笑也。弟任颐并记于大梅山馆之琴咏楼中。"钤白文"颐印"。

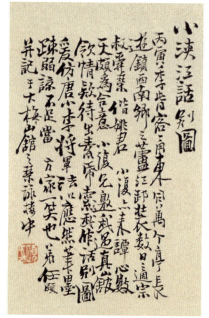

《人物故实图》轴，款云："同治五年，岁在丙寅冬十二月上浣，为祥荪仁兄之属，并请教正，小楼弟任颐。"钤白文"颐印"（疑为王母献寿）。③

又作《蕉石图》轴，款署："香满瑶台，任小楼画。"

又作《方樵舲之尊人像》轴。

颐印

图 2

小浃江话别图　立轴

纸本　设色

96cm×21.7cm

丙寅　1866 年

故宫博物院藏

① 见于任伯年《仕女图》，朵云轩藏。

② 宁波费家藏。

③ 《人物故实图》轴，绢本，纵一百五十点七厘米，横六十九点一厘米。

任颐

图3
蕉阴抚琴图　镜心
纸本　设色
27.9cm×48cm
丙寅　1866年
上海博物馆藏

由镇海返宁波。

秋仲为朵峰写《蕉阴抚琴图》镜心［图3］，款云："丙寅秋仲为朵峰仁五兄方家雅属，山阴弟任颐作于二雨草堂。"钤"任颐"朱文印、"颐印"白文印。

【按】

朵峰即陈朵峰，参见后《东津话别图》卷后吕万题跋。陈朵峰，号延庵，家有庭院，号雨雨草堂，即二雨草堂。

【考】

《蕉阴抚琴图》中钤"任颐"朱文印，《中国书画家印鉴款识》①释文为"妊"，实误。此乃古金文"任颐"二字，历来诸画集等书均误，特此拈出。又此钤印为后添印。详见乙酉（1885年）任伯年白描图册《蜀主词意图》考证。

又【按】

任伯年早年（1866年）丙寅年作品传世甚少，且伪作混杂。曾见一部《二十四孝图》册页，画法拙劣，任款亦伪。又每开均有任董叔用印和题字，竟认为任伯年作，实误。

① 上海博物馆编，上册第三百零六页。

图4
梅花仕女图　立轴
纸本　设色
103.1cm×36.6cm
丙寅　1866年
浙江省博物馆藏

冬十二月，在甬上二雨草堂为霁亭作《梅花仕女图》轴［**图4**］，款云："霁亭仁丈法家教正，丙寅冬十二月，小楼任颐作于二雨草堂。"署"小楼任颐"款，钤"颐印"白文印。

又于"闲闲草堂之北窗"为谋仲作《山水图》轴，署"任小楼"。[①]

任阜长 32 岁。春偕姚梅伯之子姚小复游镇海。

王一亭（震）生。

◆同治六年（1867 年）　丁卯　28 岁

春日为波香作《灵石旅舍图》轴［**图5**］（即《风尘三侠图》，图5）于宁波二雨草堂，款题："丁卯春日写奉波香仁兄大人鉴之，小楼任颐效萧尺木法。"钤"颐印"白文印、"任氏小楼"朱文印。波香跋云："丁卯春，予客郡中，适陈氏延庵邑，画士任伯年下榻二雨草堂，昕夕过从，遂订交焉。曾为余作《灵石旅舍图》，其用笔秀逸，设色古雅，不让老莲。是帧为赠别而作，颊上添毫，诩诩欲活。殆今余将远行，从侄蕉生过补萝庵话别，见之意惬，予即割爱转赠，以作留别之用，爰倚装附识数语。光绪丙子春三月望日，波香跋。"（丁按：波香，叶金绶，谿上人。）

春正月游杭州，作《紫阳纪游图》［**图6**］以赠，款云："同治丁卯春正月与延庵兄同游武林，作此以赠，任颐并识。"钤白文"颐印"，写杭州紫阳山风光。[②]

秋日为周闲作《范湖居士四十八岁小像》［**图7**］，周闲戴笠持杖，衣长衫，临风而立，无补景。1868年由吴儁题识："同治六年秋日萧山任颐画，越一年江阴吴儁题识。"又画上有周闲自题赞一首："脱轩冕兮隐沦，游方之外兮独善吾身，貌则癯兮文章有神，博览群书兮雄视千春，为小人之所嫉兮而为君子之所亲，若而人兮古畴与伦。居士自赞。"又刘履芬题诗七律："相逢燕市庆弹冠，吴会重联握手欢。此日烟云同变幻，人言风儿剧清寒。冥鸿身世文徒尔，屠狗功名梦尽阑。各有生涯待商略，君方扶杖我持竿。范湖居士印可，刘履芬。"左下绫边钱镜塘题跋引周闲小传："周闲字小园，号存伯，又号范湖居士，别署存翁、范湖余史、新阳侯。秀水人，久离乡井，尝写《范湖草堂图》以寄乡思。同治壬戌，以县令分发，一权新阳即罢去，流寓吴门，卖画自给。所绘花卉气象沉厚，白阳、复堂合为一手，同时无与敌也。兼工仕女，有老莲风。善诗词掌故之学，垂老无聊，托诗词以见志。嘉庆庚辰生，光绪乙亥卒，年五十六，著有兵原十六卷、日辰表六卷、读书杂识八卷、诗六卷、词八卷、古文骈体四卷，庚辛之劫皆被毁去。自后哲嗣祖揆辑编成《范湖草堂遗稿》，于光绪癸巳岁刊以行世，见《寒阁松谈艺琐录》《范湖草堂遗稿》。辛丑夏五

① 《山水图》轴，故宫博物院藏。

② 旧名瑞石山，在吴山东南，清平山北，山上多奇岩、怪石、穴窦，南宋时划为禁山。元代山上建紫阳庵，始名紫阳山。

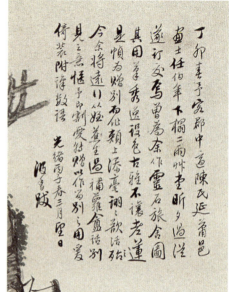

丁卯季子客郡中适陈氏延甫邑

画士任伯年下榻二雨州李昕夕过从

遂订交写曹墓奈作灵石旅舍图

其用笔秀逸设色古雅不谨老莲

是倾为赠别不但颖上潘宪祠歌谠殂

今余将远归姬董里过补萝盦语别

其之意怜予割爱特赠此作为别之用爱

倚装附评叙语

光绪丙子春三月望日

泗亭跋

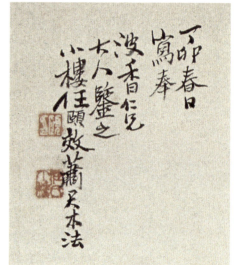

丁卯春日

嵩奉

沒香甫仁兄

大人鉴之

小楼任颐

效蕭飞本法

任氏小楼

图5
风尘三侠图　立轴
纸本　设色
114.8cm×43.6cm
丁卯　1867年
苏州博物馆藏

风尘三侠图（局部）

图6 紫阳纪游图　卷
纸本　水墨
41cm×83cm
丁卯　1867年
浙江省博物馆藏

紫阳纪游图（局部）

花禤居士四十八歲水象
同治六年秋日蕭山任頤畫越一
辛江陰吳儁題識

脫軒冕芳隱淪遊方之外兮歟
蕭吾身貌則癯污文章育神
博覽羣書芳雄視千春為小人
之所娠兮而為君子之所親若
而人芳古疇與倫
居士自贊

相違燕市慶鄉歸兵會重陽把酒斟
煙雲同夏幻人吉風見剝清寒栗鴻身世
文佳不居拘功名多修閒々有生涯持商
略君方扰扶戊持午
范湖居士即可
劉石否

图7
范湖居士四十八岁小像　立轴
纸本　水墨
129cm×50cm
丁卯　1867年
浙江省博物馆藏

相違燕市慶鄉歸兵會重陽把酒斟
煙雲同夏幻人吉風見剝清寒栗鴻身世
文佳不居拘功名多修閒々有生涯持商
略君方扰扶戊持午
范湖居士即可
劉石否

周閑字小園貌存伯又燕范湖居士到耆存翁范湖餘吏新陽俠秀水人文雄鄉并暫寓范湖草堂窗以等鄉恩同治壬戌以練令分萝一橦新陽即罷去
流寓吳門賣畫自給所愛龍卉氄蒙沉厚白楊復堂合為一子問時無與款業業工仕女肴老達風善持詞寧故之學乗在源卿札詩詞以見志嘉慶庚辰
生光緒乙寅辛年五十六耆有兵原十六卷日辰表六卷讀書課織八卷詞八卷古文斯懷四卷庚年之弘嘗被殁去問後怡翻棟塔輯編成范湖
草堂道橫於光緒癸巳歲刊以行世
辛丑夏五月上浣海寧後學錢鏡塘錄於數青草堂

月上浣海宁后学钱镜塘录于数青草堂。"

　　秋杪于"甬江客次"作《雪景寒雀图》四条屏，款署："雪卿仁兄大人雅属即正，丁卯秋杪任颐写于甬江客次。"

　　秋八月为镜溪作《花鸟四条屏》[图8]（萱花锦鸡、夹竹桃鸭、蜀葵小鸟、水仙鸽子），款署："镜溪仁兄大人雅鉴，任颐写于甬上客次，时丁卯秋八月。"

　　是年颐又作有《西施图》轴，徐悲鸿后跋云："吴君仲熊之祖酷爱伯年画，继配伯年先生之女雨华，伯年既卒，遗稿皆入吴家。及仲熊与余相善，知余笃嗜，遂悉举以赠。因俱在其凤昔所藏精品之外，而又不暇其装置也，

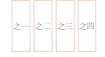

图8
花鸟四条屏　立轴
纸本　设色
136.8cm×33.9cm×4
丁卯　1867年
上海博物馆藏

之一　萱花锦鸡
之二　夹竹桃鸭
之三　蜀葵小鸟
之四　水仙鸽子

图9
斗梅图　立轴
纸本　设色
108.5cm×43.8cm
戊辰　1868年
故宫博物院藏

任颐私印

中多未竟之作，趣味良深，如举玉搂璞，就其两目。此幅写西施，清澈雅逸，前无古人。仲熊信乎恺悌君子，吾心感为何如耶。辛未初秋，悲鸿谨志。"

又《梅妃图》轴，徐悲鸿题云："伯年先生杰作，底层，愈觉玉洁冰清，一尘不染。善哉，非至人其孰能与于斯乎！辛未之秋，悲鸿。"

又《三侠图》轴，徐悲鸿跋云："三侠，伯年先生早年时作，盖纯守章侯法也。吴君仲熊贻我，用志不忘。悲鸿，辛未。"①

◆同治七年（1868年）　戊辰　29岁

春二月为椒荪临小莲《斗梅图》[图9]，款云："戊辰春二月，为椒荪丈先生临小莲《斗梅图》奉赠，任颐。"钤白文"任颐私印"。

【按】

此图临陈老莲之子小莲画《斗梅图》，其时仍在甬上。

春二月离开甬上，随族叔任薰去苏州。与万个亭、陈朵峰、谢廉始话别，作《东津话别图》卷[图10]，自题云："客游甬上已阅四年，万丈个亭及朵峰诸君子，一见均如旧识。宵篝灯，雨戴笠，琴歌酒赋，探胜寻幽，相赏无虚日。江山之助，友生之乐，斯游洵不负矣。兹将随叔阜长橐笔游金阊，廉始亦计偕北上，行有日矣，朵峰抱江淹赋别之悲，触王粲登楼之思，爰写此图，以志星萍之感。同治七年二月花朝后十日（按：3月18日），山阴任颐次远甫倚装画并记于甘溪寓次。"钤白文印"任颐长寿"。

蒲作英题诗云："名士论交总至诚，那堪当日动离情。龙池杨柳春风影，虎阜桃花夜雨声。翰墨奇勋传海岛，琴樽良会话江城。来迟空自生忻慕，展卷苍茫酒独倾。壬申浴佛日，蒲华题。"钤白文印"蒲华诗草"。跋云："两任襄游甬江，与个翁、朵峰、廉始交最笃，临别制图以记之。江乡风雅，倾倒一时，不独面目逼真、呼之欲出已也。惜朵峰、个翁于往岁相继化古，阜长侨居苏台，伯年久客沪渎。今者来去明州，惟廉始时复晤叙，适个翁诸世兄以此图见视，嘱为题句，率缀一律，借以志感慨云。胥山野史夜中秉烛识于剑胆琴心之室。"钤白文印"作英"。

吕万题诗并跋云："开图何幸识先贤，似闻离声咽管弦。从此苏台明月上，

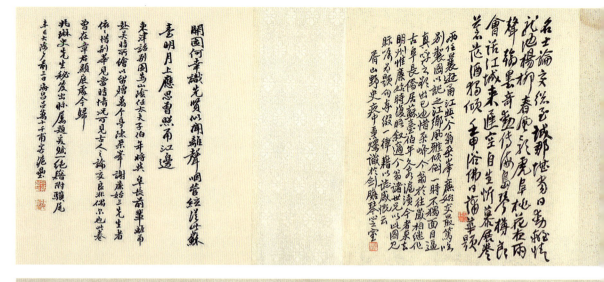

应思曾照甬江边。《东津话别图》为山阴任太夫子伯年将与阜长前辈离甬赴吴时所绘，以留赠万个亭、陈朵峰、谢廉始三先生者。依依惜别，毕见当时情况，可见古人之论交，良非偶尔也。此卷曾在章君显庭处，今归兆琳史先生秘笈，出视属题，爱赋一绝借附骥尾。辛巳大除夕前三日（1942 年 2 月 11 日）海昌吕万十千甫客沪垒。"钤白文印"吕万万年"、朱文印"十千待沽"。①

【按】

《东津话别图》卷写在宁波东门凌桥（所谓老江桥）一带送别时的风光，画中五人为：鄞县陈朵峰（政锐）、山阴任伯年（颐）、镇海谢廉始（辅濂）、

① 《东津话别图》卷，纸本设色，高三十四点一厘米，横一百三十五点八厘米，中国美术馆藏。

图10
东津话别图 长卷
纸本 设色
34.1cm×135.8cm
戊辰 1868年
中国美术馆藏

鄞县万个亭（后丞）、萧山任阜长（薰）。盖任氏传世最早之自画像在焉。

春三月至孟冬，在苏州，从阜长游，卖画，由任薰介绍，得与胡公寿、姜石农等订交。又曾住洞庭东山等处。

秋七月上浣写《汉柏红梅锦鸡通景图》，款云："同治戊辰秋七月上

图中人物自左至右：任薰、万个亭、谢廉始、任伯年、陈朵峰

節錄陳榮灒改題
山陰任伯年叚
鎮海謝廉始題欵
節錄萬個亭欵
菁山任年長叚

東津話別圖

家游甫上己圖四年萬太〆亭任梁峰話君子一見均以舊識宵篝燈兩戴笠彈琴酒賦探勝尋幽相賣無吝君曰江山之助友生之樂斯游洵不負矣祈將隨林年長豪筆遊金囦廉恥六計偕北上行有日矣朵峰抱江淹賦別之悲觸主梁登樓之思爰寫此圖以誌星萍之感

同治七年二月花朝後十日山陰任頤次遠甫倚裝並記於甘溪㝢次

東津話別圖（局部）

浣任颐伯年写于苏台寓次。"
钤白文"任颐私印"。

【按】

此通景写于苏州，时29岁，所题款字为扁平之隶书体。

十月作《任薰像》轴［图11］，自云："阜长二叔大人命画，即求正之。戊辰冬十月同客苏台，颐。"后由李嘉福题赞云："手挥棕拂，肩披布衲。科头默坐，双目微合。如参画禅，静观自得。累叶为茵，一尘不杂。昔写此图，时将迎腊。像今归我，辉生蓬壁。光绪二十二年丙申仲春得伯年戊辰冬为阜长写照，其年阜长三十四岁。后二十年两目先瞽，至十九年癸巳七月朔病卒。其子养庵是年冬亦亡，所有书画散失无存，不胜可叹。石门笙鱼李嘉福赞。"

【按】

此像用笔颇不类，线描、款题甚差，亦无任伯年用印。疑为近人所为，可对比同年《东津话别图》中任薰肖像。

十月在苏州又为胡公寿作肖像《横云山民行乞图》［图12］，胡公寿题："同治七年之冬，胡公寿自题。萧山任柏年写（柏，原题如此）。"钤"任颐印"白文印。后由蒋节跋："谓隐者邪，奚必貌其形？谓狷者邪，奚必乞于人？遨游尘埃之外，栖息山泽之垌，瞭焉眸子而曰乞者，吾知其抑塞磊落之不平。古之君子，得其时则驾，不得其时则蓬累而行。然乎？不乎？请质诸先生，先生莫

《东津话别图》任薰像

图11
任薰像　立轴
纸本　设色
117cm×31.5cm
戊辰　1868年
中国美术馆藏

横雲山民行乞圖 同治七年之冬胡公壽自題

謂隱者邪夷必穎乞形謂稍者邪寒必氣於人逸遊踰牆逾泉樓息山澤之䖵豚為胖子而目氣者臣知其術塞磊落之不平古之居士溽乞時則駕不得共時則蓬累而行然乎不平諸賢諸先生莫對學者青冥 辛未秋七月蔣斯贊

橫雲山民行乞圖 同治七年之冬胡公壽自題

謂隱者邪夷必穎乞形謂稍者邪寒必氣於人逸遊踰牆逾泉樓息山澤之䖵豚為胖子而目氣者臣知其術塞磊落之不平古之居士溽乞時則駕不得共時則蓬累而行然乎不平諸賢諸先生莫對學者青冥 辛未秋七月蔣斯贊

任颐印

图12
横云山民行乞图　立轴
纸本　设色
147cm×42cm
戊辰　1868年
中央美术学院藏

对，举首青冥。辛未秋七月蒋节赞。"

冬，为榴生写像，胡公寿题云："榴生仁兄四十岁小像，戊辰之冬萧山任伯年写，公寿署款。"

【按】

任画早年作品有胡公寿题款甚多，且署为"萧山"或"萧山任柏年"，盖因胡公寿与任阜长交契，任伯年称阜长为叔，故胡公寿以为其籍里亦为萧山矣。又胡公寿每将"伯"写为"柏"。

是年为姜石农作《饭石山农四十一岁小像》。

胡公寿补景并赞云："我爱山农，衣冠古雅，气度从容，卜居饭石山前，未堕白石家风。吁！置身丘壑，游心太空，人莫知其所存乎中。同治七年之冬萧山任柏年写真，华亭胡公寿补景并赞。"

又为姜石农刺史之夫人作肖像《佩秋夫人三十八岁小像》[图13]，胡公寿题"同治七年之冬，石农刺史属任柏年写，公寿补梅。"同时还作有《胡公寿夫人像》[图14]、《折梅图》《榴生小像》等，均由胡公寿补景。徐悲鸿尝题跋："伯年与胡公寿交至契，此胡夫人像，戊

图13
佩秋夫人三十八岁小像　立轴
（与胡公寿合作）
纸本　设色
159.7cm×48.3cm
戊辰　1868年
苏州博物馆藏

图14
胡公寿夫人像　立轴
（与胡公寿合作）
纸本　设色
131cm×53cm
戊辰　1868年
徐悲鸿纪念馆藏

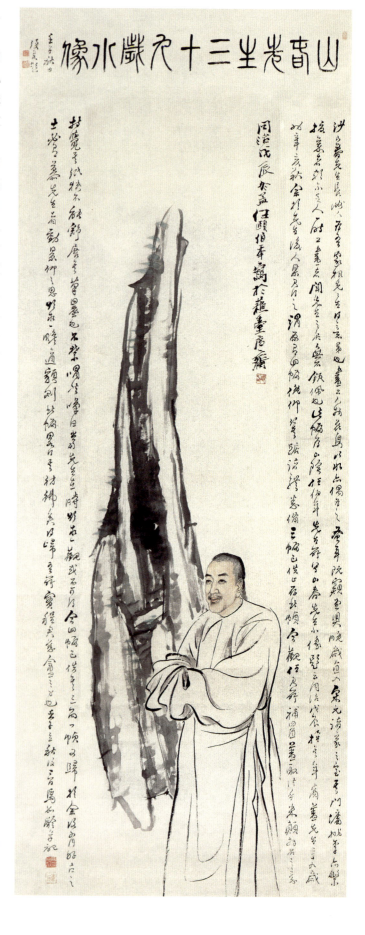

辰之秋，与公寿之《乞食图》并归于吾，皆伯年早岁笔也。悲鸿。"

是年在苏州与沙馥交往颇密，尝向沙馥习草虫等法，孟冬作《沙馥三十九岁小像》[图15]。任款"同治戊辰冬孟任颐伯年写于苏台寓斋"，钤朱文印"任颐"。画上题跋"沙山春先生，长洲人，为吾家根先先生得意弟也。画工人物、花鸟，山水亦偶为之。蚤年既窥堂奥，晚岁直入宋元诸家之室，其门墙桃李亦繁，拔萃者颇不乏人。一时工画者闻先生之名，无不钦佩也。此幅为山阴任伯年先生所写山春先生小像，题云'同治戊辰'，推其年齿，盖先生三十九岁也。辛亥秋，余于先生后人某君得之，谓原有四幅，俯仰箕踞，诸体悉备，三幅已佚，止存此帧。今观任君所补置，盖取法乎'米颠拜石'之意，特觉其纸狭不能舒展其笔墨也，不禁喟然叹曰：'当先生在时，欲求一观，或不可得。今四幅已佚其三，而一帧又归于余，后有好古之士，必有慕先生者，动景仰之思，欲求一瞻道貌，则此幅略得其仿佛矣'。得归吾所，实程君慈盦之力也。壬子立秋后三日，马加龄并记。"

【按】

沙馥，字山春，苏州元和人，工人物、仕女、花卉，颇饶韵致。初与山阴任阜长同砚同私淑老莲，而问业于渭长。既见笔意不若薰，雄伟恣肆，自叹弗如，非别求分道扬镳不可。乃舍老莲（陈洪绶）而宗玉壶（改琦），专精于仕女花草，并上规六如（唐寅）粉本，近撷秋岳（华嵒）清芬，不数年业成，果以仕女花卉得盛名，而与阜长各占一席地于吴门矣。又，沙馥为马根仙弟子，笔端

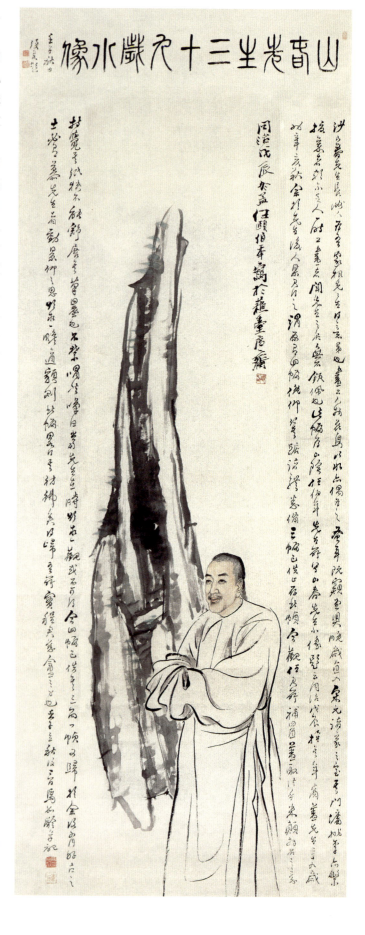

图15
沙馥三十九岁小像　立轴
纸本　设色
128.6cm×32.3cm
戊辰　1868年
南京博物院藏

秀丽，画人物极似费晓楼，草虫生动，较翎毛为胜。[1]其画风之一斑及对任伯年之影响可知。

　　是年任伯年在苏州与陆氏夫人结婚，后偕同去上海。

　　冬十一月（仲冬）赴上海。从此寓居沪上，与《上海县续志》称任伯年"同治间寓沪"相合。作有《人物像》轴［图16］，款题："同治戊辰冬仲，任伯年写于上海寓斋。"钤白文印"任颐"，题名原为《陈允升像》有误。

　　【考】

　　所谓"陈允升像"，原为"佚名人物像"，浙江省博物馆藏。黄涌泉原以为"陈允升像"，实误。"陈允升，字纫斋，号壶舟，镇海人。好学，嗜古，工草隶，画山水生峭幽异，笔力坚凝。光绪初寓沪，有《纫斋画剩》梓行。"（《海上墨林》）此像写于"同治七年"，而

任伯年写陈允升小像　　　　上海县续志

图16
人物像　立轴
纸本　设色
133.4cm×44.1cm
戊辰　1868年
浙江省博物馆藏

陈允升光绪初年寓沪，故此像应非陈允升。

又作《出尘图》[图17]，款题"《出尘图》为悟生二兄属，戊辰冬仲任颐"，有范湖居士周闲题诗，钤"任颐长寿"白文印。周闲[①]题："圆笠方袍任所之，飘然具有出尘姿。碧山幽绝无人到，一径松风作导师。空山回首隔苍烟，多谢尘喧岁复年。筑个茆庵向深谷，岭云溪月共安禅。范湖居士为悟生子题。"另贾襄题："怪石幽泉里，萧然见此人。长镵依以命，圆笠大于身。芝草空山秀，松花古涧春。劳生增我感，敲月问前因。己巳孟秋岁题，悟生二兄大人雅照，古沪贾襄。"

冬十一月又为朗轩作《花鸟四条屏》（猫石、蕉猴、鸡雏、白鹅）。

【按】

任伯年初至上海，由其自题款识可知为1868年仲冬，确凿可信。而任牧父1863年为任伯年刻"任润"印题款所云"今将赴申"，成行与否，难以考证。更有徐悲鸿《任伯年评传》中所记，云任伯年在沪上石路设地摊卖任渭长假画而与渭长邂逅之传说，如确有其事，也当在渭长1857年逝世之前，而其时任伯年方18岁，缺少佐证，更难推求。因此以定1868年仲冬至沪为可据信，也与《上海县续志》所称"同治间寓沪"相合。

任伯年光绪三年（1877年）始与陈允升见叙并画白描像，为《纫斋画剩》印行（详见后）。

出尘图　长卷
纸本　设色
66cm×139cm
戊辰　1868年
浙江省博物馆藏

① 周闲，字存伯，一字小园，号范湖居士，浙江秀水（今嘉兴）人，后侨居上海。

据齐学裘《见闻续录》："同治七年戊辰十月初七（1868 年 11 月 20 日），潘露园、胡公寿设宴仁寿堂，邀客赏菊，同坐日本清水赤城、池田清波二客，虚谷、柳溪二禅师，周君存伯，李君壬淑，姜君石农，杨君佩甫，歌者潘秀清及余十二人为仁寿堂雅集。"

胡公寿 46 岁。

任薰 34 岁。

◆ 同治八年（1869 年） 己巳 30 岁

"自海禁一开，贸易之盛，无过上海一隅。而以砚田为生者，亦皆于于而来，侨居卖画，公寿、伯年最为杰出。"①任伯年初至上海，由胡公寿介绍在古香室笺扇店画扇维持生计。"胡为钱业公会所礼聘，扬誉自易为力，且代觅古香室笺扇店，安设笔砚。不数年，画名大噪。"②

又，"伯年初到上海，极不得意，假邑庙豫园一椽而居。其邻为春风得意楼，下圈羊。伯年倚窗观羊，每忘饮食，久之尽得其走骇眠食之态以写羊，观者以为真羊。乃益买鸡畜之室中，室仅一椽半床之隔，下居塒而上栖人，久之又画得鸡之生态。邑庙本市廛，多鸟肆，伯年日伫足观望其歌鸣，久之又尽得鸟之生态，浸至观人行者、走者，茶楼之喧嚣，游女之妖冶，乃尽入其笔而画名乃噪。"③

【按】

伯年之初来上海，由胡公寿安排居所，先在城南，住豫园三牌楼，或指住久大茶叶店隔壁。不久搬到胡公寿居处对面。1870 年任伯年画中已见有写于"沪城倚鹤轩"的款题，"倚鹤轩"之室号，除了与胡公寿"寄鹤轩"相关以示艺事渊源外，其实还透露出其地居所实际上与胡公寿居处相"倚"，衡宇相望，对邻而居，不亦明乎！胡公寿"寄鹤轩"地址在当时老城厢老学前街。又陈蝶野云："而乃海上看羊，栖小楼者十年。（先生初至沪渎，署名小楼，居豫园，极不得志。日至春风楼品茗，其下为羝圈，日久对之，画羊得其神理。）"④

春三月，为陈嗜梅画《陈抟像》蓝绫金笔团扇，游丝描极精细，款云："嗜梅老伯大人教之，同治己巳春三月伯年任颐写于沪。"

仲夏为子春作《焚香诰天图》轴。

十一月为籽云作蓝绫金笔双钩之《仙石图》扇。⑤

冬十二月（1870 年 1 月）作《淞云先生像》轴 [图 18]，胡公寿补景并题："淞云先生遗像。同治己巳嘉平，先生令似任柏（伯）年仁兄写真，属华亭胡公寿补树石并记。"⑥钤白文印"公寿长寿"。《上海县续志》称伯年"少孤，事母孝。同治间寓沪，绘其父像坐立侧眠者多幅，悬中堂，朝夕跪献"⑦。

长女任霞生于上海。任霞字雨华。

① 见张鸣珂《寒松阁谈艺琐录》卷六。
② 见方若《海上画语》。
③ 见中国台湾《雄狮美术》一九八二年十二月引陈蝶野语。
④ 详见孙雪泥编《任伯年百年纪念展览册·序》（一九三九年八月十八日出版）。
⑤ 《陈抟像》团扇，浙江省博物馆藏。《焚香诰天图》扇、《仙石图》扇，均故宫博物院藏。
⑥ 《淞云先生像》轴，故宫博物院藏。
⑦ 见吴馨等修纂《上海县续志》卷二十一，民国七年（一九一八年）版。

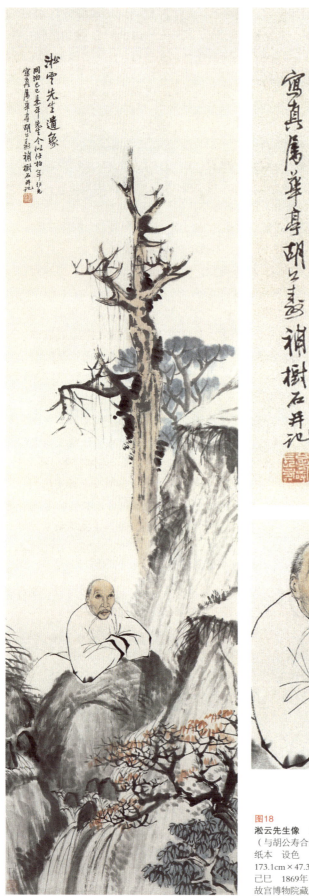

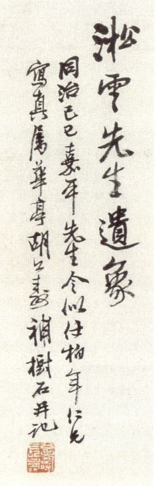

图18
淞云先生像　立轴
（与胡公寿合作）
纸本　设色
173.1cm×47.3cm
己巳　1869年
故宫博物院藏

任伯年塑任淞云紫砂像（局部）

图20
篆书九言联
129.5cm×28cm×2
庚午　1870年
上海博物馆藏

【按】

任伯年生母已于太平军攻打绍兴前逝世，其父任淞云亦于 1861 年底死于战乱之中。《上海县续志》所云任伯年"少孤，事母孝"，当为从前之事。

任薰 35 岁。作有《杂画册》等。

◆ **同治九年（1870 年）　庚午　31 岁**

春，虚谷在沪，此顷或之前，当由胡公寿绍介，与任伯年订交。二月，合作《咏之先生五十岁早朝图小像》［图 19］，由"虚谷写照""同治庚午二月伯年任颐补图"，钤白文印"颐印"。

【按】

咏之，应为詠之，姓高。

作篆书九言联（洒金笺）［图 20］[1]："幸有两眼明，多交益友；苦无十年暇，熟读奇书。同治庚午夏四月任颐伯年写于沪城。"

春三月为深甫写照，"同治庚午春三月伯年任颐补图"，夏五月诵清胡遁庚书，补蟾题句并识。[1]

六月作《仿石涛山水图》轴［图 21］，款云："同治庚午夏六月效大涤子法，伯年任颐。"钤白文印"颐印"。

又，七月为湘荃作《花鸟》扇页。

九月作《花鸟》四条屏（鹅、秋葵、芭蕉鸡、鸽子），"学瞎尊者法"。是年秋后，作花鸟画甚多，且注重学石涛之笔墨法。

秋九月为星槎写《循溪草堂图》，款题："循溪草堂，星槎仁兄大人属图，即求正之。同治庚午秋九月伯年任颐。"钤白文"任颐印"小印。

图19
咏之先生五十岁早朝图小像　横幅
（与虚谷合作）
纸本　设色
36cm×73cm
庚午　1870年
上海博物馆藏

① 《深甫像》轴，朵云轩藏

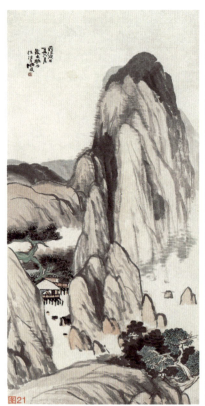

图21
仿石涛山水图　立轴
纸本　设色
142.1cm×72.1cm
庚午　1870年
上海博物馆藏

图22
吹箫引凤图　立轴
纸本　设色
76.8cm×40.5cm
庚午　1870年
天津人民美术出版社藏

又为云樵作《墨笔芭蕉》扇页，款云："云樵仁兄大人正之，同治庚午秋九月伯年任颐即写。"钤"任颐"白文印。①

冬十月，于"沪城之倚鹤轩"写《吹箫引凤图》轴［**图22**］，款云："同治庚午冬十月，伯年任颐写于沪城之倚鹤轩。"钤白文印"颐印"。

十二月写《诗堂迎宾图》轴［**图23**］，款题："诗堂先生迎宾图，伯年任颐写，时庚午嘉平。"戴鸿慈②题跋："诗堂自是人中豪，著作万卷等身高。故乡郁郁苦岑寂，偶来海上窥六鳌。伯年雅擅长康技，阿堵传神不惮劳。干身拱立迎嘉客，当时置驿缔新交。不事丹青事大籁，写出胸次极清超。我题小诗志鸿爪，仿佛颊上添三毫。甲戌春五月将之京都，题于申浦，戴鸿慈未定草。"

【按】

胡公寿之斋名"寄鹤轩"，任伯年取"倚鹤轩"之名，可见其与胡公寿过从之密、交往之深。据张聿光云："当初任伯年不善画山水，得胡公寿之助。任作《榴生小像》《淞云先生像》轴，都由胡公寿补景。任初卖画时，客有订购山水画，任晚上即去胡家，胡指点助其成幅。任伯年深感知遇，曾作《胡公寿夫人像》报答。"又，陈半丁尝云："作画要站着画，

图23
诗堂迎宾图　立轴
纸本　设色
127.5cm×54cm
庚午　1870年
广州艺术博物院藏

② 戴鸿慈，字光孺，号少怀，晚号毅庵，广东南海大同绿涌村人。清末出国考察五大臣之一，中国近代史上第一位司法部长。

① 上海市美术家协会藏。

不要坐着画。任伯年得胡公寿指点，在创作过程中，曾把纸铺在地上，人跑到楼上看下来。"①

　　虚谷 47 岁。

　　任薰 36 岁，居苏州。

　　胡公寿 48 岁。

◆同治十年（1871 年）　辛未　32 岁

　　是年作有《苏武牧羊图》《芙蓉雄鸡图》《花鸟》四条屏等。夏秋间多作扇面花卉，其《岭南风味》扇页写荔枝，约为广东商人作。孟秋作《花鸟》四条屏，款署："同治辛未孟秋，伯年任颐写于黄歇浦上。"秋杪作有摹宋人本之《瓜禽图》[图 24]，直溯两宋学双钩。款云："同治辛未秋杪摹宋人本，伯年任颐。"钤白文印"颐印"。

图24
瓜禽图　镜心
纸本　设色
34cm×42cm
辛未　1871年
荣宝斋藏

图25
检书烧烛　扇页
泥金　设色
18cm×50cm
辛未　1871年
荣宝斋藏

①详见《任伯年和他的画》，《美术》一九五七年第五期。

秋九月为紫珊作《检书烧烛》泥金扇页 [图 25]，款题："检书烧烛短，看剑引杯长。紫珊①仁兄大人雅正，辛未秋九月伯年任颐。"

【按】

"检书烧烛短，看剑引杯长。"见杜甫诗《夜宴左氏庄》。

冬作有《山雨欲来风满楼图》轴，翌年蒋节题赠姜石农云："伯年此帧写'山雨欲来风满楼'诗意，深得石涛三昧。画竟后以严寒冰砚，置未题款，今检赠石农仁兄，余为补记之。同治壬申夏，香叶蒋节。"藏于天津博物馆。

仲冬写《献寿图》轴，画麻姑寿星，款题："同治辛未仲冬，伯年任颐写于黄歇浦上之碧梧书屋。"钤白文印"颐印"、朱文印"任伯年"。

【按】

辛未年，任伯年画法主要仍用钉头描法，一是学习宋人双钩法，线描工细，钉头节奏韵律井然生动；一是学陈老莲法，用笔劲健繁复，钉头则起落有轻重。

任伯年
–1871年–

◆同治十一年（1872 年）　壬申　33 岁

三月二十三日（公历 4 月 30 日），《申报》在上海创刊。初以油光纸铅字排印，隔日出版一张，四个月后，改为日报。"《申报》，美查洋行所售也，馆主为西人美查，秉笔则中华文士。始于壬申三月，除礼拜按日出报，每纸十文，京报新闻及各种告白一一备载，各省码头风行甚广。"（《沪游杂记》）

任伯年在沪上画名渐著，扬誉海外。据日本冈田篁所《沪吴日记》所记，是年二月，"十六日，晴。朝与永寿之日本公馆，见品川（领事品川忠道）、神代（三等书记生神代延长）二氏。二人皆与余相识。神代氏号渭川，出上洋（即上海）人书画见示。即记其姓号，曰：王冶梅（花卉）、陈荣（山水）、朱梦庐（花卉）、吴子书（花卉）、任伯年（花卉）、胡公寿（山水）、张子祥（花卉）、谢烈声（山水）、马复铄（书法）、吴鞠潭（书法）、陈允升（山水）、雨香（人物）、项谨庄（书法）、潘韵卿（书法）。以上数名，现在上洋，以书画名者。"又"三月朔（公历 3 月 1 日），热七十三度。朝与永寿同访老山（安田老山），永寿携提篮煮茶共品，红枫（安田老山之妻）作骨董饭供我辈。老山出示宁波诸人所寄尺牍诗赋，老山曰：'上海现今书画有名者，朱梦庐、杨柳谷、杨佩甫、赵嘉生、邓铁仙、胡公寿、任伯年、张子祥、陆静道、王道、管琴舫、王冶梅，以上十二名，俱住上海，以书画为业者。'②沪上画坛之盛，可见一斑。

安田老山（1830—1883 年），名养号老山，美浓高须藩的侍家医生。在长崎学画，1868 年于日本明治元年秋航到上海，渡清，师事胡公寿。（中西庆尔《日下部鸣鹤传》第 140 页）

①紫珊，刘文灿，杭州人，官至海盐训导。

②冈田篁所（一八二〇—一九〇三年）为长崎之儒医，于明治五年（一八七二年）二月，十三日由长崎解缆，游历上海和苏州，同年四月二十三日归国，同行有苏州汤韵梅及其友松浦永寿。其间见闻有《沪吴日记》。明治二十四年（一八九一年）二月出版，日本东京国会图书馆借阅《沪吴日记》。予在东京国会图书馆研究所《美术研究》三百一十九号，鹤田武良《来舶画人研究》——论王寅一文。

【按】

安田红枫（1847—1872 年），女流文人，日本南画家安田老山之妻，擅书画。明治五年（1872 年）随夫同游清国，客死苏州，年二十六。（近世女流书道名家史传，参见日本《书论》第二十七号，1991 年。）

正月初七写《无量寿佛》[图 26]，款云："壬申正月七日写无量寿佛第一躯，伯年任颐。"钤白文"颐印"和朱文"任伯年"两印。

孟春为仲苓作金笺扇《春江游乐图》[图 27]。款云："壬申春孟写为仲苓仁兄大人雅属，伯年任颐。"钤"任颐印"白文印。（观其内容，颇似后来之《东坡赤壁图》。）

春三月上巳写月季圆纨扇半幅，款"伯年任颐"，半幅由胡公寿题诗："我家曾住赤阑桥，邻里相过不寂寥。君若到时秋已半，西风门巷柳萧萧。肖石仁兄属，壬申上巳公寿。"

春杪为任阜长作《桃花金银双鹦鹉图》扇（蓝绫金笔）[图 28]，款云："阜长二叔大人训正，壬申春杪，伯年侄颐。"钤白文"颐印"。白鹦鹉为师山静居法（是年作有多幅鹦鹉）。

五月作《芭蕉月季图》轴。

六月，为张子祥绘七十岁小像《蕉林逭暑图》[图 29]。陈彭寿题款："蕉林逭暑。子祥先生七十岁小像，壬申六月陈彭寿题，伯年任颐写。"其订交当早于此。[①]

初秋作《花鸟》四条屏，工笔兼写。（《燕子白描紫藤》款署："壬申初秋，山阴任颐雨窗写。"又《白头荷花》，又《八哥芭蕉》，又《鸡》。）

秋为颂侯写洒金笺扇页《鹡鸰图》，胡公寿题云："鹡鸰图。此鸟吉极，止沙土中，故毛诗称'鹡鸰在原'，原字之义可见。俗又以其灵警，以百灵呼之。壬申之秋，公寿题。"

秋作有《水仙天竹》《八哥芭蕉》等图轴，

图26

无量寿佛　立轴
纸本　设色
112cm×46cm
壬申　1872年
上海中国画院藏

颐印
–1872年–

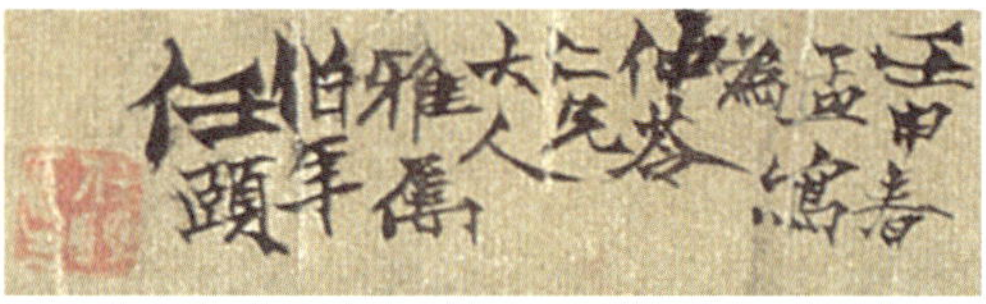

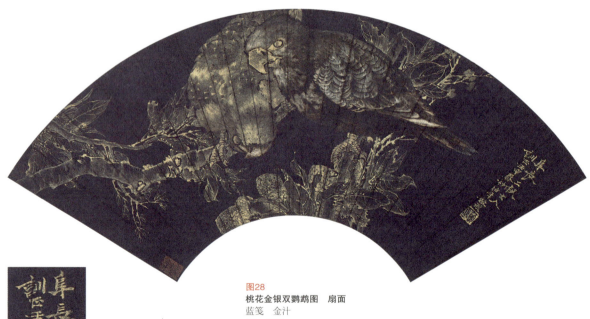

图27
春江游乐图　扇面
纸本　设色
24.3cm×52.8cm
壬申　1872年
中国美术馆藏

图28
桃花金银双鹦鹉图　扇面
蓝笺　金汁
19cm×54cm
壬申　1872年
浙江省博物馆藏

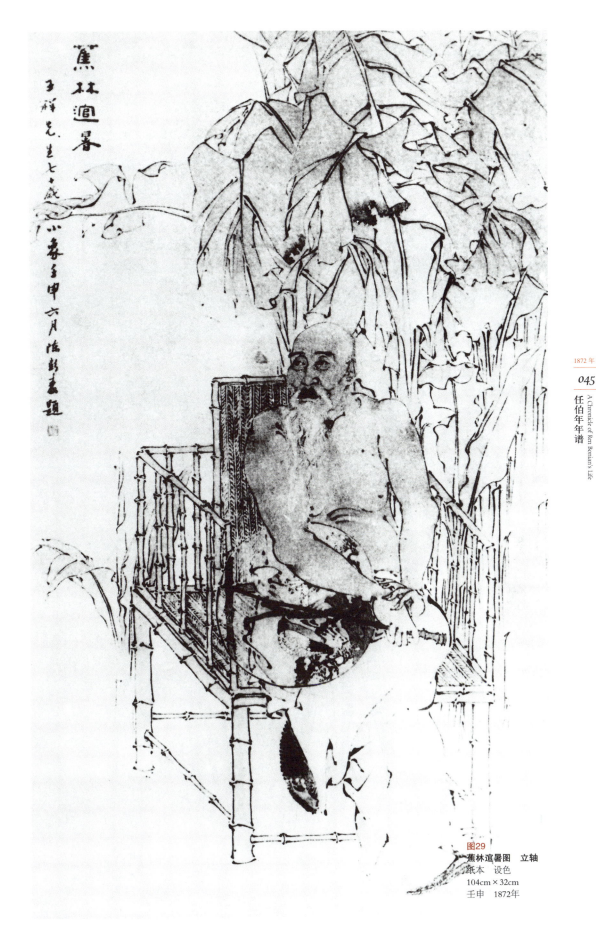

图29

蕉林逭暑图　立轴

纸本　设色

104cm×32cm

壬申　1872年

图30
献瑞图 立轴
纸本 设色
148.7cm×78.2cm
壬申 1872年
中国美术馆藏

秋杪又为韵亭作《白头桃花》扇，为霭卿作《秋菊重阳》扇等。

九月为秋江作《白鹦鹉》扇（略师山静居笔）。

秋月写有花卉四条屏，为《南瓜三鸡》《月下荷鸭》《蕉菊小鸟》《水仙飞鸟》四季花鸟，末款云："同治壬申秋日，伯年任颐写于海上客次。"中国美术学院藏。

十月作有《蕉鹅图》轴，题诗云："为爱鹅群去学书，丰神岂与右军殊。如今不买人间纸，种得芭蕉几万株。"

冬又于"黄歇浦上之碧梧书屋"作人物肖像，又《献瑞图》轴［图30］、《礼佛图》轴［图31］等。

嘉平（十二月）作《加官进爵图》轴。

虚谷49岁。在苏州作《恢复寺全图》。

吴昌硕29岁。在安吉与施氏季仙成婚。

图31
礼佛图　立轴
纸本　设色
104cm×32cm
壬申　1872年
中国美术馆藏

◆同治十二年（1873年）　癸酉　34岁

春正月为慈溪葛惟英作独立小影《仲华二十七岁小景》肖像图轴［图32］。自题"任伯年写"。后有葛惟英、徐大有、胡公寿、顾德沅、沈京成、严信厚等题跋。

葛惟英志云："欲写平生入短编，争禁百感集胸前。世如蜀道无夷地，心入禅关有乐天。事业徒抛三寸管，姓名不值一文钱。剧怜岁月蹉跎甚，愁绝老苏发愤年。癸酉春正月属山阴任君伯年写成独立小影，研有宿墨，即以其画笔率涂七律一章，书于纸尾，借抒胸臆，不计工拙。敢乞大雅箴言，以作棒喝，使不忘本来面目，实乃三生大幸，过于百朋厚贶矣。慈溪葛惟英并志。"

徐大有跋云："不求甚解好遗编，数斗红尘洗眼前。浊酒惯教消白日，苦吟未就仰青天。园林欲卧筹三径，风月何曾买一钱。自是君家有仙井，陶然世外驻华年。癸酉仲春上浣，仲华二兄大人过余从好斋，瀹茗清谭，出雅照索题，时余将之茸城，倚装匆匆，谨和元韵，即请正之，石史弟徐大有。"

胡公寿跋云："两晋高人抱朴子，云礽末派更清超。脱巾闲步联今雨，对酒狂歌忆昨宵。香祖风流添画品，嫩人心绪在《离骚》。移居远仿仙翁例，秋水清涟泰伯桥（时欲僦屋吴中泰伯桥下）。仲华仁二兄清正，癸酉秋七月胡公寿题于申浦。"

顾德沅题跋云："芝兰品格鹤丰标，如此青年逸兴饶。明月高楼金谷酒，梨花深院玉人箫。神仙家世空千劫，翰墨风流爱六朝。今日苏台杨柳色，惹君新样忆眉梢。仲华二兄大人以独立小影嘱题，时君游吴门，闻有挈眷之约，戏拈一律以奉，弟顾德沅稿。"

沈京成题跋云："一笑相逢皖水边，（饶）饱看山色对龙眠。四明狂客头衔旧，两晋高人骨格仙。爱玩鼎彝饶古趣，朗吟湖海入新篇。故交字

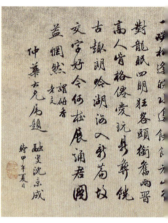

沈京成跋

葛惟英跋　　徐大有跋　　胡公寿跋　　顾德沅跋　　严信厚跋

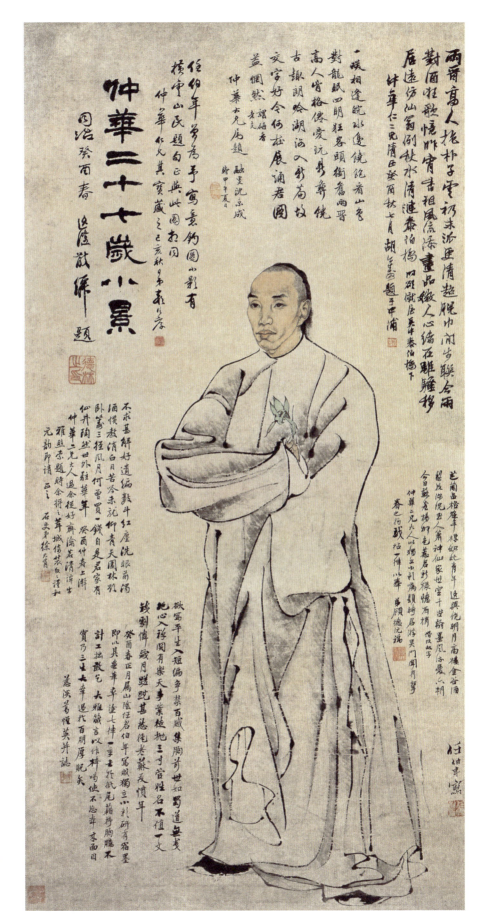

图32
仲华二十七岁小景　立轴
纸本　设色
118.6cm×60.3cm
癸酉　1873年
故宫博物院藏

好今何在，展诵君图益惘然（谓研香老友）。仲华大兄属题，融叟沈京成，时甲午夏日。"

严信厚题跋云："任伯年曾为予写意钓图小影，有'横云山民'题句，正与此图相同。仲华仁兄其宝藏之，己亥秋日弟严信厚。"

初夏为嵩乔作《兰花牵牛》团扇，为攀云作《梅竹小鸟》扇（金笺）。

荷月为利川书隶书白居易五言诗扇页《小院追凉散》[1]等。款云："利川仁兄大人属，癸酉荷月初，伯年任颐。"

五月为稚屏作《葵花群鸡》扇页，又为小香作《山茶水仙》扇页。是年多画折扇、团扇，并多绢册，以花卉翎毛为主，人物画少，仅存《麻姑献寿图》等。

新秋作《人物》散页，款署："同治癸酉新秋上浣，仿仇实父笔法，伯年任颐。"又作《桃枝禽憩图》，款署："鸣轩仁兄大人雅属，癸酉新秋，伯年任颐。"

秋仲，作花鸟四条屏，并有胡公寿书法相配裱，称为"任胡合璧"。其四条屏写《桃花小鸟》《丁香双雀》《竹梢白头》《折枝锦鸡》[图33]，末款云："同治癸酉秋仲，伯年任颐写于沪上寓斋。"钤白文印"颐印"。其上诗塘为胡公寿书法，为补配合璧，其题有云："昔崔延伯每临阵则令田僧超为壮士歌，然后单马入阵，所向无前。宋子京修《唐书》，燃二椽烛，妾媵夹侍，望之如神仙中人。吴元中居翰林，每草制诰，则使婢远山摩墨，运笔措词，宛若图画，此所谓托物起兴、仗境生法也。它若苏子瞻之琴操，殆此意欤。同治甲戌八月胡公寿录于上海。"

图33
花鸟行书四条屏
之四　折枝锦鸡
癸酉　1873年

【按】

任伯年至上海，胡公寿每多提携，又任伯年书画多得胡公寿指点，如其书法由扁隶体，已渐融入行书笔法，为以后之行书题款，以此过渡中。

① 浙江省博物馆藏。

十月小春与朱偁、张熊合写《清供图》轴
[图 34]。张熊题跋云："籽云观察大人雅赏，
癸酉小春月中旬，伯年任颐写磁铜古器、玉兰、
桃实、榴房，梦庐朱偁补水仙、月季、佛手，
七十一老人子祥张熊添牡丹、腊梅并署款，时
同客春申江上之梦草山房。"钤朱文印"祥翁""张
熊印信"。无任伯年、朱梦庐款印。

冬十月作有《葵石雄鸡图》轴。

是年又作有《茂叔爱莲图》扇、《三狮
图》轴[①]等。

任薰 39 岁。

钱慧安 41 岁。

◆ **同治十三年（1874 年）　甲戌　35 岁**

是年于胡公寿寄鹤轩与严信厚合作《芦雁
图》[②]。严氏题款云："垂垂暮天，澹澹暗川，
飞来红蓼滩前，在芦花那边，鱼灯未燃，江村
寂然，一声叫破寒烟，伴沙鸥早眠。调寄醉太
平。愚泉三兄大人法家正之，伯年写芦，巚（啸）
芳补雁。"又题："予于二十年前在寄鹤轩与
任伯年合作此图，以赠庄愚泉者。瑚卿五兄见
而爱之，遂向乞归，试问其爱芦乎？爱雁乎？
近来风尘仆仆，绘事更疏，抚今思昔，不觉慨然。
甲午春严信厚。"

元宵作《仿陈洪绶人物图》轴，款题云："甲
戌元宵秉烛写于丛花仙馆，性至笔随，极学老莲，
鉴者以为有所得否，任伯年并记。"

图34
清供图　立轴
（与朱偁、张熊合作）
绢本　设色
132cm×59cm
癸酉　1873 年
沈阳故宫博物院藏

① 又名《三思图》，绢
本，设色，款题：
"同治癸酉新秋，伯
年任颐写于海上客
次。"南京博物院
藏。画外题："五
色貌雄狮，人间讵有
之？游心于象外，寓
意在三思。己丑冬青
莲题"。鉴藏印：虞
山张青莲博士鉴藏。

② 张青莲博士鉴藏，
水墨淡彩，宁波私人
藏。

春日为姜石农作《三色牡丹图》扇页[图35]，款云："石农仁兄大人指正，甲戌春日，伯年任颐写于沪。"钤"颐印"白文印。

图35
三色牡丹图　扇面
纸本　设色
19.5cm×54.4cm
甲戌　1874年
荣宝斋藏

四月十五日，印象派画展在巴黎肯普西努街35号展出，参展的有莫奈、塞尚、毕沙罗、西斯莱、德加、雷诺阿等30人的165件作品，名为"画家、雕刻家、版画家、匿名艺术家协会"展览（后来到1877年第三次展时才正式得名"印象派"）。因新闻记者鲁罗瓦对莫奈作品《日出·印象》[图36]取笑为"印象派"之讽刺报道。

仲春为润荪作《蕉叶银鱼》金笺扇页。

端午前三日及端午节午时作《钟进士像》，题云："同治甲戌端阳前三日，伯年任颐写于沪上客次。"钤"颐印"白文印。又作《簪花钟馗图》轴等多幅。

夏五月写《苏武牧羊图》横幅，款云："同治甲戌夏五月，伯年任颐写于春申江上寓斋。"

五月又写洒金笺《玉兰八哥图》扇页等。

六月作《三羊蝶花图》轴。

六月又有《渔父像》①扇页，款云："同治甲戌夏六月，为肖珊仁兄写渔父像，伯年任颐。"

八月上浣作《献寿图》轴，款署："同治甲戌秋八月上浣，伯年任颐写于春申浦上客次。"

大寒后一日，与胡公寿合作《折枝花石图》②，胡题款云："阴生仁兄属公寿写一笔石，再请伯年补枝。甲戌大寒后一日。"钤朱文印"横云""任伯年"。

十一月上浣为卓峰作《古柏天竺图》轴。

是年又作金笺静物写生多幅，其一为蕉叶、银鱼、冬笋、红花。

任薰40岁，是年于苏州恰受轩作《松鹤图》轴、《英雄图》轴。

图36
日出·印象
克劳德·莫奈
布　油彩
48cm×63cm
1873年　法国
马蒙达博物馆藏

日出·印象（局部）

② 诗塘有汤埙题诗。
① 辽宁省博物馆藏。

是年同治帝驾崩，光绪皇帝即位，慈禧太后再度垂帘听政。

第一任出使日本大臣何如璋《使东述略》记 1875 年十月十九日抵上海之印象云："舟抵上海，入吴淞，泊虹口。登岸，假寓租界。界在城北，旧时蓁莽，悉化街衢，舟车填溢，货物山积，洋楼戏馆，酒楼茶肆，无一不备。夜燃煤气灯，光腾黄浦。估客之奔波，游人之寄迹，百工技术之争竞驰逐，尘拢风靡，不可响迩。噫，何其侈也。"①

沪上繁华，远逾昔时，书画家先后辉映，人物荟萃。王韬（紫诠）著《瀛壖杂志》是年刊行，尝引《同治年间论沪江书画》七绝诗云："沪上曾来何太史，廿年前是大书家（子贞前辈）。而今志气颓唐甚，满纸龙蛇信笔斜。画笔还推礼道人（王秋言），折枝人物尽超伦。此中若再分优劣，人物新罗继后尘。双琯齐名金保翁，闺中风雅映江东（翁擅山水，夫人兰生工书）。平生赏鉴真成癖，岂独区区寿世功。笔情洒脱胡公寿，花叶规模张子祥。若待当头施棒喝，自然鼻观木樨香。壖伯行书原活泼，鞠潭小楷亦精神。墨池尚欠三分黑，九转丹成气象新。任家昆季老莲派（渭长、阜长），何不兼师松雪翁？更有伯年真嫡子，并皆佳妙本相同。直夫褚楷都循理，法度拘迂少独能。若使此中有我在，定然妙合自神凝（莫直夫）。观此于沪上书画家称为专门名家者，略具此矣。"②

又，《沪游杂记》云："上海为商贾之区，畸人墨客往往萃集于此。书画家来游求教者，每苦户限欲折，不得不收润笔。其最著者，书家如吴鞠潭（淦）、汤壖伯（经常），画家如张子祥（熊）、胡公寿（远）、任伯年（颐）、杨伯润（璐）、朱梦庐（偁），诸君润笔皆有仿帖，以视雍乾时之津门、袁浦、建业、维扬，局面虽微有不同，风气所趋，莫能相挽，要不失风雅本色云。"③

《淞南梦影录》则尤推重任伯年之人物、写照，云："各省书画家以技鸣沪上者，不下百余人。其尤著者，书家如沈共之之小篆，徐袖海之汉隶，吴鞠潭、金吉石之小楷，汤壖伯、苏稼秋、卫铸生之行押书；画家如胡公寿、杨南湖之山水，钱吉生、任阜长、任伯年、张志瀛之人物，张子祥、韦子钧之花鸟，李仙根之传神类，皆芳誉遥驰，几穿户限，屠沽俗子得其片纸以为荣。然佳者未必著名，著名者未必定佳，一人赞扬，众口阿附，沪俗无风雅气，即此可见一斑矣。伯年亦善写照，用没骨法分点面目，远视之奕奕如生，惟自秘其技，非知己者不轻易挥毫。尝见其图《龙湫旧隐小像》，淡墨淋漓，丰采毕露，虽仅有半面缘者，一见即能辨认，亦一奇也。"④

【按】

葛天民，字隐耕，号龙湫旧隐。寓沪以诗鸣，曾以诗乞任伯年画肖像。

是年存世作品甚少，"光绪建元"作《松鹤图》轴⑤，款云："光绪建

① 见《早期日本游记五种》第四十七页，湖南人民出版社，一九八三年三月版。

② 王韬《瀛壖杂志》卷五（光绪元年十月刊行）。

③ 葛元煦《沪游杂记》。

④ 黄协埙《淞南梦影录》，见《小方壶斋舆地丛钞》第九帙第七十页。

⑤ 《松鹤图》轴，上海朵云轩藏。

元夏六月上浣，伯年任颐写于海上客次。"诗塘有褚德彝题"松鹤延龄"篆书，又题跋"甲子仲冬"。

暮春作有《花鸟图》册（十开）[1]，款云："光绪乙亥春暮，伯年任颐写于海上。"该册钤白文印"任颐"、朱文印"任伯年"二印。

初夏作《玉米鸭图》轴。又作《仕女仙鹤图》轴，款署："光绪元年岁次乙亥，任颐伯年写于春申浦。"

盖是年前后任伯年专注于研制紫砂器皿等，"寓沪城三牌楼附近，鬻画为活。邻有张紫云者，善以紫砂抟为鸦片烟斗，时称紫云斗，价值绝高。伯年见之，忽有触发，罗致佳质紫砂，作为茗壶酒瓯，以及种种器皿，镌书若画款识于其上。更捏塑其尊人一像，高三四尺，须眉衣褶，备极工细。日日从事于此，画事为废，致断粮无以为炊。妻怒，尽举案头所有而置之地，碎裂不复成器。谨克保存者，即翁像一具耳。伯年徐徐曰：此足与曼生争一席地，博利或竞胜于丹青也。"[2]

任董叔题《任淞云像》云："北方有捏像术，术者与谒倩者，深坐对视，徐徐一手抟泥丸，置袖笼中塑之。数将出省视，视似否，不似即更为之。面辅粗具，乃将出点睛。然非谒者本身，或其本身摄有电影者，即其术工，亦不能似此。先王父淞云公遗像，先处士以捏像法取得之，侧坐笼袖，宛然生前神采也。抟沙捏成睡稚康，殆其术古即有之。欧西人谓我国艺术往往寓有神秘，非经口说面授，子犹不能得诸其父，故与石膏塑像术又不相容。先处士能造曼生壶，意即制壶术之隅反邪？董敬识。"[3]

虚谷52岁。作《秦赞尧像》轴，又为沈麟元[4]作《蔚山钓徒像》轴。

周闲卒，年56岁。

【按】

《淞云先生像》，任伯年塑，原藏任董叔处，"董叔亡，不知流落何所"（《小阳秋》引孙紫珊语）。又尝闻钱镜塘谈及，此塑像20世纪50年代犹在上海地摊见到，适欲购藏，忽迷，不复可寻。

任伯年塑任淞云紫砂像

◆ 光绪二年（1876年）　丙子　37岁

是年夏（闰五月）淞沪铁路建成通车（同治五年七月英商玛礼逊创筑铁路，由上海老靶子路至江湾，光绪二年延至吴淞），为中国第一条铁路。

第二次印象派展。其中莫奈的《穿着和服的卡缪》［图37］可看作东西方画风交融的象征。

图37
穿着和服的卡缪
克劳德·莫奈
波士顿博物馆藏

① 绢本，故宫博物院藏。

② 参见郑逸梅《小阳秋》引孙紫珊语，日新出版社民国三十六年（一九四七年）十一月初版。

③ 参见《美术界》一九二八年八月第三期封面，任董叔题识。

④ 沈麟元（一八二六—？）

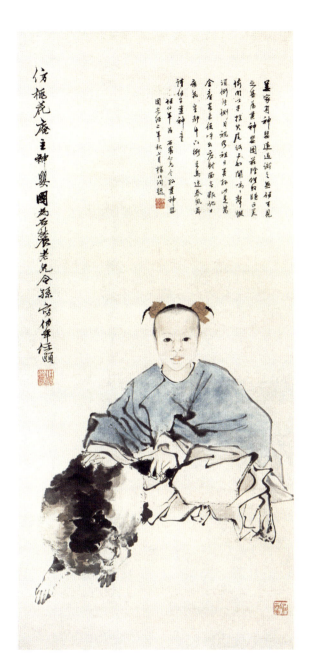

姜家有神婴远过谢之无任可见
之善為画神婴圖花陰狸奴睡正美
偷閒以手捉其尾纸上如聞鳴鳴声
蝦须倒张側目视乃祖日弄孫此是萬
金产客来便呼出应对面無赧他日看
花皇都中六街走馬追春風
再请任子畫神童
图光緒二年秋七月楊伯潤題

仿桃花庵主神婴圖為石農老兄令孫寫伯年任頤

任颐印信

任颐印信

图38
神婴图　立轴
纸本　设色
105.6cm×48.2cm
丙子　1876年
苏州博物馆藏

夏日在苏州，为姜石农之孙作肖像，仿唐寅笔作《神婴图》[图38]，款云："仿桃花庵主《神婴图》，为石农老兄令孙写，伯年任颐。"钤朱文印"任颐印信"和"任伯年"。杨伯润题识云："姜家有神婴，远过识之无。任子见之喜，为画《神婴图》。花阴狸奴睡正美，偷闲以手捉其尾。纸上如闻呜呜声，虾须倒张侧目视。乃祖日弄孙，此是万金产。客来便呼出，应对面无赧。他日看花皇都中，六街走马追春风，再请任子画神童。任伯年为石农仁兄令孙画《神婴图》，光绪二年秋七月，杨伯润题。"

七月甲子金魁日作《魁星图》[图39]，题云："青拜庐主供奉，光绪二年七月甲子金魁日任颐敬绘。"钤白文印"任颐印信长寿"。左绫边任堇题跋云："世以奎宿为文章司命之神，故面貌奉祀维谨。先处士淡于名利而不忘读书，以为东坡精爽何凭，故不惜图画庄严之。世变沧桑，遂与荼垒等貌。东方生日，用之则为虎，不用则为鼠，吾为手泽惜，亦行自念也。己巳夏至任堇题识。"

青拜廬主供奉光緒二年七月甲子金魁日任頤敬繪

任颐印信长寿

图39
魁星图　立轴
纸本　设色
134cm×61cm
丙子　1876年
中央美术学院藏

仲夏为荫甫作《双鸡图》轴［图 40］，款署："荫甫仁兄大人雅属即正，丙子仲夏，伯年任颐写于春申浦上。"

又为水芗作《松鹤图》轴［图 41］，款署："水芗大兄大人五十寿，光绪丙子仲夏，伯年任颐写祝。"

又作《美人香草图》轴，绢本，款署："光绪丙子新秋，伯年任颐写于黄歇浦上客斋。"

新秋为初屏仁兄写《秋山策杖图》轴，水墨山水。

秋作有《携琴访友图》轴，款署："光绪丙子之秋，伯年任颐写于黄歇浦上。"

又作《支遁爱马图》轴［图 42］，款署："铭常仁五兄大人雅属即请正之，光绪丙子新秋，伯年任颐写于海上客斋。"

虚谷 53 岁。在沪上为高邕之作《山水图》册。

任薰 42 岁。仲春在苏州恰受轩作《簪花饮酒图》轴，夏在沪作有《江沽流民图》册十二帧，首页款署："丙子夏日阜长任薰写。"

吴昌硕 33 岁。拓有《齐云馆印谱》。

陈衡恪（师曾）生。

第三次印象派展开幕，正式定名"印象派"。

正月为以诚作《以诚仁兄先生五十一岁小像》。

又作《石农先生小像》[图43]（两帧）。

仲春作《芍药鸡石图》轴，款署："光绪丁丑仲春，伯年任颐写于黄歇浦。"

孟夏写人物纨扇，任伯年半幅写《蕉阴纳凉》①（丁丑孟夏），另半幅为费以群写《秋夜仕女》，款云："鹿苹仁兄大人雅鉴。甲戌新秋穀士弟费以群写。"

四月作《饭石先生五十小像》[图44]，胡公寿书"饭石"二字引手匾，并题跋："饭石山农清鉴。漱石厉齿，饭石充饥，洵乎君家白石所云，七十二峰生肺肝矣。姜石农刺史家洞庭饭石峰之麓，自号饭石。公寿书此赠之。"②

夏五作《老莲人物图》，款署："伯年任颐写于春申江之青桐轩，时丁丑夏五中浣。"

仲夏又作钟馗《驱邪保福图》轴。

五月五日于"黄歇浦上"作《钟馗戏鬼图》③轴。

夏仲又为味闲作《还读图》，贺援题。味闲自题签："梦墨山樵三十五岁小像，山阴任伯年写于海上，丁丑夏午味闲自题。"

立秋日为以诚属画朱竹（又钱慧安补紫芝）。任题款："以诚仁兄大人属竹修写石，又属伯年写朱竹，时丁丑立秋日并记岁日。"

【按】

以诚，或以为姓"何"，实误。予考应为雷以诚，早年（咸丰五年，1855 年）镇守焦山，为副帅，与周闲、任熊等交游（见周闲《范湖草堂遗稿·任处士传》）。

九月新秋写《古帝人物图》④轴，款云："光绪丁丑新秋，伯年任颐写于春申江浦上之青桐轩。"

图43
石农先生小像　立轴
纸本　水墨
49cm×46.4cm
丁丑　1877年
苏州博物馆藏

④ 辽宁省博物馆藏。

③ 上海博物馆旧藏。

② 钱镜塘旧藏。

① 一八七七年，西泠印社藏。

图44
饭石先生五十小像　横卷
纸本　设色
尺寸不详
丁丑　1877年
私人藏

图45
孙公进食图　立轴
纸本　设色
175.3cm×95cm
苏州博物馆藏

【按】

　　任伯年好读"奇书"，此图内容画古人物（类帝王）手持如意，仕女打宫扇，前二壮士肩扛，上立一只翠羽凤凰，而丹鹤伺立于下，画得极其工致流畅，线描极复杂而整体如一，惜未解其意。

　　新秋作《肉台盘图》①轴，款云："唐孙公晟官至司空，每食不设几案，使妓各举一器立而侍，号曰肉台盘。丁丑新秋写于春申浦上，伯年任颐。"

【按】

　　另有一幅题《孙公进食图》②轴［图45］，无年款，只题"伯年"，为伪摹本。

　　又，九月新秋另有《人物四屏条》轴，画《丹桂五枝芳》［图46］（丁丑秋月）、《屏开金孔雀》［图47］（丁丑秋月）、《焚香祝天》（丁丑秋仲）、《桐阴侍餐》（即《肉台盘图》），款云："光绪丁丑新秋，伯年任颐写于春申江上。"以上四屏中，前两条轴为夹宣揭下之第二层。此四条屏藏于沈阳故宫博物院。

　　新秋写《丹桂五枝芳》轴，款云："丹桂五枝芳。光绪丁丑新秋，伯年任颐。"钤白文"任颐之印"。

　　又写《屏开金孔雀》轴，款云："屏开金孔雀。丁丑新秋，伯年任颐。"钤朱文"任颐印信"。

① 故宫博物院藏。

② 见《任伯年全集》卷三第一百六十九页。孙晟乃五代南唐列祖臣。『事列祖元宗李昪、中主李璟时重二十余年，官至司空，家益富骄。每食不设几案，使众妓各执一器，环列而侍，号肉台盘。时人多效之。』马令『南唐书』卷十八。四库全书四六四册三二五页。

人物四条屏
之一　丹桂五枝芳　立轴
纸本　设色
180cm×94cm
丁丑　1877年
沈阳故宫博物院藏
（此为夹宣下层揭裱）

任颐之印
–1877年–

任颐印
–1877年–

图46
丹桂五枝芳　立轴
纸本　设色
181.5cm×95.1cm
丁丑　1877年
故宫博物院藏

人物四条屏
之二　屏开金孔雀　立轴
纸本　设色
180cm×94cm
丁丑　1877年
沈阳故宫博物院藏
（此为夹宣下层揭裱）

图47
屏开金孔雀　立轴
纸本　设色
184cm×94.5cm
丁丑　1877年
中国美术馆藏

图48
冯畊山肖像　立轴
纸本　设色
127.4cm×55.2cm
丁丑　1877年
上海博物馆藏

【按】

任伯年用夹宣作画，装裱时又将之揭下，第二层亦佳，再加题成为两幅，此二幅之第二层即现藏沈阳故宫博物院本。

九月望日作《冯畊山肖像》轴［图48］二帧，款云："光绪丁丑九月望日，伯年任颐写。"钤白文"颐印"。其上有胡公寿、张熊、汤经常、吴淦题款。胡公寿题："畊山冯君流水声中读古诗小像。丁丑秋九月，华亭胡公寿题。"陈曼寿诗，汤经常题云："空山罕人迹，好鸟鸣百关。科头此独坐，把卷心自闲。眷兹风日美，长啸泉石间。流水声和苍，琅然锵珙环。浮生苦局促，急景凋朱颜。恨不十年读，顾影惊老屄。输君勤考古，抉疑毋稍悭。判当践严约，携手日往还。丁丑仲冬月，畊山仁兄大人以曼寿陈君题句属书，墰伯汤经常。"

张熊题跋云："口诵道书一卷，坐听石上流泉。俗虑尘襟涤尽，此身便是神仙。题为畊山仁兄大人雅属，七十五老人子祥张熊。"

吴淦题跋云："流水声中手一编，披图丰貌总如前。软红同醉京华月，记否于今十四年？畊山仁兄大人雅鉴，丁丑霜降后六日，鞠潭吴淦题。"

【按】

冯畊山（沄），是年即赴日本。号雪卿，住京都。

九月之望又作《风雨同归图》轴［图49］，款云："光绪丁丑九月之望，伯年任颐写。"

秋杪写《三羊开泰图》大横屏，款云："光绪丁丑秋杪，伯年任颐写于海上寓次。"

孟冬之吉，写《四季平安图》轴，画竹石鹌鹑。

孟冬又写《山水图》轴。

十月仲冬写《花鸟册》八开[1]，为写意设色花鸟，末款云："光绪丁丑仲冬，伯年任颐。"又写《芍药孔雀图》大横幅。

又为蔚之作《水仙鸟石》扇页[2]，款题云："蔚之仁兄大人正耳，丁丑仲冬，伯年任颐写于春申浦上。"钤"颐印"白文印。

十月冬胡公寿邀杨伯润、任伯年冒雨登陈允升寓楼，樽酒论心，流连竟夕。胡公寿为其《纫斋画剩》作序。

十月之望为陈允升作白描肖像《纫斋先生五十八岁小像》。

仲冬作《翠竹山鸡图》轴［图50］，款署："光绪丁丑仲冬，伯年任颐写于春申江上寓次。"钤"颐印"白文印、"任伯年"朱文印。

仲冬，"雪窗炙砚"，于"青桐轩"写《岁朝图》[3]。

冬仲任伯年题《江楼听雨图》卷[4]，杨伯润、任伯年合写。任伯年写人物、水榭江楼，杨伯润写树石。任伯年题长诗：

白描肖像《纫斋先生五十八岁小像》

[4] 纸本，设色，纵四十七厘米，横一百六十九厘米，丁丑，一八七七年仲冬。

[3] 中国美术馆藏。

[2] 故宫博物院藏。

[1] 上海博物馆藏。

图49
风雨同归图 立轴
纸本 设色
155.5cm × 53.5cm
丁丑 1877年
故宫博物院藏

图50
翠竹山鸡图 立轴
纸本 设色
145cm × 40cm
丁丑 1877年
上海中国画院藏

古木楼头新旧雨，秉烛衔杯话唐虞。

今宵雅集亦难得，主人索我写成图。

我醉呼童速研磨，下笔纵横风雨助。

惹得诸君逸性豪，或添奇峰或添树。

图成陡觉有天趣，拊掌狂吟为题句。

东方已白珠光淡，窗外尚有雨余雨。

诸同人集江楼话旧，一夜风雨不至（止），

合作是图，并漫题七古以记其事。丁丑仲冬，山阴道人伯年任颐。钤"任颐印"朱文小印。又胡公寿题，后俞樾、朱大勋、金吉石、钟德祥、汤经常、朱煜等长跋。

【按】

此图为吴文惝属写。吴文惝为裱画商，号听雨楼主，己卯（1879年）任伯年曾为尹丽生《吴文惝松下寻诗图》题诗（七绝一首），与此对看，俱见佳妙。任伯年作画，并能在海上诸诗坛名家如胡公寿、杨伯润等人面前当场赋诗，正可见其诗才逸勃以及海派先辈大师之间融洽合作之情趣。

是年又作《邕之先生二十八岁小像》[图51]，由胡公寿补景。杨伯润题："涧水松风，自成清响。幽人抱膝，襟怀闲敞。好句飞来，悠悠独赏。载咏载歌，东山月上。邕之老弟先生属题，戊寅冬十二月南湖杨伯润记于语石斋。"后王福庵篆题："邕之先生二十八岁小像。伯年写照，公寿补图，福庵题。"图中胡公寿钤有白文印"寄鹤轩"等。

【按】

任伯年与高邕之订交约于是年或稍前。高邕之为高树森长子，其父为"苏松太道吴煦记室，后入李文忠幕，襄订通商条约"。高邕之善书画，家藏甚富，喜八大山人之作，"画亦偶作，意在八大石涛之间"，"画宗八大、石涛，山水花卉，神味冷峻，迥不犹人"。①

故任伯年从高邕之处获观八大山人等画幅，自此画风渐为之转变。据《海上墨林》称，任伯年"年未及壮，已名重大江南北。后得八大山人画册，更悟用笔之法，虽极细之画，必悬腕中锋。自言'作画如颐，差足当一写字'"。

迟至是年，亦开始学新罗山人（华嵒）用笔法。夏仲有《临新罗山人〈麻雀雪竹图〉》轴，题云："溪林敛曙色，群鸟噪春来。谁谓南枝劲，梅花战雪开。新罗山人写于解弢馆并题。光绪丁丑仲夏，任伯年临。"②

是年精品尤其人物画甚多，其中《人物四条屏》[图52]写《麻姑献寿》款云："伯年。"钤白文"颐印"。《紫气东来》款云："伯年写。"钤朱文"任颐信印"。《祝翁呼鸡》款云："伯年任颐写。"钤白文"颐印"。《仙道炼丹》款云："伯年写于春申浦上。"钤白文"颐印"。

"纫斋先生五十八岁小像" 跋语

颐印

–1877年–

① 见杨逸《海上墨林》，又张鸣珂《寒松阁谈艺琐录》。

② 临新罗山人《麻雀雪竹图》》轴，天一阁藏。

图51
邕之先生二十八岁
小象　立轴
（与胡公寿合作）
纸本　设色
130.9cm×48.5cm
丁丑　1877年
上海博物馆藏

【按】

此人物四屏，备见佳妙，尤其人物衣纹，有丰富的钉头描技艺，纵横挥写，钉头或圆或尖，或舒展，或流曲，变化多端。至后来姜石农画像，发展到极有韵律感的双起双运，正为此后线描的奔逸积蕴潜能。

是年精作还有《伏生授经图》轴（五月中浣于青桐轩）、《三阳开泰图》轴、《桃石图》轴，以及《四季平安图》[**图52**]。《四季平安图》款云："光绪丁丑孟冬之吉，伯年任颐写于春申浦上。"钤白文"任颐印"、朱文"颐颐草堂"。此外还有《芍药牡丹》《鹰石》等图轴。

又，是年颐作有《青素斗婵》（李商隐诗意）、《叱石成羊》《麻姑采药》《荷塘煎裙》《李白吟诗》《次中鸡谈》《霜崖眺雁》《髯仙品砚》《梅边携鹤》《蕉荫品砚图》。

【按】

丁丑年为任伯年寓沪城之第十年，正是狂飙突进之期。是年之作品大作佳作如云，其创作欲之旺盛迸发无前。

【考】

关于任伯年在上海具体居住地点的考证：

1877 年任伯年画风有明显的转变，是年任伯年作品明显增多，所用印鉴增多，诸迹象表明任伯年最迟已于是年搬到沪北，营构"颐颐草堂"，其地近黄浦江畔（约于今之上海金陵东路外滩附近），即当时法租界之东侧。可参看后来虚谷所画《山阴草堂图》卷（1887 年），以及吴昌硕《十二友诗》（1886 年）。

任伯年自 1868 年仲冬来上海定居，是因胡公寿的安排，"安设笔砚"，当时住在"邑庙豫园"附近，其邻"春风得意楼"（陈蝶野）。不久即迁居至胡公寿居所对面，1870 年画中已用"沪城倚鹤轩"，这与胡公寿"寄鹤轩"相对看，不但透露出任胡二人在艺术上和感情上的密切关系，而易为所忽的，是其居处亦近在比邻间。一个"倚"字，正是显示任伯年来沪之初一切都是"倚"靠胡公寿的提携、照应和安排。这从任伯年大量的画作款题中可以看出。而最迟至 1877 年冬，任伯年在上海十年，声名已赫然，经济上也相当宽裕，所以另觅新居，成为现实。我推考当于是年（1877 年丁丑）已营建新居，于沪北靠近黄浦江边外滩附近（今之金陵东路外滩附近，又当时称为"黄浦滩"。"外滩"之称直到 1897 年才出现于《申报》广告中）。从吴昌硕 1886 年《十二友诗》中"海风欲卷怒涛入，瑶琴壁上鸣琤珸"以及"画水直蹙吴淞江"来看，其寓所与江边是很近的。又从虚谷为任伯年画《山阴草堂图》（1887 年丁亥正月初八）中一带江水涌于篱落外，更可仿佛其居处风光了。在 19 世纪 70 年代，上海的租界在发展初期，与后来的街市、交通喧嚣繁华不可并观。任伯年画中所用室号如"青桐轩""碧梧轩"

图52

人物四条屏　　立轴
纸本　设色
142cm×34.5cm×4
约19世纪70年代中期
南京博物院藏

之一　麻姑献寿
之二　紫气东来
之三　祝翁呼鸡
之四　仙道炼丹

特别是"颐颐草堂"，都是指沪北居所了。当时属于法租界之一隅。明白于此，对任伯年中年以后画风成熟期诸作，可以更添实感吧。

胡公寿 55 岁。作有山水《淞江蟹舍图》轴，款云："光绪丁丑初冬，诸同人集一粟盦，作持螯之会，酒阑客去，茸灯图此。"任颐亦当赴其会。任之书法，亦深受胡公寿影响和指点，书风始变。

张熊 75 岁。

虚谷 54 岁。作《蜀葵枇杷图》轴。

姜石农 50 岁。

高邕之 28 岁。

图52
四季平安图　立轴
纸本　设色
135cm×66.8cm
丁丑　1877年
中国美术馆藏

◆ 光绪四年（1878 年）　戊寅　39 岁

是年冬（十一月）海关始附设邮政局。

元旦作《朱笔钟馗图》轴①。款题："光绪戊寅元旦写终南进士躬际盛世，庇福降祥之意，伯年任颐记于沪上寓斋。"

元宵，卫铸生招同人宴集于壶隐草堂，齐学裘、任伯年、蒲华、陈曼寿、金葆珊、蒋节等十余人诗酒雅谈。任伯年又有"彦升"或"彦昇"之名号，见于是集万钊、陈曼寿等人诗中。万钊作"两枝健笔森若铁，彦升画手众所推"，"元夕壶隐主人招同人宴集草堂，赋此奉酬"。②陈曼寿《乞任伯年画〈授诗图〉》中云："耶溪名宿任彦昇，每逢佳士必写真。"③值得注意。

春月元宵作《焚香告天图》轴［图53］。款云："焚香告天，伯年任颐。"钤白文印"任颐私印　"。

正月为姜石农写《石农小像》④，款云："光绪三年正月为石农良友五十寿，伯年任颐。"

二月为卓如作《有鸟鸣春图》扇面［图54］。款云："卓如仁兄正之，戊寅春二月，伯年任颐。"

戊寅上元节（元夕），壶天主人（卫铸生）招同人宴集草堂，作壶天

图54
有鸟鸣春图　扇面
纸本　设色
18.7cm×54.3cm
戊寅　1878年
荣宝斋藏

④ 苏州博物馆藏。

③ 一八七九年一月八日《申报》。

② 一八七八年二月二十七日《申报》。

① 纸本，朱笔。常熟博物馆藏。

图53
焚香告天图　立轴
纸本　设色
182.1cm×95.1cm
中国美术馆藏

图55 **钟进士斩狐图 立轴**
纸本 设色
133.8cm×65.2cm
戊寅 1878年
天津博物馆藏

雅集，皆为名宿。秀水陈鸿诰（曼寿）、万钊等赋诗。任伯年等皆参与雅集。万钊长诗云：

天工刻意弄狡黠，特遣雨师闹佳节。姮娥亦畏酒人狂，躲闭蟾宫不敢出。可怜寂寞度元宵，灯市冷落人无聊。独有中郎得妙解，转因风雨兴更豪。壶隐草堂具杯斝，遍集同人联旧社。客来都㩜湿云行，风中雨笠神潇洒。首座开元白发翁（玉溪），酒酣耳热气吐虹。蓬莱几阅水清浅，眼中老友惟金公（葆珊）。太邱二长老无敌（曼寿、震叔），两枝健笔森若铁，彦升画手众所推（伯年）。蒋诩才华更清绝（幼节）。巨源年少擅风流（诚之），安道丰神自逸道（味腴）。就中宗孟亦奇士（作英），早传三绝空千秋。器宇霞轩有何妥（春墅），世事周旋无不可。主人卓荦冠群英，跌宕词场独许我。酒半笙歌出画堂，钗声鬓影杂花香。高弹一曲《清平乐》，余韵低回犹绕梁。愧我酒量非大户，辜负樽前双翠羽。助人吟思触人愁，窗里灯光窗外雨。惆怅诸君不果来（谓龙九、南湖、隐耕），却从何处劝深杯。团栾此夜追欢会，消得人生第几回。南昌万世清（钊）盟甫稿。①

仲夏为子鹤作《醉钟馗图》扇。

夏五端阳作《钟馗图》轴。

又写《钟馗捉鬼图》轴，钟馗咬剑，足踩鬼背，双手撕开狐面，乃一鬼也。

又作《钟进士斩狐图》轴 [图55]，款云："光绪戊寅夏五月伯年任颐写于沪上。"钤白文印"颐印"、朱文印"任伯年"。后吴昌硕跋云："须眉如戟叱妖狐，顾九堂前好画图。路鬼揶揄行不得，愿公宝剑血模糊。狐能幻形为好女子，遇之老葵而遁形之技左矣，呵呵。安吉吴俊卿。"

又作《持剑钟馗图》，款题云："不绘钟馗趋殿时，写他弹铗哦新诗。如今畿辅称宁服，无劳先生吸魅魑。"②

【按】

是年作钟馗图甚多，高邕之所题《朱笔钟馗图》轴，从其用笔及造型辨之，亦当为是年之作。高邕之题云："少小名惊翰墨场，读书无用且佯狂。我今欲借先生剑，地黑天昏一吐光。山阴任颐画，仁和高邕题于上海。"③其意与任伯年自题《持剑钟馗图》相同，弹铗哦诗，意多感慨。与此同调者还有另一帧《无谷风灯图》轴，所谓讽刺粉饰太平、"五谷丰登"也。任伯年笔下之钟馗，每多寓意若此。

长夏作《鹿车图》扇 [图56]，款题："故龙仁兄赏鉴，越十日再

图56
鹿车图　扇面
纸本　设色
戊寅　1878年
天一阁博物馆藏

③
上海博物馆藏。
五十九页、五十七页，
五十九页、五十八页，又

②
《持剑钟馗图》，参
见《颜元葆任伯年画稿》第五十八页，又
均为同时之作可知。

①
《申报》一八七八年
二月二十七日。

属伯年署款。"

六月十八日（1878年7月17日），《申报》"书画作账"为山西、河南、河间赈灾，任伯年、张子祥、朱梦庐、杨伯润均折扇，人各五十张出售捐赠。

【按】

《纫斋画剩出书》《申报》戊寅五月十八日　（广告）

陈君纫斋，四明逸士也。诗书画兼三绝，微特与近今胡公寿、杨南湖诸君相颉颃，即方之前古迂倪痴顾辈无不及也。频年所作山水画稿，纵横得百数十帧，嗣君与受业门下者取付剞劂，业已竣工，名曰纫斋画剩。披阅一过，觉其生气蓬勃，自十指尖出，所谓丘壑在胸、造化在手是也。每幅媵以诗词，涉笔成趣，洵为必传之宝。明公巨卿，题咏亦多，刻画之精工，纸印之清洁，莫能尽名其妙。此书一出，固已纸贵洛阳，惟是将来必有人翻刻，恐如板桥集之失却庐山真面目矣。快克睹者，曷勿趁此原版初印时购致之？每部四本，价洋四员（元），人寿主人启。1878年6月18日。

《初印画剩出售》（胡公寿、杨伯润启事）

《申报》戊寅六月十四、十七、十八日　广告

画剩者，甬上陈君纫斋所著也。摹仿诸家山水，确有根柢，镌刻之精到，装印之工致，诚无出其右者。前五月十八日报中已详言之。上洋在昼锦里书画船寄售，宁郡在渡母桥云蓝阁寄售，每部四本，价洋四元。其锦料印者五元，又印三尺小屏，每四幅价洋七角，好事者知必争先快睹也。又纫翁素工汉隶，名闻四方，有以楹联见嘱者向取润洋一元，兹来沪上，适值晋豫赈捐，万分紧急，今减取五角其润，尽行缴局，俾少接济，第驻沪约旬日之间，仍交书画船转发，其功德皆出于诸君子也。幸勿以涓滴之水能熄燎原之火相诮也哉。华亭胡公寿、秀水杨伯润同启。

《申报》戊寅六月十四日　（1878年7月13日）

戊寅六月十八日《书画作账》：

昨悉沪上之精于书画者，聚集七人，备白矾扇面二百张、纫扇片一百页，分认书画。每扇八张，绢片四页作一分，售洋十元六角。照润例仅七折零计，共念五分，合英洋二百六十五元。分送山西五十元，河南五十元，河间一百五十元，余十五元作扇面、绢片之赀。凡乐善君子欲装配纫折扇暨挂屏册页者，可至新北门口杨伯润寓及四马路合兴里吴鞠潭寓中购取。在诸君可免分乞之劳，而又得稍减润资，以成斯举，想亦所乐为也。并闻张子祥画花卉草虫，任伯年画翎毛、花果，朱梦庐画翎毛、花卉，杨佩甫画山水，均折扇，人各五十张，胡公寿画松竹梅菊绢片五十页，汤埙伯书折扇百张、绢片廿五页，吴鞠潭书折扇百张、绢片廿五页云。

【按】

光绪戊寅春夏，因北方天灾，尤其山西、河南等地水灾严重，沪上画家不断发起赈灾，《申报》几乎每日都有赈灾广告，江浙等地也不断有书画家来沪捐赈。此"书画作账"广告，为沪上名家杨伯润、吴鞠潭、张子祥、任伯年、胡公寿、朱梦庐、汤埙伯等七人，联合作书画捐赠灾区。以此亦可知其时书画家润格之一斑。

七月望后作《风尘三侠图》轴［图57］。款云："光绪戊寅七月望后，伯年任颐写于海上寓斋。"

图57

风尘三侠图　立轴

纸本　设色

148.5cm×66cm

戊寅　1878年

故宫博物院藏

仲秋于青桐书屋作《枇杷锦鸡图》轴。

仲秋为谱韵作《夏竹小鸟》扇页①，款云："谱韵仁兄雅属似正，戊寅仲秋伯年任颐写于春申且住庐之南悦。"钤白文"颐印"。

① 上海市美术家协会藏。

图58

蕉阴鹅群图　立轴

纸本　设色

114.3cm×63cm

戊寅　1878年

天津人民美术出版社藏

图59

吴淦像　立轴

纸本　设色

130cm×56.6cm

戊寅　1878年

故宫博物院藏

八月作《白鹤寿桃图》轴，款署："光绪戊寅八月吉日，伯年任颐写于且住室之北窗下。"

新秋作《风雨归桥图》扇页。

仲秋作大幅《枇杷锦鸡图》轴①，款云："光绪戊寅仲秋吉日，伯年任颐写于海上之青桐书屋。"

【按】

任伯年画中常题"青桐轩""青桐书屋"，因其居处有青桐数株，故名其画室。

秋作《蕉阴鹅群图》轴［图 58］，款云："为爱鹅群去学书，丰神岂与右军殊。年来不买寻常纸，种得芭蕉几万株。戊寅之秋，伯年任颐写。"后任董叔跋云："为爱笼鹅学种蕉，绿天深护小团焦。右丞更有诗中画，别取芭蕉带雪描。此先处士《蕉阴鹅群图》旧题，所使尽王家故实，不知与此帧题句孰先后也。辛未麦秋，余游明州，史君良臣觞余于其东乡故居，获观是帧，叹为剧迹。今其仲氏兆琳先生复携此索题，偶忆是诗，因为题而归之。乙亥暮春谷雨后二日并记于沪垒僦舍之长阿那室，任董。"

秋暮曾回故乡访旧，自1862年流离以后始返，有《回乡口号》诗②。诗云："乱后归来意惘然，龙山横卧石田田。赤栏碧柳旧时处，唯听秋风咽暮蝉。"

【按】

旧时人多以任伯年不能诗而贬其画，实谬。任伯年之诗得杨伯润等名家褒扬，唯其重画境，又早逝未尽其才而又未自我宣扬也。本年谱中将详引其诗作，以正其评说。

九月为吴淦作肖像［图 59］，题云："鞠潭先生五十二岁小景，光绪戊寅九月，山阴任颐伯年写于海上寓斋。"钤白文印"颐印"。

冬作有《师白阳山人》《仿王忘庵笔意》花鸟绢册等。

戊寅除夕剪烛写《人物四屏图》，为"湖光上绿蓑"（钓鱼翁），樵夫"伯年任颐写于黄歇浦上"牧童、读书，"读书秋树根，戊寅除夕剪烛，伯年任颐。"荣宝斋藏。

戊寅十二月二十三日（1879年1月15日），《申报》发表杨伯润《海上六子吟》诗，分吟张子祥、胡公寿、汤壎伯、朱梦庐、吴鞠潭、任伯年，为极珍贵之史料。

是年又作有《秋山游骑图》轴、《秋溪垂钓图》轴、为筱庭作《春江渔父图》轴等。

完成《群仙祝寿图》金笺通景巨屏③［图 60］。

【按】

《群仙祝寿图》屏，钱镜塘原藏。据钱先生告，此屏于20世纪50年代初，由上海一经营古董旧货商，久售未得，遂拟将此屏熔金卖钱，适被鉴藏家

（报纸剪报）

申报

退耕口号 〇乱后归来意惘然龙山横卧石田田赤栏碧柳旧时处唯听秋风咽暮蝉

山阴任颐伯年甫稿

① 西泠印社藏。

② 《申报》己卯正月三十日，即一八七九年二月二十日发表。

③ 今存十二条，每屏纵二百零六点八厘米，横五十九点五厘米。现由上海市美术家协会藏。

群仙祝寿图（局部）

图60
群仙祝寿图　十二条通景屏　条屏
纸本　设色
206.8cm×59.5cm×12
戊寅　1878年
上海市美术家协会藏

钱氏所见，知为任伯年作品，遂以数倍于熔金之价买回。计十二条屏，无任伯年款，唯第十二条左下角署"唐寅"名款，显系后加伪款。于是，刮去伪款，泥金补好，并重新装裱。由张石园题签云："任伯年《群仙祝寿图》真迹通景之一（共十二幅），约三十九岁作，石园居士题签。"关于作年，钱镜塘与张石园所定较为中肯。38岁即1877年。而笔者依据此图十二屏的用笔气息，及前后屏之笔法变化不同，以为此屏当非一时之作，耗经时日，又以任氏1880年所作意笔《八仙图》四条屏[1]为界定，论证此巨屏最迟当完成于1878年之际。而从同期和同类题材作品之比较，从作品的师承、用笔（多宗阜长法的钉头描，出锋过猛，犹存习气等），从画法变迁吸取（如菩提树、山石、云彩、宫扇，而至仕女造型等，均取法乎渭长，多有模拟痕迹，以及受西画某种素描画法之感染等），从使用金笺之时期和习惯等等，考订此屏只能是任氏早期作品之精粹，而不可能如唐云先生等认为是"任氏中年以后成熟期之作"。

又笔者以所存十二屏无款，而从画面之切割、人物之间之呼应、章法结构之开阔虚实、气势之流走等考证，现存《群仙祝寿图》屏十二条并非全本，而全屏应有十六条。又现存每屏条上所钤任伯年早期常用之白文"任颐印"，因此图钱镜塘以四百元购得，后由唐云（时兼任上海美术展览馆展览部主任）洽商以一千二百元购藏。又此图屏于1950—1960年间曾赴欧洲展览，原裱轴背有法国蓝色海关圆印记录，录此备闻。某古董商不知此屏为任伯年作，因其非全本，又原无印，故才有"唐寅"伪款之添足。[2]

又，从此一时期画风透露，任伯年受有西画之感染。据张充仁云："他有一个朋友叫刘德斋，是当时上海天主教会在徐家汇土山湾所办图画馆的主任。两人往来很密。刘的西洋画素描基础很厚，对任伯年的写生素养有一定影响。任每当外出，必备一手折，见有可取之景物，即以铅笔勾录。这种铅笔速写的方法、习惯，与刘的交往不无关系。"[3]

张充仁又云："据我了解，任伯年的写生能力强，是和他曾用'3B'铅笔学过素描有关系的。他的铅笔是从刘德斋（上海徐家汇土山湾印书馆绘画部负责人）处拿来的。当时中国人一般还不知道用铅笔，他还曾画过裸体模特儿的写生。"[4]

【按】

有关刘德斋对任伯年之具体影响，直接证据甚少。但从任伯年《邕之先生二十八岁小像》（1877年）、《群仙祝寿图》屏及此顷人物画注意人物骨法结构转侧变化，以及用光投影和色调淡彩诸方面看，任伯年画受西画素描和水彩之感染，当属无疑。任伯年常年有许多手折，随手速写，他并画过纺织厂女工和女工头，仍有迹可录。刘德斋（1843—1912年），名必振，字德斋，号竹梧书屋侍者。常熟县古里村人。在土山湾孤儿院下设慈母堂，主持国画教学。〔详见法国耶稣会会士方殿华（Louis Gaitlard）《道

[1]《八仙图》四条屏，见蔡若虹编《任伯年画集》，人民美术出版社一九六○年版。

[2]详见《朵云》第六集：丁羲元《论任伯年〈群仙祝寿图〉》一文（上海书画出版社，一九八四年版）。

[3]详见《文汇报》沈之瑜《关于任伯年的新史料》一文。一九六一年九月七日。

[4]详见《任伯年绘画艺术读画会》（一九六一年十一月二十四日），《文汇报》一九六一年十二月六日。

原精粹》1888 年版土山湾〕

又据陈舜臣所云："任伯年等人并未直接受到欧洲绘画的影响，毋宁说是经由受到欧洲影响的日本而间接接受吧。任颐在上海时，日本已经设立了作为东亚同文书院前身的日清贸易研究所，日本人居住和旅游者也不少。在日本旅游者中，也有人在画家云集的上海购买书画和中国的土特产。"[1]

此说不确。任伯年居上海 28 年，欧洲绘画在上海已有介绍，任伯年不可能不留意关注。至于从日本间接接受欧洲绘画影响，也只是一个方面。但认为"任伯年等人并未直接受到欧洲绘画的影响"云云，此论有所不切。上海当时已置英、法、美等国租界之地，中国绘画也渐渐成为世界艺术之一部分，相互影响的趋势难可免也。

又据章诚望先生所告，任伯年常搜集类似圣诞卡的西洋人物风景画片、明信片之类达数千上万张，其兴趣可知。录此备考。

戊寅十二月十六日《申报》有陈曼寿《乞任伯年画〈授诗图〉》并诗，至己卯正月十七日，即 1879 年 2 月 7 日，陈女慧娟于《申报》发表《蒙伯年先生画〈授诗图〉成喜赋二截》可知此图作于己卯春正月，任伯年自题为"仲春"或故意为之。

陈曼寿诗《乞任伯年画〈授诗图〉》
伏生有女能授经，心藏手录笔不停。
巾帼通才古罕匹，迄今好事还图形。
陈子数奇相穷薄，敢望丹青画麟阁。
老去飘零万念灰，除却哦诗一无乐。
劫来卖字申江边，平阳娇女依膝前。
红余兼解事吟弄，揣摩短调兼长篇。
簠铲更换阅时久，三百唐诗熟在口。
偶尔涉笔也成趣，憨倚客窗窗可否。
只恨生迟一百年，南北坛坫空云烟。
不然得遇仓山叟，请业湖楼定有缘。
咿唔声彻香闺里，此是吾家不栉士。
颇思对镜自描容，多艺惭非天水氏（昔赵文淑自写镜容传世）。
耶溪名宿任彦昇，每逢佳士必写真。
葛杨二友貌惟肖（君曾与隐耕、南湖写照，惟妙惟肖)，视我岂等寻常人？
赁屋同住城西北，邻里相望便往复。
以诗易图例可援（隐耕先以一诗易君一照），特寄银光纸半幅。
父作经师女作徒，要传佳话遍江湖。
得君宝绘留人看，莫误延陵旧画图（丁按，末缺字，应为"图"）。
秀水陈鸿诰曼寿甫稿。[2]

1878 年

087

任伯年年谱

A Chronicle of Ren Bonian's Life

[1] 译自陈舜臣《中国画人传》第一百八十二页，日本新潮社一九八四年八月初版。

[2]《申报》一八七九年一月八日（戊寅十二月十六日）。

陈曼寿以诗乞任伯年作画《授诗图》，其为恳切，并列举隐耕先生以诗求任画小像之旧例，称赞任伯年为"耶溪名宿"。任彦昇即任伯年。隐耕，葛天民，号龙湫旧隐。南湖，杨伯润。①

杨伯润《海上六子吟》

张子祥

髯翁七十如少年，替花写照鲜且妍。书法绝似黄庭坚，商彝周鼎汉氏锅。罗而置之几案前，倭国人来呼神仙。下拜一瓣心香虔，髯翁髯翁红两颧。纵谈往事空云烟，醉吹玉笛临江天。

胡公寿

横云凤抱经济才，老骥伏枥真堪哀。即今书画压时史，此是先生之末技。毫端惜墨如惜金，世人宝之同球琳。鸡林重币求不得，束装归去无颜色。吁嗟乎！先生仅以书画传，莫怪白日常高眠。

汤埙伯

有翁五十兼学佛，晨起诵经百念失。虽非以此求长生，至竟养生第一策。君书转侧笔不偃，即是禅宗正法眼。横云鞠潭鼎足三，后来卫铸亦萧散。龙跳虎卧擅一时，姓字千秋寿碑版。

朱梦庐

嗜酒好色俱天真，写生活泼妙入神。侍姬十五桃花颜，低头磨墨垂两鬟。剧谈狂笑风翻澜，兴酣扶醉入勾栏。暖香离离花团团，是时逸态殊可观。鸣乎！人生愁城欢乐少，昨日少年今日老。

吴鞠潭

延陵品学俱卓绝，冰雪心胸肠内热。闲冷一官何可屈，茅屋归来吟抱膝。新诗自制趣最逸，书法已入二王室。乘兴挥毫风电掣，寸笺尺楮人争夺。如君绝艺真难得，神气奕奕终不没。

任伯年

任子笔端无不有，瞻之在前忽在后。百炼钢为绕指柔，丹青难得屠龙手。如君意气空人群，上下纵横一杯酒。偶吟新句亦绝尘，思致清真近韦柳。君不见五十学诗高达夫，至今脍炙在人口。②

虚谷 55 岁。作《月楼三十岁小像》轴，后庚辰（1880 年）重阳由任伯年补景。葛其龙题《月楼三十岁小像》有云："谁为传神僧虚谷，识得庐山真面目。谁为补图任伯年，衫履翩翩流不俗。此二子者皆传人，一朝下笔能千春。巨然道子今再世，此幅自足球琳珍。"

任薰 44 岁。是年夏作《出征遇仙图》轴。

高剑父生。名嵛，广东番禺人。

陈允升，初印《纫斋画剩》出版发售，《申报》五月十八日、六月十四日等多日有广告名家"胡公寿、杨伯润同启"，详为推介。

① 《申报》一八七九年一月十五日（戊寅十二月二十三日）。

② 南湖外史录稿《申报》戊寅十二月二十三日（一八七九年一月十五日）。

◆光绪五年（1879 年） 己卯 40 岁

是年六月，美国前总统格兰特偕夫人访问上海，为通商以来第一盛会。①

点石斋在泰西购得新式石印机器，照印各种字画、楹联画幅。（见《申报》）

己卯正月有马招仙为景华写照，任伯年补山石小景之图。款云："景华仁兄大人雅鉴，仙根写，伯年为之补图。"有四题跋（徐家礼、葛承庆、汪丹诚、金吉石），此录金吉石题云："景华仁兄大人属题是图，为赋三绝似政。风神朗畅正年华，濠濮逍遥似散仙。行尽石梁闲暇处，花为四壁藕为船。寻芳不入笙歌队，采采兴言江水限。料得日长无个事，荷花香里觅诗来。银塘雨过暑初微，叶底鸳鸯两两飞。最忆南湖好风景，晚凉小立钓鳌矶。己卯夏五月，金吉石。"②

仲春为陈曼寿及其女慧娟作肖像《授诗图》卷［**图61**］，杨伯润题识云："授诗图。曼寿先生性情闲适，学识渊博，与余订交最久。弱冠已刻稿行世，大江南北早重其名。近客沪渎，有卓增帖为之增色。东国如副岛、竹添辈，来问字者，不乏其人，莫谓今无萧颖士也。时女公子慧娟随侍在寓，女红之外，亦嗜吟咏，口授指画，匪伊朝夕，所作诗歌已斐然可观，其得力于庭训多矣。特情伯年任君绘图，以志渊源有自云。光绪己卯春日，杨伯润识。"陈曼寿后因卫铸生之招请，1880 年即赴日本。③

【按】

陈曼寿，名鸿诰，秀水诸生，翰林院待诏。工吟咏，年弱冠即刊其《味

图61
授诗图 长卷
纸本 设色
51.7cm×97.7cm
己卯 1879 年
天津人民美术出版社藏

① 详见《淞南梦影录》。
② 浙江省博物馆藏。
③ 见张鸣珂《寒松阁谈艺琐录》卷一。

梅花馆初集》。结交皆老苍，书法仿冬心，作螺扁字，具有古趣。又摹其画梅，用干笔擦出，别饶韵致。晚岁橐笔东瀛，从游者甚众。

任伯年为陈曼寿、陈慧娟（宝玲）父女画《授诗图》，是上海画坛、诗坛和新闻界的一则典型的佳话。先是，由陈曼寿写诗《乞任伯年画〈授诗图〉》，并即发表于《申报》1879 年 1 月 8 日（戊寅十二月十六日）。诗中提及任伯年曾为葛天民（隐耕，号龙湫旧隐）和杨伯润写照画像，因与任伯年同住城西北，所以向任伯年"乞画"，"葛杨二友貌惟肖，视我岂等寻常人？ 赁屋同住城西北，邻里相望便往复"。他援用此例，想为任伯年"要传佳话遍江湖"。

任伯年自是情不能却，很快画《授诗图》，并由杨伯润在画上题识。《申报》1879 年 2 月 7 日（己卯正月十七）立即又发表了陈曼寿女儿陈慧娟的诗《蒙伯年先生画〈授诗图〉成喜赋二截》。2 月 20 日（己卯正月三十），《申报》又发表了杨伯润《题陈曼寿明经女公子〈授诗图〉》，称道"任子作图我题句，佳话千秋作典据"。至同年 4 月 22 日，《申报》再发表饭颗山樵晋卿《题陈曼寿明经女公子〈授诗图〉》。这种画家、诗人和新闻报刊上掀起的书画唱和和广告效应，是当时海上艺坛的一大特色和时尚，同时也生动地反映了上海当时极为轻松和谐的典雅生活和繁荣景象。这是近代上海开埠以来画坛的一新气象，诗画与新闻的妙相结合呼应，几与国际同风，为画史上从未所见之奇。任伯年画《授诗图》为典范之例。有关陈曼寿父女《授诗图》，在上海《申报》引发持续性的报道和酬唱，据现今不完全统计，在《申报》上发表的诗作、广告种种，1878 年（光绪四年，戊寅）12 月 1 日、5 日、16 日，1879 年（光绪五年，己卯）1 月 17 日、30 日，4 月 4 日，7 月 1 日，11 月 18 日，1880 年（光绪六年，庚辰）1 月 16 日、17 日，6 月 4 日，7 月 17 日，9 月 27 日、30 日，1881 年（光绪七年，辛巳）1 月 23 日、29 日，1882 年（光绪八年，壬午）2 月 14 日等等，有历时数年的余波，是极为感人的艺术现实。陈曼寿在上海诗坛经常唱和的有卫铸生、王韬、杨伯润、姚赋秋等，加上陈曼寿的子女陈善福（季槃）、陈慧娟（宝玲）等人，又参与诗画咏唱配图，并随时见诸《申报》，真是有琳琅满目之感。而且这一风气，也远接东瀛。卫铸生在戊寅（1878 年）赴日本，王韬于己卯（1879 年）闰三月十五日在日本神户与卫铸生相见，称赞卫铸生"挟其一艺之长而掉首作东游者，闻乞字者颇多，自八九月至今，已得千金，陆贾囊中，殊不寂寞"（《扶桑游记》P183，湖南人民出版社 1983 年版）。而陈曼寿因卫铸生之招请，于 1880 年也赴日本。李筱圃在《日本纪游》中记载，他于 1880 年四月初四在京都曾宿"松村屋"，"同寓有江宁人王冶梅，邻寓有嘉兴陈曼寿，皆以工书善画客游于此。中国人之寓日本西京者，只此冯（冯沄，号雪卿）、王、陈三人而已。"[1]

陈慧娟《蒙伯年先生画〈授诗图〉成喜赋二截》：

[1]《早期日本游记五种》第九十四页。

图62
双龟图
高13.2cm 底径13.8cm 口径6.5cm
西泠印社藏，原任伯年赠吴昌硕藏

任伯年绘《双龟图》紫砂茗壶拓片

图63
踏雪寻梅 纨扇
25.3cm×26cm
己卯 1879年
中国美术馆藏

图64
牧牛图 扇面
洒金笺 设色
18.5cm×51cm
己卯 1879年
朵云轩藏

客馆吟哦父作诗，绣余每趁夕阳迟。

一时清兴无多让，兄（谓季樊）习分书妹课诗。

韵学亲传岁几经，丹青此日肖摹形。

自怜咏絮才疏甚，浪把虚名播谢庭。

鸳湖慧娟女士学吟稿。

载《申报》己卯正月十七日（1879年2月7日）。

仲春又作《双龟图》紫砂茗壶［图62］，由龙泉周氏制壶，此壶后赠吴昌硕珍藏。款云："己卯春仲，伯年任颐。"

春杪为尹丽生所写《吴文恓松下寻诗小像》题诗云："昨宵润物春雨过，山容翠黛膏沐罢。幽人对此诗思生，选石来坐长松下。"任诗以口语入诗，其作传世不多，但作应不少。是图由胡公寿补坡石并题记。吴文恓，"听雨楼主"，为著名裱画商。题款者另有杨伯润、徐小仓、蒲华等。①

春杪又为公蓼作《荷花鸳鸯》纨扇。

三月又为广泉作《踏雪寻梅》纨扇［图63］，款云："光绪己卯春三月广泉仁兄大人雅正，古越伯年颐。"钤白文"任颐印"。

作《策杖携梅图》，款云："仲超仁兄大人雅属希正，己卯年春三月法陈章侯，伯年任颐客海上寓斋写。"钤白文"颐印"。②

春为静岩写大幅《牡丹图》轴，款云："静岩仁兄大人雅鉴，即希正之，己卯春伯年任颐写于沪上客次。"钤白文"颐印"。

【按】

静岩，虚谷曾为其作《观潮图》轴，为虚谷早期山水名作。

四月为熙台作《牧牛图》金笺扇［图64］，款云："熙台仁大兄雅正，光绪己卯夏四月伯年任颐写于海上寓斋。"钤白文"任颐印"。

又为霁堂作《白头鸟》《芙蓉花》扇页。款云："霁堂仁兄大人雅正，己卯初夏伯年任颐。"

又临华嵒《蕉阴白鹤图》轴，款署："雍正己酉秋又七月东园生写于诗声书舍，光绪己卯夏四月海上客任伯年临。"③

③ 上海中国画院藏。

② 香港刘作筹藏。

① 天一阁博物馆藏。

五月上浣作《绥山鹤鹿图》轴，款云："己卯五月上浣，山阴伯年任颐写于春申浦。"

作《鹿车图》轴，款云："光绪己卯仲夏之吉，山阴任颐伯年写于海上寓斋。"钤白文"任颐印"、白文"山阴道上行者"。

七月写《猫戏金鱼图》横幅[1]，题云："梅生仁兄大人雅属即正，光绪己卯七月秋暑甚酷，挥汗写之，任颐并记。"

九月为泚澜作《干莫炼剑图》轴［图65］。

晚秋又作《人物花卉》册，款署"古越伯年任颐"。

又作《竹鸡图》轴赠吴昌硕，为订交之始。款云："苍石仁兄大人雅属即希教正，己卯晚秋吉旦，古越任颐伯年甫写。"

是年另有朱笺金笔之《牡丹孔雀图》轴［图66］，又《花榭读书图》《白萍幽禽图》册、《时花茗壶》册等。

又任伯年与任阜长、王秋言、沙山春等合作《七人花卉图》扇面［图67］。任伯年寓上海后与画坛名家和前辈交往甚多，其中周闲、任阜长、张子祥、胡公寿、杨伯润、朱梦庐、王秋言、沙馥、钱慧安等时有合作，反映海派画家合作融和之景象。

是年顷为湘荃作《葛稚川移居图》轴，款署："湘荃仁兄大人雅属并乞正之，伯年任颐写于黄歇浦上。"后蒲华题跋云："入山忆恐不能深，丹是仙家善炼金。此际移居在何处，琴书妻子度青林。地灵人杰洽天机，道骨仙风引吉晖。幽谷何如乔木好，畸人画意属精微。凤岐仁兄鉴家得其友湘荃所赠伯年画本葛仙翁迁家图，嘱题以句，秀水蒲华识。"[2]

是年又作人物花鸟扇页和册页多种，又作《仕女舟游图》，款云："光绪己卯晚秋之吉，古越伯年任颐写。"

又有为厚轩写《秋郊射禽图》人物镜片。

又冬月写《红烛补裘图》镜片等。

任薰45岁。是年初春为子卿作双钩工写《张旭草书图》轴，款署："子卿表弟大人雅赏，己卯初春阜长任薰写于古香留月山房。"仲春复于上海古香留月山房写《唐宋八帧册》。三月返苏州，作有《人物图》大帧。

吴昌硕36岁。

胡璋32岁。是年秋八月从上海赴日本，八月中抵长崎，即去名古屋，居留数年。[3]

◆ **光绪六年（1880年） 庚辰 41岁**

正月作《钟馗捉鬼图》轴。

图65
干莫炼剑图 立轴
纸本 设色
151.2cm×40.8cm
己卯 1879年
故宫博物院藏

图66
牡丹孔雀图　立轴
绢本　金笔
124.5cm×60.8cm
己卯　1879年
中国美术馆藏

仲春吉日为章敬夫作大帧《五伦图》[**图 68**]，款云："光绪庚辰仲春之吉，山阴任颐伯年甫写于春申浦寓斋。"①

【按】

章敬夫向任伯年索画翎毛《五伦图》，三年不得，至是岁仲春某日，任笑谓章曰："今日可赠《五伦图》矣。"因取笔，咬咬笔头，蘸蘸墨，将鹤尾上加添数笔，补毕，遂相赠焉。章敬夫（1848—1915 年），青浦章堰人。早岁在沪业商，中年博古好书画，于故居旁构筑"清荫草堂"，号青龙惰农，富收藏，与胡公寿、任伯年交最善。

章敬夫尝作《任伯年先生羽族五伦图记》云："沪之地，海口也。其县治僻居海上，非大州都会而繁华日甚。自外洋互市以来，辟为五埠，贵绅富贾，辐辏其间，遂以称雄天下。山阴任君伯年，以写生妙手客于此者三十年，一时与游者，皆海内闻人，互相切磋，学益精，画益工而名亦重。君雅与余善，每见如平生欢。一日慨然语余曰：'士生于世，但求无累于得失，则无往而不乐。吾少焉贱，即游心于丹青，既遭寇患，锋镝间犹从名师益友，好之而不厌。迩者侨寓沪上，都人士不以吾艺之陋，丐绘客舍，户限几穿。吾赖是以衣食，日修其业以因应。暇则同二三知己安步出门，每在车尘马足间，遥望江干，绿阴成林，欣观群鸟之翔集飞鸣，怡然自适。暮则灯火烛天，影入水中，如千百神龙，蜿蜒于天际。既倦而返。窃有慨今世士大夫，用夷变夏，习与俱化，甚至倡平权自由之说，举我中国素重之伦常，不堪为轻薄少年，问是谁之责耶？因是触目兴感，思我中夏君臣、父子、夫妇、昆弟、朋友之伦，历尧舜三代以来，以导以教，化人已深。何世变日移，滔滔是也。及见禽鸟，尚能审择高栖，诗人都比兴人伦。举凡凤皇之系君臣、肃鹚之系父子、雎鸠之系夫妇、鹡鸰之系昆弟、嘤嘤莺鸣之系朋友，

图67
七人花卉图　扇面
（与任阜长、王秋言、沙馥等合作）
纸本　设色
18.5cm×50cm
己卯　1879年
苏州博物馆藏

① 章诚望藏。

图68　立轴
五伦图　立轴
纸本　设色
165cm × 86cm
庚辰　1880年
章敬夫旧藏

多识之益，具在三百篇中，可以人而不如鸟乎？'后数日即绘一图以赠。此可见先生翛然逸趣，无限情蕴，发而为画，其针砭世俗之意，恒在笔墨外，其可以传世无疑。彼役志于功名富贵者，为势所驱，为习所胜，往往丧其故我，轶于礼法之外而不顾，岂不悲哉。然吾闻山阴秀灵，钟毓蔚起，高贤若右军、放翁、杨铁崖、徐青藤，皆诗文品艺之杰出者，至今照人耳目。而右军高旷自适，尤为先生所景慕焉。先生之赠是图也，我中国数千百年声明文物可以弁冕万国者，将于是乎系之。噫！今先生去世十年，眷怀旧雨，展卷而发其所感哉焉。光绪丁未修禊日，青龙惰农章思豫自识于清荫草堂。"

又，仲春作《沈芦汀读画图》轴［**图69**］，款题："芦汀仁兄属写即正，庚辰春仲，任伯年。"沈景修题跋云："锦绯（绯）瑶签净不埃，云林清闷此重开。苔溪山色雪溪水，都上君家枲几来。巨手萧山陈老莲，粉榆一脉溯灯传。任家各有生花管，写影还当让伯年。腰脚年来病不胜，游山孤负一枝藤。只堪四壁张图画，卧看烟云落素缯。芦汀宗兄以伯年所写《读画图》行看子索题亦成三绝，即希两正。庚辰三月，秀水沈景修。"仲春又作《行旅图》轴、《玉兰白鹤图》轴，为鹿民作《花鸟》绢册，为巳山作《风尘三侠图》轴。又作《渔乐图》轴。①

春三月作《竹林读书像》轴，双钩精写肖像一帧，款署："光绪庚辰春三月吉日，山阴任颐伯年制。"

四月作《钟馗图》。

五月五日作钟馗像六帧，题"庚辰五月五日写终南进士像六帧，此其五也，任颐并记"，其五为朱笔钟馗。

庚辰夏至五日作《风尘三侠图》［**图70**］。画中屏风左上有任伯年款"光绪庚辰夏至前五日，伯年任颐"。钤白文"任伯年"印，左下钤"任颐印"白文印。

胡公寿题："虬髯公既识李靖、红拂女于逆旅，复邀顾其家。林木葱倩，仅一小门，升其堂，屋宇宏敞，服御华美，迥非人间所有。即出女乐侑酒，酒阑，呈文簿匙钥及奇珍宝玩之类，曰：'吾之所蓄，悉以赠君。'并曰：'数年后东南有异事，是吾得意之秋也。'任君此图写虬髯指物持赠之容，及卫公唯唯受命之态，形容酷肖，脱尽画史习气，展阅之际，令人不忍释手。庚辰小暑节，胡公寿题。"钤朱文"公寿"印。

画上有诗塘题跋（张熊、吴淦二题）。

张熊题："世传三侠图，仇实父、陈章侯辈往往图之。人物秀伟，笔意古媚，任君伯年绘事之工，一时无匹。此帧写三侠景象，笔端时露英气，其心匠之妙，备极意态能事，直出古人，展玩之余，令人神往。为书数语，以志一时鸿爪云。庚辰秋七月，鹭湖七十八老人子祥张熊。"钤白文"张熊印信"。

图69
沈芦汀读画图　立轴
纸本　设色
66cm×40cm
庚辰　1880年
故宫博物院藏

① 《渔乐图》轴，上有"洞庭静远主人珍藏"朱文印，上海博物馆藏。

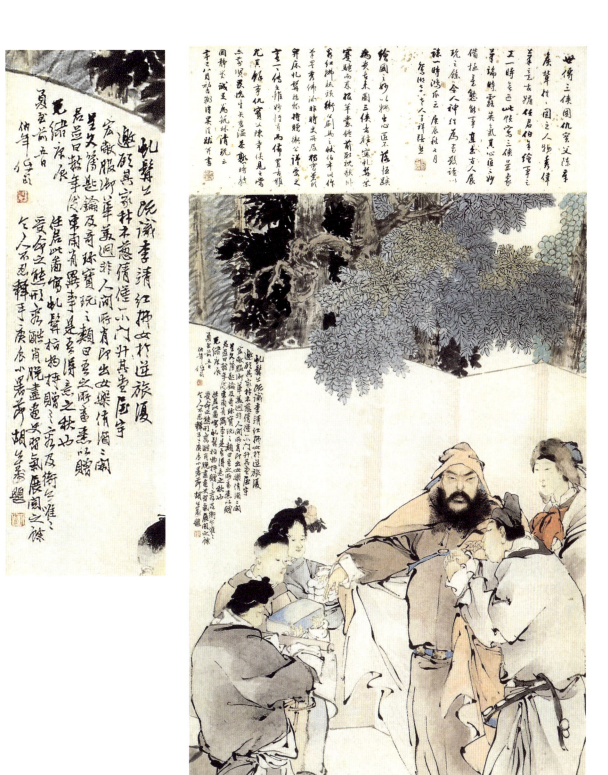

图70

风尘三侠图

纸本　设色

148cm×82cm

庚辰　1880年

图71
停琴观泉图　横卷
纸本　设色
37.6cm×143cm
庚辰　1880年
中国美术馆藏

　　吴鞠潭题："绘图之妙，以独出心匠、不落恒蹊为贵。古来图三侠者往往写虬髯乘蹇驴而来，披草囊，炉前取枕欹卧，看红拂梳头、卫公刷马之状。伯年此作笔墨秀伟，洵非时史所及，独写苍头舁床，虬髯指物持赠，卫公谨受之容，一一传之，惟妙惟肖，而布置古雅，尤其余事。仇实父、陈章侯见之，当亦前贤畏后生矣。香温茶熟时，披图静对，诚是为艺林清玩云。辛巳八月初吉，鞠潭吴淦跋并书。"钤白文"吴淦鞠潭"。①

　　六月作《停琴观泉图》卷 [**图 71**]。

　　荷夏又作花鸟大轴多幅。其中《紫藤百鸟图》轴 [**图 72**] 款云："雨窗对花写生，有一种苍烟趣，效青藤老人也。颐。"《芸窗消夏图》为"仿陈白阳略缀艳色"。《牡丹孔雀图》[**图 73**] 款题："光绪庚辰荷夏初吉，略师元人赋色，伯年任颐。"钤白文"颐印"。又《桃花双鸡图》《锦鸡天竹图》为仰初作。②

　　九月为仲和作《八仙》四条屏轴，署款："山阴道人任伯年。"

　　《和合二仙图》款题："光绪庚辰秋九月望后，山阴任颐伯年写于海上客次。"

　　张熊题："吾友任百子（伯年）世居山阴邑久矣。耳其名笔墨近世无匹。细者渺如丝，粗者劲如铁。愧我年老颓，不克伴朝夕。获观二仙童，笑貌可接揖。悬之粉壁间，呼之如欲出。钦佩已多年，仙乎一枝笔。丙戌夏四月既望，万老人张熊题。"

　　九月又作《对梅图》轴，款云："新年百事多如意，笑对梅花酒一樽。"

③ 上海市美术家协会藏。

② 等，朵云轩藏。
《紫藤百鸟图》轴

① 西泠印社二〇一一年三月总第二十九期。

孟冬作《竹溪纳凉》扇页③，款题："光绪庚辰孟冬吉日，伯年任颐仿玉壶山人不得其意，如何如何？"钤"任伯年印"。

仲冬作《三多图》轴，同期又作《华祝三多图》轴大帧 [图74]，左上款："华祝三多图。仰乔先生封翁大人开八荣庆，伯年任颐写。"钤白文"任颐印"。

【按】

任伯年《华祝三多图》，原为钱镜塘旧藏。曾以珂罗版印制出版。我尝闻钱翁语："任伯年有一幅《华祝三多图》（又名《华峰三祝图》），大帧绢本，六尺堂幅，工笔双钩，任阜长派头，古装束，陈老莲笔法。画古帝王尧出访深山见长寿老人，三老恭侍迎候。三个老人白发，画得古透古透。帝王有侍臣、宫扇之类护拥，深山有芭蕉之属，画得山青水绿，似宋元画。一幅功力可抵十几幅，是任伯年中年时期最好的作品，画得比《群仙祝寿图》还要好。钱先生尊之为任伯年之王（'任王'）。后因他 1964 年遭到迫害，被上海文物商店拿去，卖给了李宇超（时任华东局秘书长）。李氏'文革'中自杀，此画亦被抄没，遂不知去向。"①至 1996 年后，予访美期间，得闻此图面世，出现于上海某拍卖行。以后几经转手，至 2011 年在西泠春拍中，以超亿元为新藏家所得。

【考】

据《镇海柏墅方氏重修宗谱》（民国四年 1915 年，六桂堂木活字本），"仰乔"，方仁高，官名乔，字仰乔，生于嘉庆十六年（1811 年），卒于光绪

① 参见笔者《谈任三访》

图72
紫藤百鸟图　立轴
纸本　设色
232cm×76cm
庚辰　1880年
朵云轩藏

图73
牡丹孔雀图　立轴
纸本　设色
230cm×76cm
庚辰　1880年
朵云轩藏

图74
华祝三多图 立轴
绢本 设色
212.5cm×106cm
庚辰 1880年
钱镜塘旧藏

十六年（1890年）。"开八荣庆"，即七十又一（1881年）。方氏自方亨宁（字建康，1772—1840年）来沪经营糖业起家。长子方仁高，后在上海、杭州、宁波开设多家钱庄，1880年方氏三个儿子为方仁高祝寿，方仁高本人无官职功名，因其子有在官场者，故曰"封翁"。任伯年在上海向与糖业公会、钱业公会有稔，故应其请为画巨幅。我于旧谱定此图作时为四十一岁［1880年］，仍从旧，有关艺术分析，详见《任伯年艺术论》。

十一月望后二日作《牡丹图》①轴，款云："光绪庚辰十一月望后二日，山阴任颐伯年写于海上客次。"钤白文印"任颐印"、朱文印"伯年"。

长至后五日作《桃花鹦鹉》扇页②，款题："牧缘仁兄先生教之，光绪庚辰长至后五日山阴伯年任颐。"钤白文"颐印"。

是年又有扇页甚多，如《腊梅小雀》扇页③，为"锫卿仁兄大人写"。

十二月嘉平初吉写《龙女牧羊图》轴［图75］，款云："光绪庚辰嘉平初吉，伯年任颐写于申浦寓斋。"［丁按：此图为任雨华摹本。］

作《苏武牧羊图》轴，款云："光绪庚辰嘉平初吉，伯年任颐写于申浦寓斋。"钤朱文印"伯年"。

是年，赠章敬夫尚有《雪里双鸽图》轴［图76］，款云："敬夫仁兄大人雅属即正，伯年任颐写于春申浦上。"

又作《唐太宗评字图》轴［图77］，款题："青溪道友章敬夫先生属图，山阴弟任颐。"是图由沈景修题跋，云："山阴任君伯年画，深得老莲笔意，名噪一时。此幅为敬夫章兄绘唐太宗命虞永兴、褚河南诸臣审定右军法书故事。自出心裁，须眉欲活，近人莫与抗手，敬夫奉为瑰宝，属识数语。光绪辛卯腊八日秀水沈景修寒柯甫。"

又汪洵跋云："山阴任君伯年，素性疏旷，尤精绘事，率意涉笔，无不入妙。章子敬夫出示斯图，为伯年极意经营之作，法宗老莲，而布置设色绝类其家渭长。想见圣主贤臣，一堂相悦气象。当日武功克定，文治方宣，'煌煌太宗业，树立甚宏达'，区区书法，犹烦论定如此，展对之余，益令人感忆今昔盛时也。甲寅夏五，阳湖汪洵并识。"④

【按】

《唐太宗评字图》轴，画中与唐太宗评字诸臣，除虞世南、褚遂良外，还有欧阳询。徐悲鸿于《任伯年评传》中尝记其事云："吾于一九二八初秋居南京，访得一章敬夫先生之子，延吾往其家（玄武湖近）观伯年画。盖其父生平最敬伯年，又家殷富，故得伯年画颇多。

④中国美术馆藏。《唐太宗评字图》，章诚望藏。徐悲鸿文中作《唐太宗问字图》。

③中国美术馆藏。

②中国美术馆藏。

①中国美术馆藏。《雪里双鸽图》《唐

图75
龙女牧羊图　立轴
纸本　设色
137.5cm×58cm
庚辰　1880年
西泠印社藏

图76
雪里双鸽图　立轴
纸本　设色
134cm×62cm
约19世纪80年代中期
私人藏

图77

唐太宗评字图　立轴

纸本　设色

144cm×56cm

庚辰　1880年

私人藏

记其佳者有《唐太宗问字图》，尚守老莲法，但已具后日奔逸之风。又《五伦图》，花鸟极精。又《群鸡》，闻当日敬夫以活鸡赠伯年，以画报之者。此作鸡头为鼠啮，敬夫请钱慧安补之。均佳幅。"

是年另有行草书《莲子习静于溪山》等条幅、《张益三肖像》小横幅等。是年斋号用"寿萱室"。

是年顷又作有《九老图》轴，写唐代诗人白居易于会昌五年（1845 年）闲居洛阳履道里时与胡杲、吉旼等九老人松林间饮酒赋诗之情景。[1]

是年陈曼寿赴日本。

虚谷 57 岁。在上海，作有《桃实图》轴、《瑞莲放参图》轴。

吴昌硕 37 岁。在苏州与杨岘订交。

◆光绪七年（1881 年） 辛巳 42 岁

是年秋，英商在上海创办上海自来水公司。又国内第一条电报线（上海至天津）敷成并使用。

正月作《松猴》扇页，是年作扇页甚多，如花朝为安茂写《苏武牧羊》扇，款题："安茂仁兄大人雅正，光绪辛巳花朝，伯年任颐。"钤白文"颐印"。[2]辛巳秋九月写《鹦鹉腊梅图》扇，又《海棠小鸟》扇页，款题"辛巳九秋伯年摹宋人设色"[3]。至"嘉平望后三日"仍有《杨柳八哥图》扇[4]。又为此作《鹭鸶水草》《牡丹轻燕》《红豆双鸡》《白猫花卉》四条屏。

春，任伯年藏陈老莲画《公孙轩辕开剪图》[5] [图 78]，款云："洪绶写于溪声草堂。"下有二印不辨。画轴左右裱绫上有题跋共六人七题，以时间为序，则为：

1. 任　薰　辛巳春三月二十六日阜长观于吴门。（1881 年）

2. 姚小复　光绪七年，在重光，大贶禄八月朔小复道人姚康夔获观。（1881 年）

3. 吴鞠潭（吴淦）　辛巳立冬后一日，鞠潭吴淦观于碧梧轩。（1881 年）

4. 吴鞠潭　吴淦鞠潭再题：老莲画有天授，复充以宋院诸公而化其迹。须眉古雅，衣纹清晰，为古今之冠。伯年我兄人物一派胎源于此，更运以灵隽之思，尤非规规于形似者比。此幅沈厚清劲，尤生平得意之作，宜其韬以锦囊，奉为珍秘也。余既署观款，展玩再四，爱不忍释，因赘数语于后，以志眼福。时对菊作画，觉古韵幽芬，袭我襟袖矣。鞠潭又志。钤"钱塘吴淦"白文印。（1881 年）

5. 吴昌硕　人但知章侯工写人物，不知其山水尤妙，唯程翼苍称其"水石润洁，亦复不让古人"，真章侯知己也。伯年有道，旷怀逸兴，与章侯同，故所画山水人物，虽不规规于章侯，实则小变其法，易圆以方，易整以散，而人莫能辨，反若章侯之预仿伯年者，斯亦奇已。是幅衣褶须眉尤见古意，

⑤ 见西泠拍卖二〇一一年春拍。

④ 南京博物院藏。

③ 天津人民美术出版社藏。

② 南京博物院藏。

① 《九老图》轴，原徐悲鸿藏，后归蒋碧薇藏。参见《美术生活》第七期。

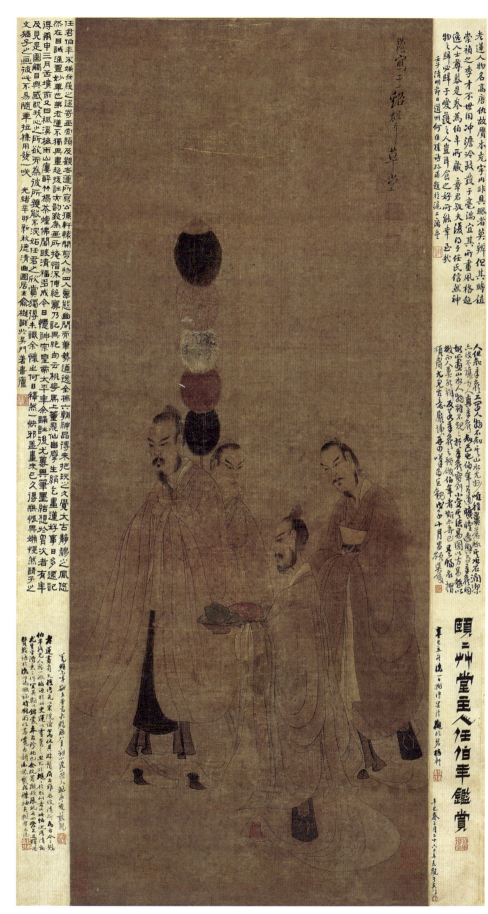

图78
公孙轩辕开剪图　立轴
绢本　设色
112cm×47cm
陈洪绶　任伯年旧藏

展读再四，叹为巨观。戊子十月昌硕吴俊。钤"吴昌石宜长寿"印。（1888年）

6.俞曲园　任君伯年不嫌舟展之遥，寄画索题。及观老莲所写《公孙轩辕开剪》人物四人，意态幽闲，而笔势遒逸，全模六朝神品得来，把玩之久，觉太古静穆之风，悠然在目，诚通灵妙笔也。第老莲不独其画超拔，诗亦韵致，为画所掩，惜流传绝寡，乃记其绝句云："桃花马上董飞仙，自擘生绡乞画莲。好事日多还记得，庚申三月岳坟前。"又曰："枫溪梅雨山楼醉，竹榻茶烟佛阁眠。清福多成今日忆，神宗皇帝太平年。"余诵诗后，尤慕其笔墨，结想于胸次者有年。及见是图，触目兴感，以我心之所欲，而为彼所获，能不深妒任君之欣赏独得，未识余怀之何日释然一快邪！盖画来已久，得无恨其懒慢，然请予之文，犹子之画，彼此不易，随笔拉杂，用发一笑。光绪辛卯新秋德清曲园居士俞樾识于吴门著书庐。钤朱文"曲园居士"印。（1891年）

7.何维朴　老莲人物，名高唐仇，故赝本充宇内，非具眼者莫辨。但其时值崇祯之季，才不世用，冲淡冷致，发于毫端，宜其所画风格超逸，人士尊慕。是卷为伯年所藏，章君敬夫复得于任氏，信然神物之归，必归于爱护之人，岂耳食之好所能幸至哉。壬子清明节日，道州何维朴诗孙甫题于沪上寓斋。（1912年）

又任伯年以金农漆书体题："颐颐草堂主人任伯年鉴赏。"钤朱文"伯年鉴定"印。

又签条，周锡光题"神与古会"。原画无题，题见俞曲园题跋中。

【按】

任伯年至晚年（1890年前后），因健康病损，作画渐少，有时应付用资或无法周转，则将有关作品或藏画一时借贷抵押给友人。如此幅陈老莲《公孙轩辕开剪图》就是向章敬夫借钱当作质押的。后来因为任伯年病重，直到去世仍未去赎回，因此一直留存于章敬夫家。我于1980年初访章敬夫哲嗣章诚望，彼曾言及此事。因录存于此。

孟春写《长安古槐图》轴，款题："唐时长安朱雀门大街古槐夹道成列，想见下走朱轮、上有栖鸾之胜。辛巳年孟春之吉，山阴任颐伯年甫作于海上。"钤"任伯年"白文印。

二月作《大椿八千寿》轴（六尺幅），款："大椿八千岁为春，八千岁为秋。光绪辛巳二月上浣，山阴任颐伯年甫。"钤白文"任颐伯年"。①

点石斋在庚辰（1880年）一年中连载广告于《申报》，有《任伯年绘〈山水总神图〉出售》，其文曰："摧残腊鼓，岁将更新，万家报赛，莫不以祀神为第一事。本斋曾以重润请任伯年先生用小李将军山水神轴之式绘成一幅，计长六尺，由本斋石印而成。山水着以青绿，秀色可餐。山水之间，流云四布，长松插天，松下四神并立，一城隍，一土地，一灶君，一招财，唯井神则盘膝而坐。松旁有白石桥一，桥上为符神位，快马飞腾，神采发越。

图79
牡丹双鸡图　立轴
纸本　设色
103.3cm×44.5cm
辛巳　1881年
故宫博物院藏

图80
清流濯足图 立轴
绢本 设色
112cm×46cm
辛巳 1881年
上海中国画院藏

又左有杏花，台右有石藏，画栏环绕，曲径通幽。山之巅则有天台一座，奇峰并峙，日月合璧，则帅位也。其画笔迥不犹人，悬诸堂中，洵堪夺目。现在本馆申昌书画室发售。计墨色者价洋五角，着色者一元，已裱者另加裱工洋六角整。此布。"①

【按】

此画已不存。但可知任画当时影响之大。

三月上浣写《牡丹双鸡图》轴[图79]，款云："光绪辛巳三月上浣，山阴伯年任颐写于春申浦寓次"。钤朱文"颐印"。

三月于沪上碧梧轩南窗作《严子陵五月披裘图》轴，又《徐步督耕》册、《倚石弈棋》册、"仿徐熙没骨"之金笺花鸟扇。

五月作《钟馗像》轴，款云："光绪辛巳五月五日，山阴伯年任颐用禅门米汁写终南进士像并记于沪上寓舍。"

长至后十日与朱偁合写《花卉图》②，朱梦庐写牡丹水仙，任伯年补天竹腊梅。款云："锦斋仁兄大人指正，山阴弟任颐补图。"

六月初春于黄歇浦上之鸿雪书舍写《紫藤双鸡》图轴，又"仿陈白阳笔法"写《秋浦白鹭图》轴。

六月初吉又作《溪山观瀑图》轴，师新罗山人之《听秋图》轴、《风雨归舟图》轴等四屏。

六月作《松下对弈图》，款题："光绪辛巳夏六月，略师王鹿公法于春申浦上，伯年任颐。"③

七月朔为商霖作《清流濯足图》轴[图80]，款题："山涧清且浅，遇以濯吾足。光绪辛巳七月朔，似应商霖仁大兄命，伯年任颐。"

七月七日作《织女图》轴，款题："牛女渡河日，写天孙为织云锦裳。"

七月又作拟山静居（方薰）画法之《闲步野吟》纨扇，款题："闲赏步易远，野吟声自高。"又仿山静居墨法作《竹涧烹茶》纨扇。

闰七月为芬山作《倚梅伴鹤图》轴。

闰七月七日写《牡丹图》轴。

孟秋为竹君写《羲之爱鹅图》轴④。

八月为鳌峰作《蟹菊图》卷[图81]，款署："鳌峰仁三兄大人属似正，辛巳八月山阴任颐伯年。"吴昌硕题跋云："篱畔黄花摘未稀，一筐盛露胜琼琚。山厨煮（得）霜螯熟，下酒何须读汉书。虞琴仁兄属题希正，戊申二月吴俊卿。"

④ 平湖博物馆藏。

③ 王鹿公，即王树毂，一六四九年生，字原丰，号无我，又号鹿公，杭州人。所居号栗园。

② 天津人民美术出版社藏。

① 《申报》庚辰二月初四。

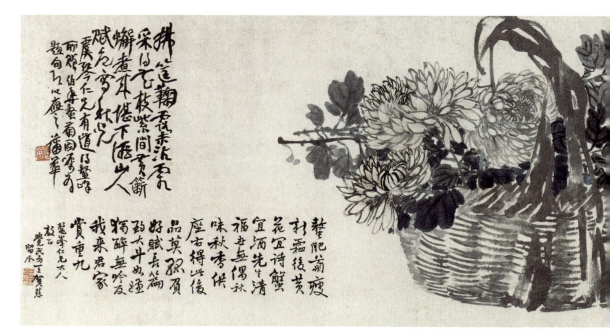

蒲华题跋云："拂筐鞠露未沾霜，采得花枝紫间黄。籍蟹煮来堪下酒，山人赋色写秋光。虞琴仁兄有道，得鳌峰所赠伯年《鳌菊图》，嘱为题句，即以应之，蒲华。"钤白文印"作英"。

王贺慈题跋云："鳌肥菊瘦新霜后，黄花宜诗蟹宜酒。先生清福世无偶，秋味秋香供座右。得此俊品莫孤（辜）负，好赋长篇酌大斗。如嫌独醉无吟友，我来君家赏重九。鳌峰仁兄大人敲正，觉氏弟王贺慈留爪。"钤白文印"平生心事剑相知"。

八月为霭生作《仕女泛舟》扇[①]（画稿）。

九月元日写《渔父图》[②]，时客春申浦。

九月作《严子陵富春垂钓图》轴，又没骨花鸟册，"法南田翁大意"。

秋为安茂作《人物花鸟》册十二开 [图82]，至翌年六月完成。其中六开为辛巳秋作，有《月季蜻蜓》，款云："安茂仁兄大人正之，伯年任颐写于海上寓次。"另有《牧童放牛》《芭蕉葵花》《桃花鸭子》《八哥秋菊》《梧桐小鸟》，均为"效北宋没骨法"之作。壬午六月作六开，为《关河一望萧索》《白鹦鹉竹》《人物山水》《骑驴寻诗》《山中弈棋》《苏武牧羊》。[③]

冬十月作《天竹白头图》。

北洋水师在英国订购"扬威""超勇"两巡洋舰完工，丁汝昌、邓世昌等赴英国接舰，11月安返大沽口。

十一月作《天竹锦鸡图》轴。

十二月作《法陈章侯人物图》轴、《摹宋徽宗〈芭蕉牡丹图〉》（宣和殿御制本）、《李易安酴醿春望图》轴。

图81
菊蟹图　横卷
纸本　设色
32.5cm×134cm
辛巳　1881年
广东省博物馆藏

任伯年
－1881年－

① 见《颜元摹任伯年画稿》第三十五页。

② 上海博物馆藏。

③ 《人物花鸟》册，纸本，十二开，故宫博物院藏。

图82
人物花鸟　　册页
月季蜻蜓
牧童放牛
芭蕉葵花

关河一望萧索
白鹦鹉竹
梧桐小鸟

又《蒲塘秋艳图》轴,款题:"蒲塘秋艳,辛巳冬十二月法南田翁。"《芭蕉双鹤图》款题:"天池山人有此墨戏,余以彩笔摹之。辛巳冬十二月,山阴任颐并记。"《八哥》款题:"辛巳冬十二月上浣,雪窗炙砚效白阳山人。任颐。"

又作《人物四条屏》［图83］,《疏雨牧读图》题句有"雨疏烟岸绿,春腻牸牛肥",《驴背寻诗图》题云"思诗在驴背,得句满奚囊",《怀素学书图》款云:"绿天庵学书,光绪辛巳嘉平雪窗",《子陵钓隐图》款署:"严先生钓富春之像,光绪辛巳嘉平雪窗炙砚,颐"。

十二月上浣又作《耕桃春鸡图》轴。

十二月下浣又作《葵花三鸡图》轴,款署:"光绪辛巳十二月下浣效宋人设色于黄歇浦上之飞鸿馆,山阴任颐伯年甫。"

除夕剪烛作《玉兰图》轴。

是年另作有《寿天百禄图》轴、《二马图》扇页、《吴仲英像》轴［图84］等。

《吴仲英像》轴,嵩伫题跋云:"是何人兮,丰其颐,瞋其目,石粼粼兮遮其腹,有书在手兮不厌百读,据石高坐兮岸然老秃,是何肥兮而非食肉,是寿者之现相兮而异乎攘攘者所求之福。仲英仁兄方家属,嵩伫寿昌题。"[1]

【按】

《吴仲英像》轴,今存两本。一本为中国美术馆藏,纸本,水墨淡彩,作于1881年。图上无任伯年款印。画左上有嵩伫题赞,而画上诗塘有朱景彝《外舅吴公仲英先生传》长题,传中明言:"外舅是像为清光绪七年辛巳倩任君伯年所绘,以写意出之。"吴仲英,名恒,字仲英,号颂音,晚号鹤翁,仁和人,道光丙戌(1826年)生,光绪乙未(1895年)卒,年七十。有《清溪吟草》《梅花老屋诗存》等诗集。按:光绪七年(1881年)吴仲英为56岁。

另一本《吴仲英五十六岁小像》,纸本,设色,1877年作,原为董希文所藏。画左下有任伯年款:"仲英先生五十六岁小像,光绪三年春二月,山阴任颐。"钤白文"颐印"。但据朱景彝为外舅作小传,吴仲英生于1826年计,则1877年(光绪三年)是52岁,并非56岁,其误之一。又图中任伯年款印俱差,拼凑之迹明显,此其误之二。又如系光绪三年(1877年)计,其时任伯年有诸多人物肖像和人物画可比对,当时用笔如衣纹等还是偏重钉头鼠尾描,用笔严谨工致,而图中却为白描写意,风格有所不合,此其误之三。如此视之,这两本仲英小像,当以1881年(光绪七年)一本为近是,合乎情理和"小传"所记。因此当以中国美术馆所藏《吴仲英像》近为真本。而董希文原藏(光绪三年)本,为同小像之摹本。但此摹本像上,左右分有马衡和徐悲鸿之题识,亦极为珍贵之史料,故分录于下。

① 《吴仲英像》轴,纸本,中国美术馆藏。

嚴先生釣富春之像
半偶寫意山嘉平雲鑷吳硯農

綠天盦學書
罘偶書山嘉平雲鑷
山陰任預伯年又

图83

人物四条屏　立轴

纸本　设色

136.6cm×33cm×4

辛巳　1881年

天津博物馆藏

之一　子陵钓隐图

之二　怀素学书图

之三　疏雨牧读图

之四　驴背寻诗图

之一　之二　之三　之四

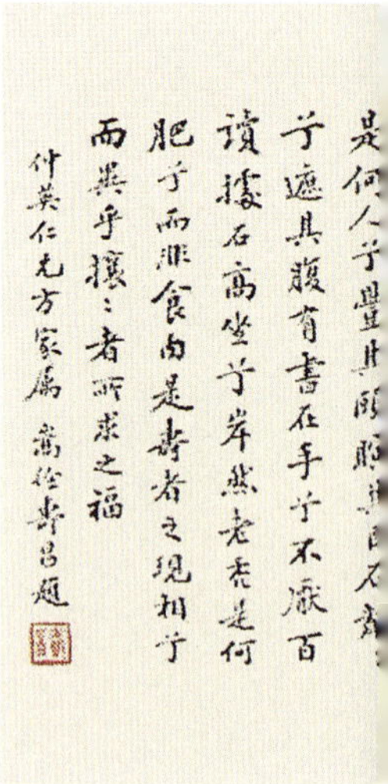

是何人于豐其頤腴見自石邪：
于遘具腹育書在手于不羨百
读撰石高坠于斗燃老老是何
肥于而雅食肉是壽者之現相于
而興乎擭：者所求之福
仲英仁兄方家属 高俭寿吕题

是何人于豐其頤腴見自石邪：
于遘具腹育書在手于不羨百
读撰石高坠于斗燃老老是何
肥于而雅食肉是壽者之現相于
而興乎擭：者所求之福
仲英仁兄方家属 高俭寿吕题

图84
吴仲英像

马衡题跋云："襄闻镇海方樵舲君言，伯年之初鬻画也，尝主其家。樵舲之尊人本好客，优礼之，伯年亦不言谢。半年后将辞去，谓当为主人画像，伸纸泼墨，寥寥数笔，成背面形，见者皆谓神似。伯年曰：'吾幞被投止时即无时不留心于主人之举止行动，今所传者在神不在貌也。'希文先生今春为余写照，神貌兼到，堪与伯年抗衡，宜其见伯年之写真而什袭藏之也，卅七年十一月，鄞叔平马衡识于北平。"

徐悲鸿题跋云："伯年高艺雄才，观察精妙绝伦，每作均有独特境界。即如此作，其传神阿堵无论矣，其章法亦一洗已往写像恒格，而自然高逸简雅，谓非天才得乎。卅七年秋，悲鸿欢喜赞叹题之。"

【按】

是年作画甚多，按从《颜元摹任伯年画稿》所见，署年款大多为辛巳年作，若干画稿均可与传世原作对看。任伯年极注重写生，平时外出必备一手折，遇有可写之人物、花鸟之类，辄笔录之。夜于昏黄灯下亦必勾写大量画稿，故其画室，画稿山积。且任伯年作画喜"流水作业"法，是日画桃花燕子，则均画桃花燕子，而明日或又均画白头翁，故其画艺娴熟，触处生巧。

虚谷 58 岁。赠高邕之《山水杂画》册。

任堇叔生。名堇，字堇叔。

任雨华 13 岁。

◆ 光绪八年（1882 年）　壬午　43 岁

是年上海气候异常，"壬午春二月十七（即清明节前一日）夜大雪。夏六月十七日起连日大风潮溢，二十二日申刻地震。秋七月大疫，八月彗星见东方。"[1]

上海是年有自来水。"租界中自来水创于壬午仲夏，成于癸未新秋"，又"上海之有德律风（电话）始于壬午季夏"。"沪北洋货林立，光怪陆离，无奇不有。""海上为通商口岸第一区，花天酒地，比户笙箫，不数二十四桥月明如水也。其间白手起家者固属不少，而挟厚资、开巨号、金银珠玉视等泥沙，不转瞬而百结鹑衣、号呼风雪中被街子呵斥者，亦复良多。"[2]

正月作《文昌关羽像图》轴，款署："壬午正月灯节后三日任颐盥手。"

又作《蕉石花猫图》轴。

二月，效元人没骨法，设色写《花卉册》十二开，款云："光绪壬午二月效元人没骨法写此十二帧于春申寓斋，伯年任颐记。"钤"任伯年""颐印"二白文印。[3]

二月又作《魁星图》轴，题曰："非人也，有一斗之才，为天下魁。光绪壬午二月上浣，山阴任颐敬绘。"

上巳日写《芦橘麻雀图》轴，款署："光绪壬午上巳写于春申浦上寓斋，

① 见《上海县续志》卷二十八。

② 见《淞南梦影录》。

③ 中国美术馆藏。

图85
东海省亲图　卷

颐。”

壬午三月为陈曼寿四子季槃赴日本省亲作《东海省亲图》长卷［**图85**］，由胡公寿题首，杨伯润绘《东海省亲图》，任伯年继作，张熊补山坳野屋，朱梦庐绘卷尾，卷后有吴淦、万钊、汤壎伯长题。①

三月摹唐寅作《桃花双燕图》，摹“桃花庵主长卷一角”。

又仿金农作《夏园午憩图》轴，款题：“冬心先生有此本，略效其意。”

又仿金农作《枇杷鸡雏图》，款云：“冬心先生有此本，略效其意。光绪壬午春三月，山阴伯年任颐。”

三月又作《紫藤猫雀图》轴寄鼎珊，款署：“光绪壬午三月将望作此寄鼎珊仁兄先生补壁希正，山阴任颐时客春申浦。”②

又为博山作《鹦鹉》扇页。

四月作《芭蕉绣球图》轴，款云：“立夏后二日作此，略师宋人设色。”③

首夏作《小红低唱我吹箫图》轴（姜白石诗意）多幅。其一款署：“自制新词韵最娇，小红低唱我吹箫。曲终过尽松溪路，回首烟波十四桥。壬午首夏，山阴任颐。”

又作《白头桃花图》轴。

首夏又作《风尘三侠图》轴［**图86**］，钤白文“颐印”、白文“任伯年”。又收藏印朱文“归牧轩”、朱文“五楼珍藏”。④

【按】

任画《风尘三侠》十多种，每幅构思不同，人物性格历历如生，各具风采，但画幅总体保持一种神秘性，具体韵味弥永。以后来鲁迅所言“选材要严，开掘要深”论之，任伯年亦为典范。

五月朔为沐臣作《仕女婴戏图》轴。

五月又作金笺《大士像》轴，署款有“佛弟子任颐敬写”云。

六月朔为陈景华作《严先生钓富春之图》（《五月披裘图》轴）。

【按】

景华，陈景华。见“马招仙写照任补图（景华像），己卯（1879年）”，浙江省博物馆藏。

六月与胡公寿合作《蕙兰图》轴［**图87**］，胡公寿题跋云：“蕙与兰

伯年大利
–1882年–

① 此件见道明拍卖二○○七年秋拍十二月图录第五百六十号。

② 上海博物馆藏。

③ 中国美术馆藏。

④ 故宫博物院藏，纵一百八十二点一厘米，横四十八点一厘米。

同体，因之臭味同。尝为君子佩，品列楚骚中。人与善人居，如入芝兰室。坐久不闻香，清风更萧瑟。壬午大暑节，任伯年写蕙，公寿补芝石并题。"用印有"任千秋"朱文印、"山阴任颐"白文印、"胡公寿印"白文印、"横云山民"朱文印、"寄鹤轩"白文印。（此幅工笔双钩设色兰草极精）

图86

人物故事屏　立轴

之三　风尘三侠图

纸本　设色

182.1cm×48.1cm

壬午　1882年

故宫博物院藏

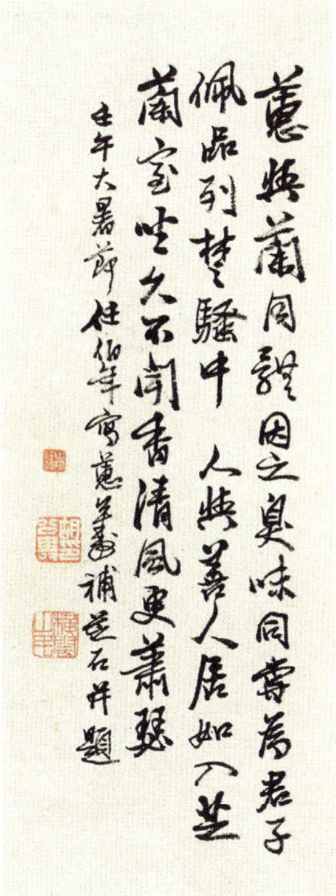

蕙與蘭同證因之臭味同壽為君子
佩品列楚騷中　人與善人居如入芷
蘭室坐久不聞香清風更蕭騷
壬午大暑節　任伯年寫蕙年補芷石并題

图87
蕙兰图　立轴
（与胡公寿合作）
纸本　设色
133.5cm×65.5cm
壬午　1882年
天津人民美术出版社藏

图88
玩鸟人像　立轴
纸本　设色
35cm×35cm
壬午　1882年
上海中国画院藏

六月又作《登高图》轴（应为写东坡赤壁登临俯眺）。另有一幅《东坡赤壁图》轴，可并对看，款云："予乃摄衣而上，履巉岩，披蒙茸，踞虎豹，登虬龙，攀栖鹘之危巢，俯冯夷之幽宫，盖二客不能从焉。任颐。"

七月将望为沛泉作《枇杷麻雀图》轴。新秋又作《渔父图》轴。

八月朔作《玩鸟人像》轴［**图88**］，款云："光绪壬午八月朔，山阴任颐伯年甫。"钤"任伯年"白文印。

又作《梧桐双凤图》轴［**图89**］。

九月朔作水墨山水《溪山观泉图》轴，款云："光绪壬午秋九月朔，山阴任颐伯年写于海上。"

重阳作《无量寿佛图》轴。

九月又作《小红低唱我吹箫图》高帧［**图90**］，款云："光绪壬午九月，山阴任颐。"钤白文印"任伯年"。

上浣又为琅圃作《芙蓉白猫图》轴。

又为以诚作《牡丹锦鸡图》轴。

【按】

以诚：雷以诚。

又"拟宋人设色"，作《寒香双鸽图》轴。①

图89
梧桐双凤图　立轴
纸本　设色
112cm × 44.8cm
壬午　1882年
故宫博物院藏

图90
小红低唱我吹箫　立轴
纸本　设色
184cm×45.5cm
壬午　1882年
中国美术馆藏

小红低唱我吹箫（局部）

九秋又为介南作绢本《江南风味》册，款署"写贻介南仁兄先生即正"云。同作有《鸡鸣桑树颠图》

九秋望后作《把酒持螯图》。

又作《紫藤双猫图》共四条幅，款云："光绪壬午九秋山阴任颐为介南先生写。"天津博物馆藏。

十月作《四猫芭蕉图》轴［图91］，款云："光绪壬午冬十月，山阴任颐伯年写于海上。"又作《天竹白头图》轴［图92］、《花阴小犬图》轴①，后者款云："拟元人设色。"另有《桃实白头图》轴②，题"冬十日上浣写似幹臣仁兄"。

仲冬为襥荪作《米颠拜石图》轴［图93］。

冬杪作《牡丹双雀图》轴③，款署："壬午冬杪，山阴任颐伯年甫写于海上且住之室。画竟越十五日，寅初仁兄访余，见而谬赏，乃赠之。颐。"

嘉平作《鹅》小幅，题云："山阴道士之鹅如此，约略拟之。壬午嘉平炙砚并记，颐。"

嘉平雪窗又于且住室作《萱花双稚图》轴。

又作《羲之爱鹅图》轴、《芦橘麻雀图》轴、《虎》等。

除夜剪烛作《桃花鸳鸯图》轴，款署："光绪壬午嘉平除夜剪烛，山阴任颐伯年甫记于海上且住室南窗。"

③中国美术馆藏。
②故宫博物院藏。
①天津博物馆藏。

图91
四猫芭蕉图 立轴
纸本 设色
173.2cm×47.9cm
壬午 1882年
上海博物馆藏

图92
天竹白头图　立轴
纸本　设色
179.7cm×47.5cm
壬午　1882年
故宫博物院藏

图93
米颠拜石图　立轴
纸本　设色
126.2cm×52.8cm
壬午　1882年
中国美术馆藏

　　是年并作有绢本《花卉》册，凡十二帧，中有《鸢尾西番莲》《秋海棠》《绣球杜鹃》《蔷薇丁香》等。

　　又为文舟作绢本金笔《白月季黄鸟》扇页。

　　是年顷作有《贵妃醉酒图》册①，款署："仇实父有此，略师之。任颐。"

　　又作有戏画《辛安驿》（为梆子戏），款署："期颐老人戏作。"②

　　虚谷 59 岁。冬月于瑞莲精舍作《瓶菊图》轴。

　　吴昌硕 39 岁。金俯将赠古缶，遂号缶庐。与沈石友论交。

图94

紫绶金章图　立轴

纸本　设色

80.9cm×35cm

癸未　1883年

中国美术馆藏

元旦（2 月 8 日）作《紫绶金章图》轴［图94］，题句云："惟愿取黄卷青灯，及早换金章紫绶。"

元旦又写《黄卷青灯图》轴①，款云："看他黄卷青灯，换得金章紫绶。光绪癸未元旦写邮访山仁兄先生法家补壁，山阴弟颐。"

元日又作《雪中送炭图》［图95］，款署："光绪癸未元日，试羊毫笔率尔，任颐。"

人日作《池塘睡鸭图》轴②，款署："嫩绿池塘藏睡鸭。光绪癸未人日，山阴任颐伯年。"

正月吉日为幼樵作《麻雀花卉》绢本横幅。

春正月又作四条屏《蒲塘秋艳图》轴、《天竺白鹇图》轴、《轻燕爱风斜图》轴、《雪雀茶花图》轴。又作《观音大士像》轴，款署："正月敬造大士像一区，山阴弟子任颐合十。"

二月为章显庭作《木兰从军图》卷（即《关河一望萧索》），［图96］，款题："显廷仁兄先生雅属，光绪癸未二月，任颐。"。又为漱文作《荷塘鸳鸯图》轴。

又作《鹁鸪水仙图》轴。

三月，吴昌硕赴津沽，在上海候轮期间，任伯年为其作肖像《芜青亭画像》［图97］，款题："芜青亭长四十岁小影。癸未春三月，山阴弟任颐写于

图95
雪中送炭图　立轴
纸本　设色
80.8cm×36.8cm
癸未　1883年
故宫博物院藏

图96
关河一望萧索　横卷
纸本　设色
38cm×63cm
癸未　1883年
天津人民美术出版社藏

颐颐草堂

–1883年–

山阴任颐

–1883年–

图97

芜青亭画像　立轴

纸本　设色

80.9cm×35cm

癸未　1883年

中国美术馆藏

芜青亭画像（局部）

颐颐草堂。"

【按】

吴昌硕中年于壬午春携眷自安吉迁居苏州，友人荐作"佐贰"小吏，以赡家计。癸未（40 岁）晋升为直隶州知州，奉檄航海北行津沽，因风阻在上海候轮期间，由高邕之介绍，与任伯年订交。他为任伯年刻二印为赠，一朱文印"颐颐草堂"，一白文印"山阴任颐"（白文印 1.1cm×1.2cm），任伯年为吴昌硕画《芜青亭画像》轴答谢并志岁月。此画像上所钤二印即吴昌硕新刻。但因吴昌硕在上海时客中刻印，并未留有印拓，故以后诸印谱皆未收此二印，也不知边款如何。直至当今，诸吴昌硕印谱也均未录此二印拓。后于 1985 年，余于杭州访沙孟海先生，述及此事。沙老闻而语我，说他在任董叔处，时逢艰辛，东家急索房租，董叔无奈忍痛将"颐颐草堂"二印并另两枚任伯年象牙小印共四印出售。沙老因喜其印，即时曾钤印并款拓，一直保留，直至"文革"中毁失，终未能传存，不亦叹乎。谨录其事，以备闻见。

任画室号"颐颐草堂"，前又有寿萱室、碧梧轩（1880 年），鸿雪书舍、飞鸿馆（1881 年），海上且住之室（或且住室）等等都是"颐颐草堂"内之斋号。由此可见，任伯年当时创作欲之高涨，也正是任伯年画趋于最成熟之境地反映。

杨岘题记云："芜青亭画像，藐翁岘为仓石先生题记。"

三月下浣于古香留月山房之东窗，为苃臣作《花鸟》四条屏，署"蜀城伯年"。

四月作《师新罗山人人物图》轴。

五月端阳前三日作《延寿图》轴。

六月初一（朔）又为文悯书行书联"红杏在林，碧桃满树"，款云"文询仁兄大人雅属，光绪癸未夏六月朔，伯年弟任颐"，现藏于浙江省博物馆。

【按】

此联语为唐代司空图《二十四诗品》中句。文悯即吴文悯，听雨楼主，沪上著名裱画商。

图98
行书对联
纸本　墨笔

图99
虎图　长卷
绢本　设色
64.5cm×126cm
癸未　1883 年
西泠印社藏

图100
苏武牧羊图　立轴
纸本　设色
148.5cm×83.3cm
癸未　1883年
中国美术馆藏

六月为赏墨主人作行书联"奇花初胎，晴雪满汀"[图98]，款署："光绪癸未夏六月大暑节，赏墨主人雅属即请正之，山阴弟任颐。"

六月二十四日（公历7月27日）作绢本大帧《虎图》卷[图99]，款署："光绪癸未夏六月廿又四日，山阴任颐伯年挥汗写。"

【按】

此帧山石幽篁，虎欲临溪，设色斑斓，勾写双畅。任伯年画虎甚少，而在画上题以具体时日者亦少见。吴昌硕后曾题此咏诗有云："山石荦确，河水汤汤。虎将渡耶？抑将畏耶？惜不能起伯年翁问之。不烦媚态作胭脂，猛将曾闻号虎痴。假尔风威能破敌，侧身北望一舒眉。"甚切任画深意。[1]

六月作《秋林觅句图》轴，款署有"秋林觅句，仿新罗山人"云。

又作《松下丈人图》轴。

又为树春作《雏鸡图》扇。

为鼎三作《双燕图》扇。

七月为谊卿作《姜白石诗意》纨扇。

又作《寿天百禄图》轴、《桃实鹦鹉图》轴。

八月望后作《苏武牧羊图》轴[图100]，款云："光绪癸未八月望后，山阴任颐伯年甫写于海上寓斋。"钤白文"任伯年""任颐印"。

九月作《三羊图》轴。

十月上浣作《鹁鸪水仙图》轴。

十月为赵啸云作《赵啸云像》轴[图101]，款署："啸云老伯大人像，光绪癸未十月，伯年任颐。"

[1] 见吴昌硕诗稿手稿。浙江省博物馆藏。

图101
赵啸云像　立轴
纸本　设色
137cm×64cm
癸未　1883年
浙江省博物馆藏

又作《鸳鸯图》轴（师白阳山人画法）。

又作《春燕立马图》轴。

又作《江南风味杂画图》卷。

又为祝三炼师作《盆兰猫戏图》轴。

是年顷作有《三松图》轴，款题："三松堂下三松树，想象盘拏势似龙。写寄桐西老居士，渴鸾翻倒墨池浓。伯年任颐摹宋元本。"[1]

又作《云龙图》轴，吴昌硕尝有诗云："云蓬蓬如絮，龙潜其中，见首不见尾，神矣哉，龙耶？伯年之笔耶？乱云堆里日婆娑，壁上盘旋似涧阿。未必真龙人尽赏，点睛飞去欲如何？"[2]

虚谷60岁。作有《六合同春图》卷[3]。

又为高邕之作《梅花书屋》等册页。

吴昌硕40岁。三月赴津沽过沪，任伯年为作肖像第一幅《芜青亭画像》。

沈尹默生。

◆ 光绪十年（1884年）　甲申　45岁

是年爆发中法战争，战事越趋紧张。

四月（公历5月8日）《点石斋画报》创刊发行，随《申报》附送，由吴友如等主绘。

人日（公历2月3日）为朱锦堂作《白战图》轴[图102]，纯以水墨写雪，款题云："白战图。苏长公集聚星堂举欧阳公令云：白战不许持寸铁。甲申人日大雪，锦堂三哥顾我乃赠之。颐。"此图后由胡公寿、张熊、钟德祥、徐元临、陶濬宣、胡铁梅题跋。

胡公寿跋云："天工玉戏，宇宙奇观也。故山阴有访戴之舟，驴背有探梅之兴，久矣，传为韵事。顾古之人虽因雪生情，未有不旁及他事者。甲申人日，锦堂朱君冒大雪访伯年，伯年炙砚作图，六出飞花，不杂他物。锦堂欣然曰：'此白战也。'画成遂举以赠之。今锦堂来征余题。余曰：'五代萧照写云，赵宋马远写水，云水外并无一物，可知古人有此奇致，乃成大家，以此帧方之，鼎足而三矣。'爱书数语而归之。乙酉重午胡公寿识。"

张熊跋云："宋元人画雪，善用粉笔。今见任君伯年为锦堂先生写《白战图》，用水墨法，颇有乱飘密洒之意，绘事之能，媲美古人矣。乙酉秋七月，鸳湖八十三老人张熊志。"

钟德祥题云："北风吹水结轻花，乌夜交更四五挝。坐拥貂裘月如雪，有人风帽入东华。舟夜作为锦堂三弟属题此图，书以应之。光绪乙酉九月，德祥。"

徐元临跋云："自摩诘倡为雪图，山水家无不效之。今伯年以坡公句写《白战图》，独树一帜。好在飞絮散花之态，如遇目前，非胸饶卷轴，笔具灵机，未易得此见解也。我友锦堂朱三兄雅好赏鉴，收藏甚富，获此奇迹，珍若球图，索为题句，书此以志欣喜。丙戌八月徐元临识。"

陶濬宣跋云："昔人画雪，多用淡墨暄（渲）染林丘隙处，衬出雪景，宋元人或用粉笔，从未见以墨写雪者。然雪之到地，或着物，始见白色，当其蜚扬空际，散漫交错，望之若黑。伯年此图纯用墨笔写大雪状，满纸花飞，不杂一物，真能写出散（撒）盐飘絮、霏霏瀌瀌、随风荡舞之态，张图对之，顿令六月生寒，如身在灞桥驴子背者，洵奇笔，亦奇致也，然却有至理。光绪丙戌九月为锦堂仁兄大人属题，即请是正，会稽陶濬宣。"

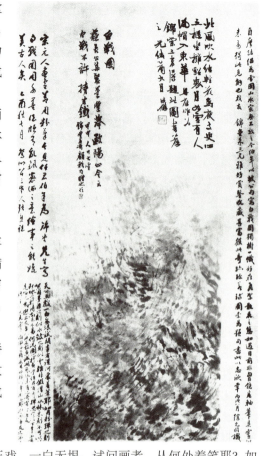

图102
白战图 立轴
尺寸不详
甲申 1884年

胡铁梅跋云："天公玉戏，一白无垠。试问画者，从何处着笔耶？如用粉弹之，则疑似絮；用墨染之，则似水；皴之，则似云。殆非假借山水林木，则不可以形容，即咏之于诗，尚且不易，何况图之于画乎？任君百年（百年，原文如此），殚思六法，下笔不落恒蹊，是幅尤为杰出。画古人所不敢画，诚辟艺林未有之奇。宜乎吾友锦堂仁三兄见面赏之，遍征名下题识其妙。璋何幸厕名耶，抑承吾友之不弃也。"

【按】

《白战图》，用苏轼《聚星堂雪》诗，本诸"欲浮大白追余赏，幸有回飙惊落屑。模糊桧顶独多时，历乱瓦沟裁一瞥……当时号令君听取，白战不许持寸铁"之意，所谓"忽忆欧阳文忠公作守时，雪中约客赋诗，禁体物语，于艰难中特出奇丽"①。此图为任画之绝唱，题跋亦集一时名公巨笔，至为难得。

朱锦堂，亦作锦裳，上海九华堂笺扇店主人，雅好书画，富收藏，与胡公寿、虚谷、任伯年交最深。与任伯年、曾凤奇有"三友"之称。甲申人日（正月初七）朱锦堂冒大雪访任伯年，伯年炙砚为作图。

① 见《苏东坡集·后集卷一》。

钟德祥，广东人，由进士入词林，书宗欧阳率更，以瘦硬取势，自成一格。[1]

陶濬宣，字心云，会稽人。书宗六朝，笔力峻厚。同治六年（1867年）举人。又号稷山居士。1915年卒。[2]

徐元临，一作允临，原名大有，字石史。诸生，精鉴古，克承家学。书学苏眉山、董香光，画兰有钱箨石笔意。其父徐渭仁，号紫珊，博学嗜古，富收藏，鉴别碑帖，推为巨眼。[3]

正月又作《羲之爱鹅图》轴。

二月上浣为赵啸云写《猫石图》[4]，款云："啸云老伯大人法家教之。光绪甲申二月上浣，伯年任颐。"

二月为章敬夫作金扇《草虫》，胡公寿题诗。

三月作《三友图》轴 [**图103**]，为朱锦堂、曾凤奇写照及任伯年自画像。款署："锦堂、凤沂两兄嘱颐写照，更许在坐，谓之三友，幸甚幸甚。"钤白文印"任伯年"。

钟德祥题跋云："不须对月自三人，自有须眉自写真。脱去头巾衣扫塔，似俞清老段祛尘。光绪甲申三月，锦棠弟索题，山阴任颐伯年画也。中坐者曾凤奇，锦棠左向坐，伯年右向坐，皆僧衣，其有所寄托耶？钟德祥。"钤白文"钟德祥印"、朱文"般山外史"。

徐允临跋云："三友图。丙戌秋八月，锦堂朱先生出此见视索题，石史徐允临。"钤白文"徐允临石史之印"。

甲申三月望后又为朱锦堂作《儿女英雄》扇面 [**图104**]，款题："儿女英雄。锦堂仁兄嘱写是图，即乞正之。光绪甲申三月望后山阴任颐伯年。"

三月，陈曼寿卒。

四月为章敬夫作《双鸡图》轴。章敬夫以二活鸡赠任伯年，任甚喜，即笑谓章："我亦以'双鸡'相还赠。"为是图。款署："敬夫仁兄先生指正，光绪甲申四月，山阴任颐伯年甫。"沈景修跋云："越中多画家，自陈老莲创师宋元法，后人因之。萧山任渭长，天生名笔，直接老莲，惜年不永，未克竟其所造。哲弟阜长继起，与山阴任伯年一时称瑜亮。伯年此幅画双鸡，着笔工细，设色浓艳，其补竹筱枝叶、牵牛花、雁来红之类，皆作双钩，绝似画苑中手笔。考《宣和画谱》载，梅行思能画人物、牛马，最工于鸡，以此知名，世号为梅家鸡。我于任画亦然。今江浙间竞师任法，不胫而走，则老莲之沾溉后学，岂浅显哉？光绪十二年，岁丙戌，小暑节日，寒柯居士沈景修记于小画舫斋。"

【按】

此图后不慎被老鼠啮去一"鸡头"，章敬夫又请钱慧安补上，并作题记云："余友伯年中年后双钩花鸟绝不轻作，即曲情委请，亦难如愿。是帧成后，

[4] 上海中国画院藏。

[3] 十六页。
《海上墨林》卷二第
《中国历代书画篆刻家字号索引》

[2] 第三十五页，又见
见《海上墨林》卷三

[1] 第二十七页。
见《海上墨林》卷三

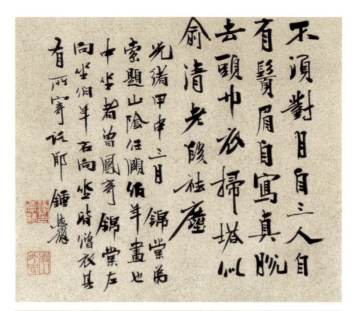

不須對目自三人自
有鬚眉自寫真阮
去頭巾衣掃塵似
俞清光餘祛塵
光緒甲申二月錦堂弟
索題山陰任阜閣伯年畫也
中坐者曾鳳奇錦棠左
同坐偉羊石高坐傍僧衣基
有兩寄託耶鍾巖

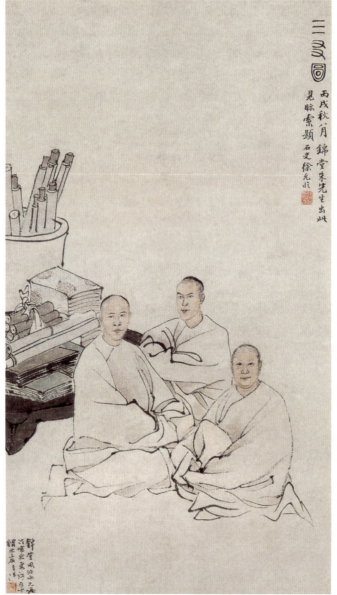

三友圖
丙戌秋月 錦堂朱先生出此
見眎索題 石史徐光水

图103
三友图　立轴
纸本　设色
64.5cm×36.2cm
甲申　1884年
故宫博物院藏

曾凤奇
　　　　朱锦堂
任伯年

右页人物姓名

三友图（局部）

图104
儿女英雄　扇面
23.5cm×50.1cm
甲申　1884年

谓余曰：'蒙子久请，素知报命，希能宝之。'余因深藏匣中，珍若拱璧。
伯年仙去，始付装池。不意裱铺疏检，为鼠残一鸡头与上款，怅恨久之。
乃携图商补于钱子吉生。钱子展卷，惊为绝作。欣然操笔，顿复旧观。且曰：
'世传长康名迹，岂能无损，经营修补，每待后贤。然余与伯年画路不同，
天赋工力，又愧双逊，勉为续貂，聊免毁弃而已。'吁！今伯年鹤化多年，
其奋笔作画，洋洋谭艺之情，依然如昨。至人不得而余得之，鼠残而钱子补之，
是任钱二子之遇予异于人也，用书卷上，并赋小诗：宝绘愁罹硕鼠灾，回
春钱子亦奇才。双鸡依旧形神妙，栖石悠闲远浊埃。两竿修竹古墙东，阴
取牵牛花一丛。老少年添好颜色，满窗秋艳胜春红。光绪二十八年十月既望，
青龙惰农章思豫识。"①

四月廿五日仿董源作水墨山水扇面［**图105**］，款云："前日见董北苑真
迹，为亦纯世兄背摹之，甲申四月廿五，伯年任颐记。"钤白文印"任颐"。

【按】

所见董源画，观此图，似为董源《夏山图》卷，今藏上海博物馆，实非真迹。
又，据后文于是年章敬夫购得董源《夏山图》卷，果然任伯年曾见此卷，
因有背摹之作，取卷中一角山水如此。

图105
仿董源山水　扇面
纸本　水墨
25cm×53.5cm
甲申　1884年
天津博物馆藏

① 此据章敬夫之子章诚
望先生抄示。

四月为亦纯作《水墨梅花》扇，题款云："春来日日雨蒙蒙，动闭寒窗备晚风。赢得初晴新月上，梅花和影更重重。亦纯世大兄大人两正，光绪甲申夏四月，山阴任颐伯年甫并记于海上寓斋。"①

【按】

此题为任伯年诗，朗朗上口。

又为莲生作《松下策杖图》轴。

五月为子勤作《梅竹双清图》轴。又作《碧桃春燕图》轴［**图106**］、《猫雀枇杷图》轴、《杜鹃双鹊图》轴、《山茶雄鸡图》轴等。

夏五作《陆书城像》轴［**图107**］，款云："书城姻兄大人甲申夏五入觐南旋，路出于沪，索余写照，时年四十七岁矣。伯年弟任颐并志于沪上客次。"

赵之谦题跋云："法华山头十峰耸，峰峰欲戳天成孔。下有九江怀橘郎，苦效三年下帷董。英姿卓绝□□才，学优而仕何快哉。小鲜初试义安邑，召父甘棠遍地栽。今年秩满朝天去，卓异超迁看指顾。回车恰值沪江滨，握手班荆喜道故。座中多半故乡人，一醉真堪十日住。兴酣忽索行乐图，任大率尔为操觚。图成颊上三毛动，武烈太子好功夫。脱帽露顶山濯濯，湖海之气犹未除。炯炯双眸岩下电，方颐大颡魁吐渠。丰庞我亦杨愔辈，未免使我惭形秽。方以类聚气味投，惺惺相惜更相爱。忆昔髫年骑竹马，相与游钩兰亭下。横经同列郑玄门，君为童子我冠者（余长君九龄）。一别于今四十年，几几不复识陆贾。人生聚散真如萍，萧萧班马又长鸣。离愁共怨江头月，君向江州我南城。何时相定买山约，老傍猴山过一生。夕阳无语江声急，不尽相思故同情。书城二兄同学属题即乞正之，执叔弟赵之谦。"

又，顾森（陆书城之侄）题有云："朝回小憩申江滨，遇老画师工写真。快涤缁尘见丰采，旷观镜海开精神。纪年刚及四十七，干局恢张意缜栗。志戡民间报帝室，此图此帧足传出。官符在握喜气溢，请看义安主宰日。"

又虞恺之题跋中有"濒行示我图一帧，披图大地生阳春。王宰肯为留真迹，喜逢佳士相写真"云云。②

五月还作有《梅竹双清图》（为子勤二兄，故宫博物院藏）、《猫雀枇杷图》（中国美术馆藏）等花鸟精品。

端阳后三日作有《九思图》轴［**图108**］，款云："君子有九思。光绪甲申端阳后三日，山阴任颐伯年甫。"钤白文印"任伯年""任颐印"。

闰五月初吉写《枇杷鸣鸠图》，款题："啼罢鸣鸠天欲阴，垂垂佳果出疏林。谁周天下饥寒子，生满荒园树树金。光绪甲申闰五月初吉，山阴任颐伯年甫。"③此又任诗也。

闰五月作《桐阴仕女图》轴，款云："师新罗山人用笔，光绪甲申闰五月，任伯年。"钤有朱文印"任颐印信"，又鉴藏印"得自在禅"白文印。

① 故宫博物院藏。

② 《陆书城像》轴，浙江省博物馆藏。陆书城（一八三八——？），山阴人，与赵之谦为同学，赵长陆九岁，将宰铜陵，路出于沪，任伯年为写照。

③ 徐悲鸿纪念馆藏。

图106

碧桃春燕图　立轴

纸本　设色

136.8cm×33cm

甲申　1884年

故宫博物院藏

图107
陆书城像　立轴
纸本　设色
120.3cm×50.6cm
甲申　1884年
浙江省博物馆藏

图108
九思图 立轴
绢本 设色
160cm×58.5cm
甲申 1884年
故宫博物院藏

闰五月端午节，杭州孙藻卿（荔卿）招宴任颐、葛其龙等雅集城东水榭。任颐即席绘《钟馗图》，葛其龙题诗记之："孙君潇洒家西湖，偶然放棹来菇芦。菇芦城东有水榭，招客买醉黄公垆。人生端阳得几闰，何不快饮同操觚。任子方作《钟馗图》，驱鬼不用天师得。兔痴（金继）善书兼善画，酒量亦复雄千夫。酒舲（沈酒舲）名酒量实隘，偏好劝客频提壶。鲲生不饮亦不醉，醒眼看人非模糊。申江以北用弦管，花天酒地穷欢娱。不若此间得佳趣，曲栏临水风景殊。觞咏何必借丝竹，击缶亦足歌乌乌。酒阑烛跋兴未尽，却被俗子嗤狂徒。此日此会不易得，举觞一再浮菖蒲。谁教绘图纪盛事，要凭妙笔传倪迂。"

闰五月初六（1884 年 6 月 27 日）作长诗《送金吉石至日本即题其〈东海遨游图〉》："龙文鸟迹气纵横，碧峰海沧圜艺清。鸿蒙宝迹收腕底，此日人工皆精英。笔有灵蛇造化奇，一纸传出神鬼惊。惊人之笔不在世，钟李之后不继声。三百年来海风绝，何人拔幟闻先登，小灵银孔如豆大，足迹不与蓬莱经。十洲三岛凭梦想，胸中早已无心兵，老我头颅四十载，试问此眼谁堪青？今有金子鸳湖客，头角嵘然心聪明。射雕灵手成书画，鸡林市上留清名。年来幽居不得志，翻然欲作东海行，绘图遍及名流咏，示我好句先诗成。我闻东海之东有神仙，木公金母皆多情。久思黄鹤借游骑，辟谷愿与仙人争。今君过之必有缘，为我寄言白玉京。倘得华山不死方，归来与我同辰生。闰月六日，山阴伯年任颐初稿。"

金吉石（1840—1917），名尔珍，字少之，号吉石。秀水人。向居沪，善鉴古，工行楷书，出入晋唐，纯以韵胜。五十后专学苏书，更号苏盦，书体一变，进臻浑朴。偶写山水，仿麓台、墨井诸家，深得古致。兼长题跋，豫园书画善会合作之画，苏盦题识居多。①

任伯年 1887 年丁亥正月二十日为作《吉石先生顾影自怜图》。1893 年癸巳为吉石作《山水图》。

【按】

《东海遨游图》乃张子祥所作。据《申报》1884 年 7 月 1 日张熊诗《吉石世四兄将之日本，余既为作〈遨游东海图〉，复书此诗以送其行》，诗云："之子远行役，薄言东海头。江山文字助，海岛姓名留。去国观云物，乘槎近斗牛。归来欣握手，听尔说瀛洲。嘉禾八十二老人子祥张熊识。"

立秋后三日作《凌霄图》轴。仲秋作"法白阳山人"之《荷花双鸭图》轴。

八月初吉作《米元章拜石图》。

初冬作《梅花仕女图》[图 109]，款云："光绪甲申初冬，伯年任颐写于春申浦上寓斋。"钤朱文"伯年大利"和白文"任颐长寿"两印。潘兰史跋："村里师雄事如疑，孤山曾梦水边枝。绮疏罗帐凄馨处，月落参横见所思。瑶台昔昔说相逢，我亦痴吟务观同。何必肝肠净冰雪，梅花

图109
梅花仕女图 立轴
纸本 设色
96cm×42.6cm
甲申 1884年
辽宁省博物馆藏

日日贮胸中。谁貌枝高出手难，旧时月色此阑干。翠禽也为殷勤报，萼绿华来岁又寒。老隐江潮自写真，十年香海称闲身。画中双笼无寻处，但见梅花即美人。继潜仁兄鉴家出观此轴，属题乞正。壬戌三月水晶庵道士弟潘飞声，年六十五。"钤白文"西湖酒客"。朱孝臧跋："黄昏篴（笛）里梅风起，蔓草罗裙地。满阑红萼怱（总）宜（宜）簪，不道尊前销减去年心。何郎词笔垂垂老，坐被花成恼。月寒江路唤真真，一缕清愁犹著故枝春。虞美人。继潜仁兄属题，朱孝臧。"钤朱文"沤尹"。

冬月又作《云林洗桐图》轴。

十一月"雪窗炙砚"，为瑞棠写《花鸟》四条屏[1]，款云："拟南田翁写生之法，参以白阳山人用笔，甲申冬十一月山阴任颐。"

嘉平月又作《碧梧丹凤图》[2]，款题："赤凤醴泉，是惟无出，出则为祥瑞。光绪甲申嘉平，岁云暮矣，剪烛并记，山阴任颐伯年甫。"

又为缉之写《大富贵亦寿考图》。又在古香室西楼写花鸟四条屏，其一《碧梧栖老凤凰枝》，其二《水仙双鹭》，其三《朱竹墨梅》（款云"记于扇市古香室西楼"），其四《富贵寿考图》（写双鹤）。

十二月初吉作《水仙双鸟图》轴。

又作《朱竹梅禽图》轴，款署："光绪甲申嘉平吉日，山阴任颐伯年甫记于扇市古香室西楼。"

嘉平月作《溪桥听泉图》轴，款云："梅花道人维（唯）石田翁深得其法，余偶一仿之。光绪甲申嘉平将望，以应瑞棠仁兄太守大人之属即正。山阴任颐伯年。"[3]

又嘉平作《花鸟》四条屏，为《春柳群燕》《豆棚雄鸡》（款云"偏能此间具只眼，也知草莽有英雄。光绪甲申嘉平，山阴任颐伯年"）。[4]

又《紫藤黄鸟图》轴，款题："江干初霁雨，疏林落晚枫。此际客中再有所感，虽杜康不能解也，或以读画破之。甲申嘉平，任颐。"又作《天竹白头》（写于沪上古香室）。嘉平将望，为云台作《雪景蕉梅麻雀图》轴于古香室西窗。

【按】

任伯年因初至沪上即在古香室笺扇店画扇为生，故为感谢古香室当初知遇之恩，任每年冬十二月（嘉平）均住古香留月山房，为之作画。因此，每年嘉平月多有"作画古香室"之款识。[5]

是年又为章敬夫作《清荫草堂图》卷。

胡公寿尝为作《清荫草堂记》云："青浦章君敬夫，博古之士也。家于邑北二十里古青龙西之章堰，其始祖宋庄敏公筑堰于此，乐其风土而遂家也。君为构数椽于故居之旁，名之曰清荫草堂，盖取宋仁宗赐先世文简公'清忠'之义。环植竹木，云树交荫，杂莳花草，幽翠生香，以为他日山居终老计。

① 旅顺博物馆藏。

② 上海博物馆藏。

③ 西泠印社藏。

④ 见《任伯年》画册第一集（民国十八年九月西泠印社出版）。《花鸟》四条屏，

⑤ 此语为钱镜塘转述任堇叔所言。

常谓余曰：'眷恋利场，出水入火，去春毅然归，得遂素志。'盖不汲汲于进取，合乎古之山人欤。君意气豪爽，中慈而外刚，待友直谅，躝弃世好。唯喜古今人书画，故与余及山阴任君交最善，严购密蓄，彼此欣赏，吾三人者，志相同而欢相得也。近以购得北苑《夏山》、巨然《江山晚兴图》两卷见示，梦想数十载，一旦获睹奇迹，为之起舞。明季沈石田、董思翁酷嗜董巨，已如凤毛麟角之难求，乃岁月逾远，而敬夫能得者，非欧阳公所谓物必聚于所好耶？至于卷中王大痴（'王'疑'黄'）、沈学士、文寿承、吴文定诸君子题咏，皆以一时欣于相遇，自恨老病侵寻，不能接续瓣香为可叹也。敬夫闻余言而感，欲更其'清荫'之名曰'董巨'，既而曰：'吾人胜事，不可无传。'于是求图于伯年。画成乞书于秀水沈君，又欲记其事于图后，曰：'知我莫如子，幸教我。'余承敬夫拳拳之意，不可无一言，因思'清'之义甚广：光风霁月，天之清景也；山辉川媚，地之清气也；志高行洁，人之清操也；近三泖九峰，乡之清境也；得北苑、巨然，子之清兴也。吾子将清其德、荫其后，以追美先泽，奚可易其名哉？至蒙老、伯年两君书画，为当代之冠，其逸情高致，寄于毫端，俾后之览者，亦如今之宝董巨乎。虽余之陋，亦得与诸名公同厕其间，幸矣。光绪乙酉新秋，横云山民胡公寿撰记。"

吴昌硕后题跋云："结庐在人境，而无车马喧。问君何能尔，心远地自偏。采菊东篱下，悠然见南山。山气日夕佳，飞鸟相与还。此中有真意，欲辩已忘言。吾友惰农山人归田种菊，以此自娱。今访予沪上，持图索篆，乃写泉明诗以应之。卷中胡任二君，皆予故人，对之并观诸题，慨然神伤，縢以诗云：'草堂烟树绿痕苔，水木清幽不受埃。何处香风吹入户，牧童睡醒报花开。两君仙去几时回，曾记当年笑语陪。遗墨淋漓传盛事，人人仰止共徘徊。'乙卯七月既望，安吉吴昌硕。"

又，李健题跋云："优游林泉是何福，累世诵芬亦何笃。青龙西堰筑此屋，此中之人人如玉。竹径云封树簇簇，衡泌栖迟屏绝俗。奇书千卷百回读，佐以图史罗玉轴。嗟今阳九厄百六，我生不辰耻忍辱。偷活海隅居未卜，尚想玄风其可沐。披图卧游味真朴，前辈风流纷在目。顿生旷怀增感触，即论余艺愧耆宿。壬戌仲冬题敬夫先生《清荫草堂图》后。鹤然居士李健。"

是年又与张熊合作为觉未写《奇石萱花图》轴，张熊写石，署款云："一笏绉瘦透漏，终朝相对延年。觉未仁兄方家属，八十二老人张熊。"任伯年补萱花，署款云："觉未仁兄嘱补萱花，山阴弟任颐。"①

【按】

觉未，即朱偁，朱梦庐。《寒松阁谈艺琐录》（卷四）云："朱梦庐（偁），晚号觉未。同邑人，工花卉、翎毛，仿新罗山人，得其神似。橐笔海上，声誉赫然。"《海上墨林》（卷三）云："朱偁，字梦庐，号觉未，嘉兴人。画花鸟取法王礼，而不袭其貌，五十后画尤精进，脱去少时霸气，及门甚盛。

卒年七十五。"

是年顷又作《九鸡图》轴，吴昌硕后题诗云："唯新可美臭可逐，掉三寸舌盲两目。人无可谈与鸡谈，我非鹤立鸡何独。画张素壁茅檐低，雌者姝姝雄者啼。其色斑斓数有九，不栖于坳肘左右。割而烹之可下酒，伸手欲缚力何有。任子下笔无点尘，梦醒宛若鸡司晨。闻声起舞虚无人，摈斥气节扪金银。金银入手气如吞，隺龙炙凤燔麒麟。醉倾碧海眠红裙，其视天下如鸡之肋如游魂，弃无可惜存或供食贫。大鸡大敌勇谁赴，小鸡小敌怯勿顾。好诗孤负昌黎赋，但见债假不成有如涸辙鲋。兵谁敢将将脱兔，郮及木鸡养成斗不仆。斗不仆，如撼山，纵不能陈仓暗入阴平攀，古有一效鸡鸣与客同度关。伯年任君画九鸡，生动沉着，无懈可击。戊午七夕笙伯先生属题句奉正，吴昌硕年七十有五。"①

是年还有作《朱笔钟馗图》轴［图110］，款题"伯年任颐"，钤白文"任颐之印"。

【按】

是年任伯年艺术趋于纵逸猛进之黄金时期，山水、人物、花鸟之作迭现。在技法上，如此幅钟馗，将朱墨和青绿颜色融合为一，在墨色上用青绿勾写，更增色彩感及其丰富性。用笔也趋简，更具圆熟。

是年除夜作《花果图册》八开，写没骨花果草虫。如《虚窗消夏》，款云："虚窗消夏。光绪甲申嘉平客窗作消夏图解寒，颐志。"又《天子万年》，款云："天子万年，甲申除夜，任颐以此封笔。"

又至乙酉秋写有《秋虫海棠图》，款题如："酷暑渐消，秋凉乍至，窗明几净，滴露调朱，羡写蔬果十二幅，自觉清虚逸溢，吾曹之福如此。光绪乙酉后六日，山阴道上行者颐志。"

【按】

此花果册为杂拼本，原作一定更多。如乙酉秋的一开，自云"写蔬果十二幅"，当时写一本乙酉年册页，杂配于甲申本中。已有"甲申除夜任颐封笔"之题，可知当在古香室作画，至除夜方"封笔"，正可想见其欢快之情。又此册有"星辉清玩"一印，可知是为星辉所写。

赵之谦卒，年56岁。

虚谷61岁。作《大为老人遗像》等。

吴昌硕41岁。编《削觚庐印存》，杨岘题签序诗。是年三月，为任伯年刻"伯年"朱文印，款署"昌硕作任和尚印"。

伯年
－1884年－

◆**光绪十一年**（1885年）　**乙酉**　**46岁**

是年一月十五日法军犯镇海海口，被清军击退。二月十九日中法签订"停战条件"，四月二十七日（公历6月9日）中法战争结束。

① 见《缶庐诗》卷八。又，浙江省博物馆藏吴昌硕诗手卷。

钟馗图　立轴

设色

cm×50.7cm

1884年

博物馆藏

图111

赵德昌夫妇像　立轴

纸本　设色

148.5cm×80cm

乙酉　1885年

中国美术馆藏

正月作《赵德昌夫妇像》轴［图 111］，款署："外祖德昌赵公暨祖妣魏太孺人之像。光绪乙酉岁正月，孙婿任颐绘。"钤白文"任颐私印"。

初春作《花卉草虫写生图》册。如《萱草》，题句云："莫言萱草忘忧，此花亦能消恨。"

又《葡萄》，款题："元宵画葡萄，写来百十圆。计算今夜月，如许共婵娟。元宵迟月作此，伯年。"

【按】

此亦任诗也。

又《蟋蟀》，款题："蟋蟀哥哥，倘后夜暗风凄雨，再休来小窗悲诉。光绪乙酉春，山阴任伯年。"

又《水仙》，款题云："席上蟹爪初萼，就南田翁写生法，然南田有神韵，余不相象而已，如何如何。光绪乙酉初春，山阴任颐并记。"①

元夜后二日（公历 3 月 3 日）作白描画稿《蜀主词意图》册［图 112］，录蜀主王衍词曰："画罗裙，能解束，称腰身。柳眉桃脸不胜春，薄媚足精神，可惜沦落在风尘。光绪（乙酉）元夜后二日作此，并录蜀主词，颐。"再题云："蜀主王衍幸青城，至成都山上清宫，随驾宫人皆衣画云霞道服，衍自制此曲，与宫人唱和，本意谓神仙而在凡尘耳。后衍降中原，宫妓多沦落者，其语始验云。"又题云："余非爱蜀主之词，实爱蜀中之山，往往神游于此，故追忆图之。次日又记。"

【考】

上海博物馆藏有任伯年丙寅（1866 年）秋仲为陈朵峰所画《蕉阴抚琴图》（镜心）。画款左钤有白文"颐印"和朱文"任颐"印。这一朱文"任颐"小印，上海博物馆编《中国书画家印鉴款识》（上册 306 页）释文为"妊"。直到今年《任伯年全集》，释文为"任"。其实皆误。这朱文小印，乃为金文"任颐"二字，但诸书至今竟未见识者，而且看作一个字，真是谬甚矣。

考此印，并非 1866 年（丙寅）始刻，用于《蕉阴抚琴图》上，乃为后钤，并非始用。这从该画款题所钤位置，即可心知。

其实这金文"任颐"小印，并非任伯年常用印，即以《任伯年全集》来看，所钤该印作品，一共才四件：

1866 年（丙寅）《蕉阴抚琴图》

1877 年（丁丑）《饭石先生五十小像》（横卷）

1885 年（乙酉）人物白描册《蜀主词意图》册

1885 年（乙酉）《花果册》八开中的"师张孟皋"册页

以上共四幅，皆为小幅册页之属，其用此印，且相隔每长达十多年，其间共二十年，凡四钤此印，而至 1885 年（乙酉）以后不复见用。

从人物白描《蜀主词意图》册页中可见，此幅为任伯年得意之作，乙

①《花卉草虫写生图》册，见《任伯年画册·第一集》（西泠印社出版，民国十八年九月初版）。

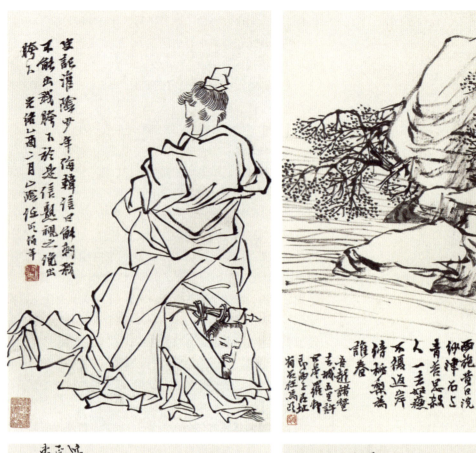

图112
蜀主词意图

酉元夜后二日（正月十七日）作此，题款一题下钤白文"任颐印"，"次日又记"款下钤朱文小印"颐印"，至二题上钤此朱文"任颐"印。一幅册页中三题款，且用三方印，在任画中为不多见。

由以上四幅作品看，此金文小印"任颐"，只有此《蜀主词意图》单钤于款上，三款用三个印，较为正式，其他两幅此印皆用于画右下押角，在位置上并不偏重。而且从全部任伯年作品看，其画用印一般皆为款题用一个印，而且多为白文印。较少有连用二印者，即使款下用二印，也多为两个白文印，一般也见于后期作品中。

因此，我考订此金文"任颐"朱文印，为1885年（乙酉）年始钤用，而且因不知何故，从此不复再用。至于其他丙寅（1866年）和丁丑（1877年）的两小横幅中，显系后钤之印，至于何种原因或何人加钤，则不详。

任伯年早年印多由徐三庚所刻，而晚期用印又多由吴昌硕所刻。至于此金文"任颐"印为何人所刻，则仍拟推考。（似亦为吴昌硕所刻。）

初春（正月、二月）同时作有白描画稿多帧，皆为历史人物、诗意山水画，多寓政治深思，触及时事。如《茂陵秋雨病相如》，款署："光绪乙酉正月，写李义山诗意，山阴任颐伯年甫。秋误风。"《欧阳子〈秋声赋意〉》题："欧阳子《秋声赋》意，光绪乙酉二月任伯年。"

《广成子仙阙》，题："此处疑其谓广成子仙阙。光绪乙酉正月，伯年。"

《焚香诰天》，款署："焚香诰天。光绪乙酉二月，伯年。"

《摹丁云鹏山石图》，款云："旧藏丁云鹏有此一帧，每喜摹之。乙酉二月，伯年记。"

《龙山落帽》，题："龙山落帽。伯年。"

《雨打梨花深闭门》，款署："雨打梨花深闭门。光绪乙酉初春，山阴任颐伯年。"

《能出胯下》，款题："史记淮阴少年侮韩信，曰：'能，刺我；不能，出我胯下。'于是，信熟视之，俯出胯下。光绪乙酉二月，山阴任颐伯年。"

《漂母食饭》，款题："史记韩信钓淮阴城下，乞食于漂母。母与之饭，竟数十日。信谓曰：'吾必重报。'母怒曰：'大丈夫不能自食，吾哀王孙而进食，岂望报乎！'光绪乙酉二月，任伯年。"

《浣纱石》，款题："浣纱石。西施昔日浣纱津，石上青苔思杀人。一去姑苏不复返，岸傍桃梨为谁春？吾越诸暨去城五里许，曰苎罗村，即西子古址，有石在焉。颐。"

又《西郊纪游》款题："近日西郊外，香车宝马正驰骤。余也率二子，柴车劣马学个少年游。作画报之，伯年。"

又作《公孙大娘舞剑器浑脱》《西江竹楼》等。[1]

此册白描稿后有顾麟士二跋，一跋曰："廿年前伯年任君以画名雄海上，其专美在无笔不谨严，无墨不团结，以凝练紧密为体，萧散神奇为用。至于胸有成竹，意在笔先，犹其余事，未足以概其生平。此册是君极精意之作，或视为草率者，盖荒伧不知画理也。今伯年蓬有宿草，人争藏其遗墨，珍逾球图，大都出于耳鉴，但知其妙，而不知所以妙者，上下古今真知有几？倘共伯年语此，必当相视而笑。丙午秋九月雨窗展读记之。"钤白文印"顾逸"。

又跋："画不难于似，而难于不似之似，所谓意足也。伯年此作勾勒处纯以汉画为宗，是不知有唐宋者。吾家长康颊上三毫，不能专美于前矣。丙午长至后八日，西津书志钦佩。"钤白文印"顾鹤逸"。

二月为章敬夫作《牡丹图》轴，款署："敬夫仁弟大雅教之，光绪乙酉二月，山阴任颐伯年甫写于海上寓斋。"杨伯润题云："数朵娇红露未干，开来茅屋耐人看。纵然带着贫家气，不似芙蓉江上寒。伯润。"又，是年为章敬夫还作《桃花母子猫图》轴，款署"敬夫仁弟鉴家正我"云。

三月作《花鸟人物》绢册十二开，分别为：

《荷花白石》款："效天池山人设色。"《湖山泛舟》款："此生自号西湖长。光绪乙酉，山阴任颐。"《桃花翠石》款："宋人善用青绿，得一种古趣，不可及也。光绪乙酉三月，伯年。"《天竺石》款："写虚窗所见，光绪乙酉三月，山阴道人伯年任颐。"《乳鸭莲花》款："略师瞎尊者，颐。"《菊花鸡》款："乙酉三月望后写于海上。"《荷塘纳凉》款："新罗山人用笔，如公孙氏舞剑器浑脱，淋漓顿挫，一时莫与争锋。今人才一拈笔，辄仿新罗，盖可笑焉。乙酉夏，伯年。"《漱石枕流》《柳塘鱼鹰》款："光绪乙酉夏六月。"《关河一望萧索》款："关河一望萧索。光绪乙酉伏暑初酷，南窗挥汗记。山阴道上行者，颐。"《满城风雨近重阳》款："警句惟'满城风雨近重阳'，余者皆有全编。光绪乙酉夏六月，山阴任颐。"《紫绶》钤"任伯年"白文印。[1]

三月作《天竹石图》，款："天子万年，光绪乙酉三月，山阴任颐。"[2]

三月又作《博古花卉图》轴，款署有"光绪乙酉三月上浣，宋人没骨法，伯年任颐摹于海上且住室之南窗"云。

作《吉金清供图》[图113]，与《博古花卉图》轴同款："光绪乙酉三月上浣，宋人没骨法，伯年任颐摹于海上且住室之南窗。"钤"任颐伯年""任颐印"白文印。

三月又有《花鸟册》十开，写《杨柳八哥》《荷塘双鸭》《枇杷蜡嘴》《藤花倚石》（乙酉三月伯年写）、《飞鸟泉石》（题"光绪乙酉三月，山阴伯颐"）、《扁豆蟋蟀》（题"篱头花开蟋蟀鸣，伯年"）、《花石双猫》（题"乙酉三月上浣，山阴任颐伯年"）、《墨石白鸡》（题"瞎尊者画法，略师之。乙酉三月，伯年任颐记于海上"）。另有二开为甲申仲冬作，《牵牛花草》（题"光绪甲申仲冬雪窗炙砚，伯年记"），又《花卉》（题"周

任颐长寿
－1885年－

任颐
（押印）
－1885年－

伯年
－1885年－

任颐昌硕和谐之印
－1885年－

图113

吉金清供图 立轴

纸本 设色

172.5cm×86.6cm

乙酉 1885年

天津博物馆藏

塕墨本，余以彩笔临之。光绪甲申冬仲，山阴道上行者"）。①

【按】

此册纯以没骨法写花鸟，色光照眼，用笔尤饶金石气，为一时佳作。

立夏日作《菊花图》轴，款题："光绪乙酉立夏日仿包山子法，任颐伯年写于青桐轩。"

四月为掬卤作水墨《山水》绢扇，款署："光绪乙酉夏四月邮寄掬卤仁兄先生清玩，姻弟任颐伯年。"

四月又作《仿梅道人山水图》册。

又为少卿作《碧梧栖凤图》轴。

首夏为姚小复作《米芾拜石图》轴，款署："光绪乙酉首夏，山阴任颐伯年甫写于春申浦寓斋。"茹鲁题跋云："幼玉仁世兄大人六十开一，姚君小复寿以任伯年画米元章拜石图，余缀以诗（令先君晚号默庐，兄自十六岁肄业申江，迄今几四十年，未尝易居停，屡言生平无妄想，惟求小结构耳，故叙及之）：一品元章石，衣冠下拜时。无言承父训，不转谢心知。德业崇隆固，光阴浑穆迟。更添三两竹，潇洒见襟期。录呈两政，世愚弟茹鲁未定稿。"②

五月端午为锦章作《五瑞图》轴（《天中五瑞》）。

五月五日，又写《钟馗小妹图》轴③，画钟馗饮酒小酌。

又为梦召作《山水图》轴。

又于"海上之且住室南窗"作《桃花双燕图》轴。

夏午又为萧山作《凤仙鸽子图》轴，款署："萧山仁兄大雅之属，乙酉夏午，山阴任颐伯年甫作此就正。"

五月作《出林浣纱图》④。

六月作《关河一望萧索》轴[图114]，邮寄岹樵，款署："关河一望萧索。光绪乙酉夏六月挥汗写此，邮寄岹樵仁兄先生补壁，山阴弟任颐时客沪上。"钤白文"任伯年"印。有收藏印"□□珍宝"（朱文）、"虞山张青莲博士鉴藏"（白文）、"印心石"（腰圆朱文）。此图为清华大学张青莲旧藏，裱左边有诗二首："名迹初逢十载前，笔端风雨挟云烟。□□神俊辋川□，□似山阴任伯年。塞雁行斜极目秋，胡笳隐约古梁州。高天狂野萧条甚，却有明妆立马头。一九四九年十月，张青莲题于北京清华大学。"

【按】

"印心石"非任氏印。陶澍有《印心石屋文集》，此印似为陶氏后人所钤，从印色、部位可知。多种"任伯年用印"录此印为任伯年用印，实误，特为订正。

图114
关河一望萧索　立轴
纸本　设色
132cm×31.5cm
乙酉　1885年
南京博物院藏

① 中国美术馆藏。
② 宁波市镇海区文物管理委员会藏。
③ 山东博物馆藏。
④ 南京博物院藏。

六月大暑作《月楼先生褐衣消夏图》，款云："月楼先生褐衣消夏，乙酉大暑节任伯年挥汗为之写。"

六月又作仿老莲人物《王处仲击壶图》轴 [图115] 赠岘樵，款题："王处仲每酒后辄咏'老骥伏枥，志在千里。烈士暮年，壮心不已'，以如意打唾壶，壶口尽缺。"又题："王大将军以如意击壶，唱魏武乐府，豪爽勃然，余读之亦当浮白。岘樵仁兄先生雅赏，光绪乙酉夏六月大暑，山阴任颐。"

【按】

王大将军唱魏武乐府，见《世说新语》"豪爽第十三"。

夏又为岘樵作《映雪读书图》轴，款题："读书有囊萤，有迻月，有映雪，皆愤学也。光绪乙酉夏大暑似岘樵仁兄大雅清鉴，山阴任颐。"

六月又作《竹林独坐图》绢轴。

六月又作《桐阴清暑图》轴。

七月立秋后为星辉作《花卉蔬果》册，自称"山阴生任颐"为首见。其中款署云："星辉仁兄先生雅正，山阴任颐伯年甫。"（《水仙蜡梅》）又："北平张孟皋宦游吾越，画法深入宋人堂奥，求者甚众，余每见其尺幅，则五体投地，颐。"（《蔬果》）又："紫绶。乙酉秋日，山阴生任颐。"①

又为星卿作蓝绫金笔扇页《关河一望萧索》 [图116]，款题："关河一望萧索，余叔渭长有此，背摹其意，以奉星卿仁弟雅鉴，山阴任颐并记。"②

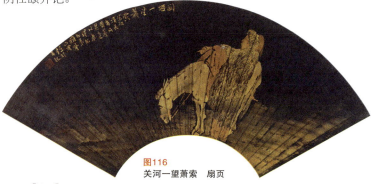

图116
关河一望萧索　扇页

【按】

星卿为洞庭东山人，是年任伯年尝过访苏州，故有此作。此星卿与前之星辉，或即一人。《关河一望萧索》，原本任渭长之作，其画面内容盖为木兰从军至塞外景象。

是年有背临张乃嗜之《竹雀图》 [图117]，款题："客舍淡秋色，深篁浮晓暾。此时乡梦远，一任尔争喧。张乃嗜诗画，任伯年背摹。"

秋日又作《杂画蔬果》册，题跋有云："大烹豆腐瓜茄菜，高

②
苏州文物商店藏。

①
朵云轩藏。

图115
王处仲击壶图　立轴
纸本　设色
132cm×32cm
乙酉　1885年
天一阁博物馆藏

印心石

此为收藏印，
非任伯年用印

图117
竹雀图　立轴
纸本　设色
天津人民美术出版社藏

会荆妻儿女孙。山人素心如此，不以口福累人。山阴生任伯年。"（《瓜茄素风》）。"篱角蔬果垂垂，喜为写照，南田老人遗法也。乙酉秋日，颐。"（《篱角蔬果》）。"吾越天池山人有此墨戏，光绪乙酉秋日，伯年。"（《水墨鱼藻》）①

八月上浣为云亭作《春郊图》轴，款云："罗两峰有《春郊图》，师其用笔。"又为显臣作《飞燕图》轴。

九月为寅初作《天竹飞禽图》轴，重阳又为其作《紫藤飞燕图》轴，又写水墨山水《山居图》横幅，款云："乙酉秋九月，任伯年写于黄歇浦上。"

重阳后二日作《枇杷八哥图》轴。

九月上浣为海鸥作《老圃秋容图》横幅菊石，款署："老圃秋容。海鸥先生之教，光绪乙酉秋九月上浣，山阴弟颐。"②

【按】

书画馆海鸥阁在邑庙兰华堂笔扇铺楼上，代客书画、撰联、作咏名画、作跋等。海鸥主人。（1873年癸酉二月二十五日《申报》广告）

孟冬临新罗山人《春水鱼活图》轴 [图118]，款题："光绪乙酉孟冬，任伯年临。一枝杨柳春将绿，两个鱼儿活欲飞。跳入砚池等闲事，恐沾研水湿人衣。乙亥春二月三日，新罗山人嵒写于解弢馆。"

又为亦纯"燕尔之喜"作《洗婴图》轴。

孟冬又作《雪中送炭图》轴。

作《荷塘八哥》③，款题："光绪乙酉孟冬月，小住古香室南楼，作此奉松甫仁先生高斋补壁，山阴任颐伯年写。"

【按】

美国芝加哥美术馆（The Art Institute of Chicago）藏有虚谷、任伯年作品十数件，1988年余拟应邀前往，后未成行，直至1996年8月往观，悬诸库房壁上，顿觉满室生辉。其中任伯年计有七件，多为壬辰（1892年）、乙未（1895年）任伯年晚年之作。其画目为《荷塘八哥图》（乙酉孟冬）、《紫藤绶带图》（壬辰嘉平）、《梅花小雀图》（壬辰嘉平）、《荷花鸳鸯图》（壬辰嘉平）、《竹石鹌鹑图》（乙未三月）、《五伦图》（乙未三月）、《桃花三鸡图》（乙未三月）。皆为挂轴大幅，为定海刘松甫所藏。每幅画上均钤有"定海刘松父珍藏""宓亨利爱诗客夫妇所藏书画"二印。刘松甫为定海藏家，其与任伯年订交见于《荷塘八哥图》，款署"光绪乙酉孟冬月，小住古香室南楼，作此奉松甫仁兄先生高斋补壁"，可知为1885年十月任伯年住古香室作画时的作品。刘松甫与虚谷订交于此前，至乙酉冬再与任伯年交往，其间详情待考。刘松甫收藏任画，其中以《五伦图》为最精，且为任伯年1895年春最晚期之大幅巨迹。任伯年《五伦图》传世者三，1880年（庚辰）一帧为章敬夫所藏，另一帧为沈阳故宫博物院藏，而以刘

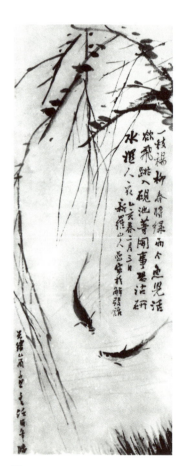

图118
春水鱼活图　立轴
纸本　设色

③ 《荷塘八哥》，纸本，设色，纵四百九十七点八厘米，横一百九十七点二厘米，一九四三年藏入芝加哥美术馆。

② 《老圃秋容图》横幅，故宫博物院藏。

① 朵云轩藏。

松甫所得为最晚年之珍品。刘松甫所藏任伯年画连同所藏虚谷画共14件，于兹约五十年后，即1942—1943年藏入芝加哥美术馆，静藏于画库中，不复为人所知。

仲冬作《关河一望萧索》，题款云："关河一望萧索，唐人警句也。有感于斯，常绘其图。光绪乙酉仲冬，山阴任颐伯年。"①

【按】

任伯年于1881年（辛巳）至1885年（乙酉）年间传世之作《关河一望萧索》有许多名迹，乙酉年即有四件，包括长帧、册页、扇页等，内容均跃动着从军应征的慷慨之情，为任伯年中心的郁积和迸发，如结合当时中法战争和洋场的现实观之，就不难理解和十分自然了。此所谓借古之衣冠，吐胸中之块垒。画题源自任渭长，盖写木兰从军之英武之姿，而出以"唐人警句""关河一望萧索"。宋柳永词中有"立望关河萧索，千里清秋，忍凝眸"句（《曲玉管》），但词意写两地相思，与此画意殊为分驰。任伯年自云："有感于斯，常绘此图。"其深意当从现实时事扣合解之，并参合同年诸作如《王处仲击壶图》等共观即明。

仲冬又在古香室西楼作花鸟《紫藤春燕》扇（为子青作）等。又作《花鸟人物》册十六开。

图119
贾舍人驴背敲诗图 立轴
纸本 设色
34.5cm×34.5cm
乙酉 1885年
故宫博物院藏

① 《关河一望萧索》（册页），见《任伯年画册第一集》，又《「支那」南画大成》卷七。

【按】

子青，张子青，工画花鸟。

十二月嘉平作《清溪濯足图》《贾舍人驴背敲诗图》轴[**图119**]、《桃花春燕图》等。又《赤壁泛舟》（镜片）写东坡《赤壁赋》意，题"光绪乙酉嘉平"。又在古香室楼上作店堂前写《雪中送炭图》轴，款署："光绪乙酉嘉平，住古香西楼有感，山阴任颐。"①

是年与胡公寿合作有《天竹石图》轴（任伯年写天竹，胡公寿补石）、《鹰石图》轴（胡公寿画石，任伯年补鹰）。

【按】

张鸣珂云："与阜长同时同姓者，盛称山阴任伯年（颐），笔尤超卓。花卉喜学宋人双钩法，山水人物，无所不能，兼善白描传神，一时刻集而冠以小像者，咸乞其添毫，无不逼肖。橐笔沪上，声誉赫然，与胡公寿并重。予尝题其合作《鹰石》云：'墨池点石势嶙峋，添写秋鹰迥绝伦。岂肯卑栖随鸡雀，未妨高举出风尘。云停歇浦悭投分，鹤唳华亭倍怆神（予与公寿论交三十年，伯年则未谋一面）。各有千秋成合璧，恽王而后此传人。'"②

又题"胡任合作"，前有小序云："高任舆乞胡公寿画石、任伯年补鹰，未及署款而两君先后归道山，乃属高邕之记其端委而索予作诗以题之。"③

又是年顷另作有《颜鲁公写经图》轴，李玉棻尝记此："涂芝衡明府藏有画《颜鲁公写经图》大帧，胡远长题，款署承甫。"④此图已佚。

是年顷又作有《光宝寺图》轴[**图120**]，题跋云："典午洛阳伽蓝三十二所，至元魏时尽湮灭。光宝寺在西阳门外，巍然独存，房庑连属，交疏对霤（溜）。京邑朝士至良辰佳日，休沐告归，来游于此，雷声接轸，羽盖成阴。寺后有三层石浮屠，仙掌摭空，烟霞浮动，所谓须弥宝刹、兜率净宫，莫尚于斯矣。风雨昏夜，烧烛图此，疑有铃铎声起于纸背也。任颐。"

是年仲冬又有《花鸟人物册》十六开，写《杨柳八哥》（乙酉仲冬）、《秋蝉》（乙酉嘉平）、《猴子观岩》《水上秋鹭》等，又写人物《树荫读书》《卧虎调心》《水边纳凉》《荷叶煎裙》（仕女采戏）、《陶令观瀑》（题云《陶令醉眼醉，石上观瀑，颐》）、《叱石成羊》《松岩俯眺》等。

张熊 83 岁。七月为任伯年题《白战图》。

胡公寿 63 岁。端午节题任伯年《白战图》，秋为任伯年《清荫草堂图》作《清荫草堂记》。

图120
光宝寺图　立轴
纸本　设色

④见李玉棻《颐钵罗室书画过目考》卷四第三十页。

③见张鸣珂《寒松阁诗》卷五。

②见张鸣珂《寒松阁谈艺琐录》卷二第八页。

①故宫博物院藏。

图121
虚谷画像　立轴（伪）
纸本　设色

虚谷62岁。任伯年尝为虚谷写照。"虚谷之照相，任伯年所写。在上海关庙坐化，后为高邕之携去，一说生前赠邕之者。邕之悬诸室，恐人见笑，辄自解曰：'伯年妙笔，可当和尚遗相看，可勿当和尚遗相看。'"① 则当作于是年以前。

【按】

任伯年为虚谷画像[图121]，后为高邕之携去，惜今已不存。所见伪作，皆极拙劣，不足观也。

吴秋农38岁。

张聿光生。绍兴人，别号冶欧斋主。

◆光绪十二年（1886年）　丙戌　47岁

元旦《海上十大名家画谱》（上）发行。任伯年有画稿《一苇江行》《深山采薇》《柳塘新绿》《山中高士》等入编。

正月上浣于积翠轩作《踏雪寻梅图》轴。

又作《幽鸟鸣春图》轴[图122]，款题云："积雨初霁，晴气欲暄，幽鸟鸣春，几砚适然。对景写生，似南田老人遗法也。光绪丙戌春孟，山阴任颐。"钤白文"任伯年""任颐印"。

二月作《花鸟图》四条屏②。

又作《桃花鹦鹉图》轴。

三月为鹄山作《东坡玩砚图》轴[图123]，款云："鹄山三兄先生大雅之属，光绪丙戌春三月法陈章侯笔，山阴任颐。"钤白文"任伯年""颐印"。又作《桃花白头图》轴、《三鹅图》轴。

三月清明后二日作《紫藤双鸠图》轴。

首夏为张子祥写《水墨山水扇》③，题："光绪丙戌首夏似子祥老伯大人教，山阴任颐。"钤白文印"任伯年"。

清明后四日为穗舫仁四兄作《松涧立鹤图》轴。

四月作《蒲塘秋艳图》轴（法"南田翁大意"）。

五月为楚斋写《桃花小鸟图》轴④。

五月为鼎臣作《花鸟》册二十四帧，款题云："鼎臣仁兄有道，嘱写横册廿四帧，即就大雅教之，山阴弟颐同客申浦，岁在光绪丙戌五月也。"

吴昌硕后题跋云："画树长春。伯年任先生，画名满天下。予曾亲见其作画，落笔如飞，神在个中。亟学之已失真意，难矣。此册花朵，如风露中折来，百读不厌，鼎臣仁兄其善藏之。庚戌九月，吴俊卿。"

其作为《梅雀》《花石》《水仙鸟石》《紫藤》《佛手》《双燕》《蟋蟀秋菊》（题"做弄是秋声"）、《荷花》（题"蒲塘秋艳，南田翁大意"）、《八哥》（题"任伯年写生"）、《豆荚青葱》《枇杷》《荷花鸟》（题"师

1886年
163
任伯年年谱
A Chronicle of Ren Bonian's Life

① 见方若《海上画语》。
② 此四条屏分别为《八哥》《紫藤鸽子》《水仙锦鸡》《梅鹤》。
③ 《水墨山水扇》，纵十九厘米，横五十一点三厘米，中国美术馆藏。
④ 上海博物馆藏。

图122
幽鸟鸣春图　立轴
绢本　设色
137.5cm×61.8cm
丙戌　1886年
南京博物院藏

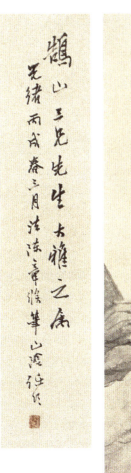

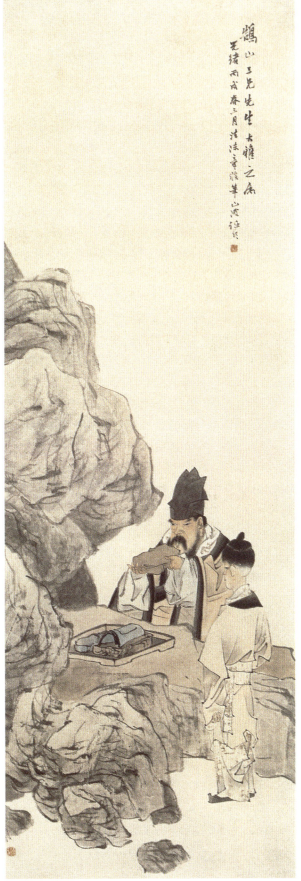

图123
东坡玩砚图　立轴
纸本　设色
131cm×45cm
丙戌　1886年
徐悲鸿纪念馆藏

大涤子")、《鹭鸶》《柳蝉》《鸳鸯》（"暂分烟岛犹回首"）、《鸡》
《牵牛花》《西瓜葡萄》《秋蝉》（题"落叶抱蝉飞"）、《鹌鹑》《花卉》
（题"丙戌夏五，任颐伯年"）等。

【按】

鼎臣此册乃为临仿本，其中大多与上海博物馆藏《花鸟》册（丙戌六
月本）相同，而比较即高下自别。

丙戌夏六月又作《花鸟》册 [图124]，计《荷鸭》（"拟大涤子丙
戌长夏，伯年"）、《鹌鹑》（"光绪丙戌六月，伯年任颐"）、《白鸡》
（"光绪丙戌六月，山阴任颐伯年"）、《牵牛花石》（"伯年写意"）、《桐
叶秋蝉》（"落叶抱蝉飞，光绪丙戌六月，伯年"）、《兔耳草》（"伯年"）
《水仙小鸟》（"光绪丙戌，伯年任颐"）、《枇杷红桃》（"伯年写意"）、
《春水孤鸳鸯》（"暂分烟岛犹回首，丙戌四月，伯年"）、《秋水鹭群》
（"伯年"）、《柳荫蝉唱》（"伯年"）、《蔬果》（"背仿苦瓜和尚
蔬果三种，伯年"）、《兰花茗壶》（"伯年写意"）、《麻雀梅花》《蟋
蟀》《白荷红蜻蜓》（"放翁诗意，光绪丙戌暑窗，挥汗如雨，伯年"）。
后任堇叔跋云："先处士丙戌年作花果虫鸟小帧凡十六叶，今岁流转甬东，
为某古董商所得，屡炫不售，三遭卞和之刖。史君兆琳遂以三百金购得之，
洵不愧明州一只眼也。壬申十月既望，扶病力疾题于沪垒蒲石路新居，任
堇。"又吴仲熊跋云："当年纸价贵春申，跌宕纵横笔自神。艺苑霸才雄
一代，外家衣钵孰传人。一九五一年夏得此册，三日不知肉味，敬题一绝。
有堇叔舅题识尤为难得，墨沉未干，而今舅墓木拱矣，对之泫然。仲熊再志。"

暑窗为露生写牵牛花（纨扇），题"光绪丙戌暑窗，露生仁兄大人属写
牵牛，任颐"。后朱梦庐补秋虫红蓼，题"银河秋浅，露生仁兄大人属补
秋虫红蓼，梦庐"。

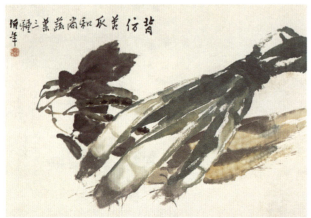

图124

花鸟　册页

十六开

长夏又为蕴父作《苏武牧羊图》轴，款署："蕴父二哥大人社长之教，光绪丙戌长夏同客春申浦，颐记。"

夏六月作《松下觅句图》轴、《苏武牧羊图》轴，又《梅雀图》轴，跋云："写于海上碧梧轩东窗。"

又赠霭庭《云山策马图》轴，款云："山从人面起，云傍马头生。光绪丙戌长夏，山阴任颐伯年甫作图于海上寓次。"又题："霭庭仁兄先生见面而谬赏即赠之就正。任颐。"①

夏至后一日"于古筑耶城之颐颐草堂"为紫封作《听琴图》横卷。紫封，俞成浩，字紫封，在闽营木业，秉性好义……②

【按】

1886年始用颐颐草堂室号。

新秋为六瑚作《深山观泉图》轴。

孟秋（七月）写《芦鸭图》轴，款云："陆放翁诗'荒陂船护鸭'，略写其意。光绪丙戌孟秋，山阴任颐伯年甫。"③

八月作《仿高克恭〈云山图〉》轴[**图125**]，款署："光绪丙戌八月上浣，山阴任颐临。"钤白文印"任伯年"，并录原款云："大德壬寅夏五月廿四日，房山道人为民瞻画《楚山秋霁图》。"钤朱文印"高氏彦敬"。又："房山曾学米元晖，数尺溪藤画翠微。好在淋漓元气润，令人惊见白云飞。紫芝老人俞和。"

【按】

任伯年早期山水多习唐宋青绿和石涛笔意，中年以后渐次沉浸于元人水墨之间，临摹取法，纵意探求，故甲申以降山水之作增多，且每成佳作。所谓"山水气韵生动，皴擦多逸致，绝无烟火气"④。又所见《仿黄鹤山樵山水》轴，亦为是年顷之作，题题云："山崦桥溪人兀兀，疏林重薄水迢迢。抱琴且去看新谱，不是从他难黍招。福农仁大兄大人雅正，伯年任颐写并题。"约于是年，又有《仿蓝田叔山水图》轴，款云："仿蓝田叔略有所似否？伯年任颐。"⑤

图125
《仿高克恭云山图》 立轴
纸本 设色
147.7cm×51.4cm
丙戌 1886年
上海博物馆藏

⑤见《"支那"南画大成》卷十。

④见《历代画史汇传补编》卷三第十八页。

③故宫博物院藏。

②《镇海县新志》备稿。

①故宫博物院藏。

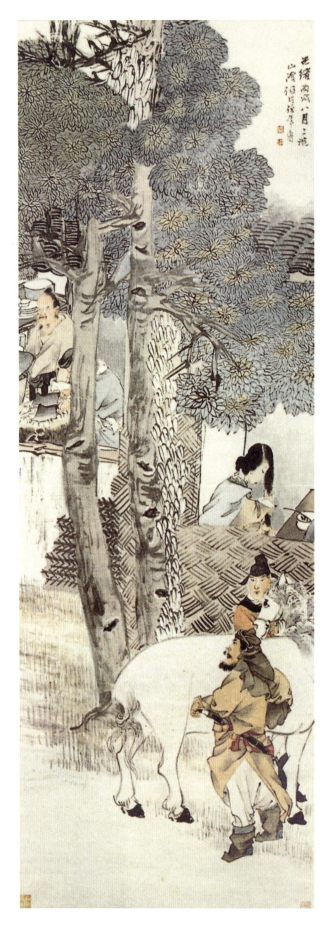

图126
风尘三侠图　立轴
纸本　设色
130cm×48cm
钱镜塘旧藏

八月又有为鹤琴"临王叔明一过"之《松石山水》纨扇。

八月上浣作《风尘三侠图》轴［图126］，款云："光绪丙戌八月上浣，山阴任颐伯年甫。"

【按】

此图原为钱镜塘藏，后由上海文物商店售出。尝闻钱镜塘先生言此为四尺小中堂，笔较工。红拂在梳妆，李靖在窗外刷马，虬髯腰刀突然而至。厨内有师傅持刀斩肉，做馒头，非常有情趣。任画《风尘三侠图》有十余幅，而色色不同，转盼多姿，真奇才也。

【又按】

另有一幅《风尘三侠图》仿摹本仿此。款题、钤印位置与此不同，用笔亦不同。

仲秋为肖山写《紫藤小鸟》扇页，是年又为子和写《牡丹茗壶》扇页。

中秋前一日为听彝作《梅妻鹤子图》。

中秋节作《承天夜游图》轴［图127］，款署："光绪丙戌中秋节，山阴任颐伯年甫。"写苏东坡承天寺夜游诗意。

中秋后一日作《姜白石词意》（《小红低唱我吹箫图》）轴两幅。

中秋后二日作《桃源问津图》轴①［图128］款云："光绪丙戌中秋后二日，山阴任颐伯年甫。"钤白文"任伯年""任颐伯年"。

【按】

水墨青绿设色，人物布置洞壑幽奇，写陶渊明《桃花源记》绝胜。

十一月小寒后五日为小舫作《枇杷雉鸡图》轴。

十一月长至节为玉声作《顺风大吉图》轴［图129］，款署："光绪丙戌十一月长至节，山阴任伯年写，应玉声主人之嘱并记。"吴淦题跋云："顺风大吉。丁亥十二月二十有七日，吴淦题于康胜斋。"

【按】

玉声，昔年郑逸梅翁示我云，为《海上繁花梦》作者孙漱石。此玉声，即玉声堂主人，乃任伯年老友朱锦堂也。

长至后一日作《山窗清供图》轴。

长至后一日为紫封写大幅中堂《东山丝竹图》②，款题："紫封仁兄大雅之属，即是就正。光绪丙戌长至，山阴任颐并记于筑耶城之颐颐草堂。"

图127

承天夜游图 立轴

纸本 设色

177.5cm×47.3cm

丙戌 1886年

中国美术馆藏

① 中国美术馆藏。

② 《东山丝竹图》，纵一百四十二厘米，横七十八点三厘米，南通博物苑藏。

图128

桃源问津图　立轴

纸本　设色

177.5cm×47.4cm

丙戌　1886年

中国美术馆藏

长至后三日作《秋汀鸳鸯图》轴，题云："多谢采莲人不折，雨中留得盖鸳鸯。"

长至后三日，又为紫封写大横幅《大富贵寿考图》。

十一月又为吴昌硕作《仿八大〈鸟石图〉》，右上款："勉力效八大山人，以奉仓硕先生晒纳。光绪丙戌十一月，任颐。"钤白文"任颐印"、白文"伯年长寿"，朱文"颐颐草堂"。画上有杨岘己丑（1889年）三月跋，凌霞己丑四月跋。[1]杨岘跋"尝于傅灌园许见八大山人立轴，画巨石上蹲两鹰。纯用湿墨点成，无皴擦痕迹，疑即此帧祖本。李君实称□孔孙为翰墨中精猛之将也，每读伯年画，雄健恣肆，不假思虑，真精猛将哉。己丑三月，七十一岁杨岘貌翁。"凌霞跋云："画家之大写意最非易事，墨一着纸，即难改移，青藤老人尝言，睹白纸辄不敢落笔，其难可知。雪个作画，纯用简笔，以天趣胜。伯年此作颇能得其神似，故不仅优孟衣冠，比昔张僧繇画鹰于壁，能驱鸠雉，黄筌画鹤于殿上，白鹰见而下击，盖疑其真也。伯年其殆张黄之流亚乎？己丑四月凌霞记。"

【按】

任伯年中年以后临八大山人墨笔花鸟甚多，而且常在高邕之家临写，画风顿为一新，由是脱去早年习气，而趋奔逸隽永。故《上海县续志》《海上墨林》均载此事。"画人物、花卉，仿北宋人法，纯以焦墨勾骨，赋色浓厚，近老莲派。后得八大山人画册，益有神悟。虽极细之画，必悬腕中锋，自言作画如颐，差足当一'写'字。"[2]

冬十一月，吴昌硕"薄游沪上"，为任伯年作"画奴"朱文印，款识云："伯年先生画得奇趣，求者踵接，无片刻暇，改号'画奴'，善自比也。苦铁铭之曰：

图129
顺风大吉图　立轴
绢本　设色
丙戌　1886年

① 一九八四年十一月佳士得拍卖图录八〇三第一百三十八页。

② 吴馨等修纂《上海县续志》卷二十一，民国七年（一九一八年）版。

图130

鸟石图　立轴

纸本　水墨

89.4cm×44.7cm

丙戌　1886年

故宫博物院藏

画水风雷起，画石变相鬼。人或非之而画奴不耻，惜哉世无萧颖士。光绪丙戌冬十一月薄游沪上。"①

【按】

任伯年在沪上鬻画之景况，《海上画语》尝记其事云："记其寓城北时，一粤商索画，累候不遇，值其自外归，尾之入。伯年即登楼，返顾曰：'内房止步，内房止步。'相传为笑柄。"②又《新语林》记云："山阴任伯年，绘人物有声，久居苏，求画者踵接。然性疏傲，且嗜鸦片烟，发常长寸许，每懒于濡毫。倍送润资，犹不一伸纸。纸绢山积，未尝一顾。一日戴用柏先生与杨伯润过其门，见一学徒倚门而泣。戴问故，曰：'店中先生命送画资任先生家，请其作画，数月未就。先生谓我干没润资，故不得画。今日又命我来取，云如不得，必将挞我。今任先生仍不见付，故泣耳。'戴怒曰：'名士可若是乎！受人钱，乃不为人画？'遂与杨入。任方卧烟榻吸烟，戴突拍案呼任起，任惊问故。戴曰：'汝得人钱，不为人作画，致竖子辈哭于门，是何道理？不速画，我必打汝。'任不得已，即起画。戴与杨一人为伸纸，一人为调颜色，任援笔濡染，顷刻间，两扇并就。戴以付学徒，欣谢而去，闻者咸以为快。"③此即吴昌硕所谓"画得奇趣，求者踵接，无片刻暇"，诚哉是言！

画奴（吴昌硕刻）
–1886年–

李伯原《南亭笔记》记云："任伯年生性纯真，率直不修边幅，落拓不谐于俗。润笔钱则信手挥尽，非与之稔熟称至好者，不易得其尺幅也。性嗜鸦片，素不好游，终岁伏处一室，六月犹御羊裘。迫于恐孔方之命，亦往往少暇时。故其发恒数月不一薙。遇四时佳日，意兴勃然，于是命待诏，煮沸汤，磨快刀，而为之奏刀焉。故每薙必历数小时之久，以其发若纠结，若猬丛缭乱不可复理，故煞费爬罗，但所以酬待诏故人犹乐于从事。某镊工常受其雇，语人曰：'任先生每一篦头，青黄赤黑白，各种颜料自其发中簇簇而落，实为未有之奇。盖皆作画时搔首凝思，故沾于指者，即滞于发也。'或谓镊工曰：'尔为先生服侍数年，可开一颜料铺矣。'闻者绝倒。"

十一月临八大山人水墨《鸟石图》[图 130]，款云："光绪丙戌十一月，任伯年临。"钤白文印"任伯年"、"颐印"。又录原款"壬申之重阳涉事，八大山人"。

十一月小雪后为小舫写《枇杷雉鸡图》大轴。

十一月为吴昌硕作肖像《饥看天图》轴[图 131]，款题："饥看天图。昌硕先生吟坛行看子，光绪丙戌十一月，山阴任颐。"

杨岘题跋云："床头无米厨无烟，腰间谁与看囊钱。破书万卷煮不得，掩关独立饥看天。人生有命岂贱拗，天公弄人示夭巧。臣朔纵有七尺躯，当前且让侏儒饱。丙戌腊八后二日晴窗，岘弟杨岘初稿。"④

吴昌硕作《饥看天图》自题，云："造物本爱我，堕地为丈夫。昂昂

（印章图，顶部左侧）

④
《饥看天图》，见西
泠印社刻石。

③
见天愤生辑《世界丛
谈·新语林》，中华国
粹书社印行，中华民国
三年（一九一四年）
版，卷八第六页。

②
方若《海上画语》。

①
参见《吴昌硕印谱》
第六十九页，上海书画
出版社一九八五年版。

七尺躯，炯炯双青眸。胡为二十载，日被饥来驱？频岁涉江海，面目风尘枯。深抱固穷节，豁达忘嗟吁。生计仗笔砚，久久贫向隅。典裘风雪候，割爱时卖书。卖书犹卖田，残阙皆膏腴。我母咬菜根，弄孙堂上娱。我妻炊粲寥，瓮中无斗糈。故人非绝交，到门不降舆。见笑道旁谁，屠贩矗矗须。闭户自斟酌，天地本篷庐。日月照我颜，云雾牵我裾。信天鸟知命，人岂鸟不如？看天且听天，愿天鉴我愚。海内谷不熟，谁怜流民图。天心如见怜，雨粟三辅区。贱子饥亦得，负手游唐虞。"①

十二月点石斋《绘事津梁》印行，内有胡公寿、张子祥、朱梦庐、任伯年四家法绘画稿。

【按】

画谱、画稿印行发表，种类繁多，反映出上海印刷术之发展迅猛，也映现书画市场之繁盛景象。

是年，任伯年又为吴昌硕作《归田图》。吴昌硕有《任伯年以〈归田图〉赠我，戏题》诗一首，云："长镵白木柄，饱饭青雕胡。生计昔如此，田园无处芜。而今一介吏，转负十年租。何日陶潜菊，篱边对酒壶。"②此图已佚。

嘉平望后作《蜡梅图》轴。

又，嘉平望后雪窗剪烛作《隔帘仕女图》轴[图132]，高邕之诗，虚谷题："旧事浑疑梦，依稀画里寻。梅花寒若此，也动隔帘心。邕之诗，虚谷书。"

【按】

此图任伯年画，高邕之诗，虚谷题。邕之夫人早逝，中国画重阴阳，故任伯年为画"隔帘"图。虚谷同时亦有《仙影》小卷（邕之夫人小影），亦为梅花疏影中写邕之夫人像，可并看。由此可知三人间的深契。

冬月为有三作翎毛册，首为《寒雀红梅图》[图133]，款云："光绪丙戌冬月为有三先生写翎毛十二帧，是其一也，山阴任颐。"钤白文"颐印"。

【按】

此册极精，惜散失，但存此一。

冬月又作《苏东坡参禅图》轴。

是年另作有《桂亭小像图》轴、《时花茗壶》册

② 吴昌硕《缶庐诗》并手稿。

① 见吴昌硕《缶庐诗》卷三。

图131
饥看天图

图132
隔帘仕女图 立轴
纸本 设色
134cm×52cm
丙戌 1886年
朵云轩藏

图133
寒雀红梅图　册页
纸本　设色
34.5cm×41.5cm
丙戌　1886年
私人藏

等。款为"子和仁兄大雅之属，光绪丙戌，山阴任颐。"

是年季冬上海同文书局石印《任渭长先生画传四种》出版［**图134**］。

胡公寿卒，64岁。

【按】

胡公寿为上海画坛的权威和领袖人物，他与任伯年、虚谷、张熊、高邕之、吴昌硕等交往甚笃，一同将海上绘画推进到一新境界，而载誉海内外。胡于画坛尤善提携新进，任伯年即一例。"有一天胡公寿对吴昌硕说：'君的嗜画似乎太迟了。'因为吴习画是在30岁以后。当时任伯年在座，即跟着说：'胸中有才华，笔底有气韵，迟些又有什么关系？'杨见山也说：'画不从画出，而造艺在诗文金石，积水厚力，能负大舟，是知参上乘禅的。'"①画坛风气融洽如此。胡公寿与虚谷尤为契交。"方外虚谷时相过从。一日谈笑间，索虚谷写照毕，自题诗于上。末章有'今将拱手谢时辈，万里云山寻旧师'之句，不数月而卒，去留之际，似有先觉。"②

张熊卒，84岁。

予1988年夏于纽约见拍卖行张熊《百花图》卷后有朱良材跋，记任伯年评张熊画。其跋云："予初学画，常谒伯年任先生之斋，先生谓予曰：'子祥老人所作花卉，用笔浑厚，设色鲜艳，嘉道以来，无出其右者。'此语往来胸中三十余年矣。此卷老人盛年之作，规行矩步，色色精到，非时下专以霸悍之笔愚人耳目者所可比拟者也，任先生诚不我欺也。丙寅小春，

②
见《海上墨林》卷三
第十七页。

①
见《永安月刊》
一百二十八期，民国
三十八年（一九四九
年）三月。

朱良材谨志。"

虚谷 63 岁。在沪上，为胡公寿画肖像等。

吴昌硕 43 岁。在苏州，十一月来沪，任伯年为作《饥看天图》。是年吴作有《十二友诗》，其六咏任伯年云："山阴行者真古狂，下笔力重金鼎扛。忍饥惯食东坡砚，画水直剪吴淞江。定把奇书闭户读，敢握寸莛洪钟撞。海风欲卷怒涛入，瑶琴壁上鸣玲玡。"[1]

高邕之 37 岁。

胡璋（铁梅）39 岁。自 1879 年秋东游日本，侨居名古屋、京都、大阪、山阴（松江）等地，于光绪丙戌三月后返回上海。是年秋题任伯年《白战图》。

杨岘 68 岁。

任薰 52 岁。居苏州。

◆ 光绪十三年（1887 年）　丁亥　48 岁

是年外国传教士在上海成立同文书会（后 1894 年改名广学会）。

正月八日（公历 1 月 31 日），虚谷在任伯年家，为作《山阴草堂图》卷[图135]，款署："山阴草堂图。时光绪十三年正月八日，虚谷写。"

同日（正月八日），虚谷为任伯年所作《高邕之书丐图小像》题字，长款云："吴门箫声好天籁，何苦学书负书债？书债无台避不易，天下人人识书丐。乱头粗服得书意，肉眼当前未肯卖。东坡破砚高枕卧，羲之俗字健笔碍。古人知己问谁是，江都李与陈留蔡。临池日日推懒病，爱己之钩无乃太。见我论书心辄醉，技痒弄笔类爬疥。相约忍饥逐鸥鹭，一任侏儒饱成队。我书意造本无法，愧不如丐书已戒。索我题诗真可笑，此事应书咄咄怪。于沪上琴书自乐草堂，山阴任颐作图，虚谷题。时光绪十三年正月八日也。"

【按】

同一日虚谷为任伯年作画、题字，至为难得。《山阴草堂图》卷，绘任伯年所居处风光，即任画中常题的"颐颐草堂"，或"青桐轩""碧梧轩"等。

① 见吴昌硕《缶庐诗》。

任为山阴人，又号"山阴道上行者""山阴道人"，故虚谷径题为"山阴草堂"。从画意所写景象，篱落树影，江滩远霭，与吴昌硕《十二友诗》中咏任伯年之七律对读，实乃暗合。"定把奇书闭户读"与"瑶琴壁上鸣琤玜"两句，已巧妙点出"琴""书"二字，即虚谷题《高邕之书丐图小像》署款中所谓"琴书自乐草堂"，亦即任伯年所谓二"颐"之"颐颐草堂"。正月八日虚谷同日两题，更可证《山阴草堂图》卷为任伯年作无疑。①

又，虚谷所书"吴门箫声好天籁"长诗一首，为吴昌硕所作。原题"高邕之（邕）书丐图"，小序并原诗如下："邕之，司马也，佳公子也，能书而偏自号'书丐'。属任伯年画小像，头如蓬葆，破衣提筐，筐中贮笔砚，极寒酸局促之态，见之使人失笑。游戏耳，非有激也。予亦以游戏题之。吴门箫声好天籁，何苦学书负书债？书债无台避不易，天下人人熟书丐。乱头粗服得书意，肉眼当前未肯卖。东坡破砚案头干，羲之俗字健笔碍。古人知己问谁是，江都李与陈留蔡。临池日日推懒病，爱己之钩无乃太。

图136
双松话旧图　立轴
纸本　设色
130.9cm×50.3cm
丁亥　1887年

见我论书心辄醉，技痒弄笔类爬痂。相约忍饥逐鸥鹭，一任侏儒饱成队。我书意造本无法，愧不如丐书已戒。索我题诗真可笑，此事应书咄咄怪。"①

此诗后由高邕之、任伯年转请虚谷题写于《高邕之书丐图小像》上，略有修改。而任画吴诗均作于丙戌（1886年），虚谷题时为丁亥正月八日也。

正月《双松话旧图》轴［图136］，右上为任伯年款："双松话旧。子振仁兄与余阔别十年，丁亥正月沪江重叙，写此图以志雪爪，山阴任颐。"钤白文印"任伯年""任颐"。

画右为陆恢题跋："满天黄叶西风扫，我来仗剑姑苏道。宰牛屠狗已无人，青眼逢君话怀抱。君本毗陵产，作客自生小。屈指十年余，风霜遍尝饱。经齐楚，历燕赵，向秦中，指丰镐，言访尉陀宫，行觅罗浮岛。男儿读书志四方，到处名山恣探讨。直欲奚囊储满丹青稿。行不得，子规鸟，游人耳畔声声扰。归与归与何不早。园有松兮田有稻，无奈妖氛恶，桑梓半枯槁。相识渐凋残，明星当破晓。山阴有故人，当时旧管鲍。秃笔滞申江，携琴叩门造。蓦地见君来，相迎忘屦倒。为君治杯羹，为君剥梨枣。惜君老矣自怜老，两人经历皆鸿爪。世间何物驻颜丹，只有传真笔花巧。为君写此图，君归视如宝。幽窗风雨展图看，依然同坐松根草。树犹如此人更好，空山龙吼烟云绕。听松许我得追陪，他年添画我貌。子振尊丈先生属题，即请正之。丁亥冬日，吴江陆恢初稿。"钤白文印"恢"、朱文印"廉夫"。

画左下为吴昌硕题："还家松树老，寻话性情真。黄叶村边酒，山阴道上人。奚囊新著作，画像古轮囷。明月天涯好，商量共结邻。子振先生索题，即求是正。丁亥十一月，仓硕吴俊未是草。"钤白文印"苦铁"。

画下为吴大澂题："相对松间鹤，翛然仙骨清。壮游经万里，妙契证三生。凤好耽风雅，论交见性情。与君添画稿，共结岁寒盟。壬辰夏五月，将赴都门，奉题子振先生《双松话旧图》，兼志别怀乞正之。愙斋吴大澂。"钤白文印"吴大澂印""愙斋"。

画左下角收藏印"懒盦珍藏"。②

【按】

此图画双松山石间，二人对坐。倚石背松，着青衣，微髭须，正面者为任伯年，乃四十八岁自画像，弥足珍也。

正月二十日为吉石作《吉石先生顾影自怜图》轴，同日又为"正卿总戎大人之属"作《双童斗蟋蟀图》轴［图137］。

又正月二十日又为正卿作高帧条幅《寒林高士图》轴、《岛佛驴背敲诗图》轴，款云："岛佛驴背敲诗。光绪丁亥（正月）廿日写应正卿总戎大人即就正之，任颐。"

【按】

为正卿总戎大人画为四条屏，今见其三。

图137
双童斗蟋蟀图　立轴
纸本　设色
175.6cm × 47cm
丁亥　1887年
中国美术馆藏

② 日本松涛美术馆"上海——近代の美术"特别展，二〇〇七年秋。尺寸：纵一百三十厘米，横五十点三厘米。

① 参看吴昌硕《缶庐诗》卷三，及手稿本《元盖寓庐偶存》（己丑本）。

二月作《人物册》①，其中有伴虎、纳凉、弹道琴等。

二月为吟香写《紫藤》纨扇半幅画②，款云："吟香仁兄大人雅正，光绪丁亥二月，任颐。"左半幅为题诗，云："我家老屋南湖口，墙外芙蓉一丈长。入夜横波扶不起，颜从镜里看明装。吟香属书，颐。"

【按】

岸田吟香（1833—1905年），日本人，为最早来中国居留的日本文人兼客商。1866年（日本庆应二年）与美国长老教会之传教士吉姆士赫本（James Curtis Hepburn）同渡上海。赫本于1859年（安政六年）去日本，后为明治学院最初之总理。岸田协助其编《和英辞书》，至1866年完成，为印刷此书来上海，约于同年九月回日本后为"东京日报"主笔而活跃报坛，与福地樱痴、成岛柳北一起。1877年辞去主笔，在东京银座开乐善堂药店，开始经营由赫本处方的眼药水"精锜水"。1880年岸田在上海英租界河南路开设乐善堂分店，卖眼药水、杂货，并出版中国古典小型活字版书，年卖十五万册。1882年（光绪八年）通过北方心泉与俞樾交往，出版日本汉诗《东瀛诗选》，俞樾为之作序，并于1883年在苏州由陶升甫刻印。此后往返上海、东京，活跃于上海，诗酒雅集，文人书画唱酬，时见于《申报》报端。己丑正月（1889年）暂返日本，《申报》笔政黄协埙（梦畹生）以及惜红生等皆以诗送别，云"立春后七日海上卖药翁""送其暂返海东"云云（仓山旧主识题）。（《申报》己丑正月二十二日）岸田吟香在上海，成为日中两国人文书画交流的桥梁，其影响深远，应予追踪。如1891年日本书家日下部鸣鹤访华来上海，即住岸田吟香店中。③

又作纨扇《山水》④，款题："师石田翁，应吟香先生，山阴任颐。"钤朱文印"山阴任氏"。无年款，因书体同上，应作于丁亥同时。

二月为吴秋农作《江上秋痕图》轴⑤，款署："江上秋痕。秋农先生教我。光绪丁亥春二月山阴任颐。"

二月又作《猫石图》轴，为楚才作《岁朝图》轴。

三月为桃卿作《萍花八哥图》轴⑥，款署："道复曾有此图，拟奉桃卿仁兄雅鉴。丁亥三月，山阴任颐。"

首夏作《封侯图》轴、《射稚图》轴，款云："射稚图，师新罗山人，是本四明二雨草堂主人所藏。光绪丁亥首夏，山阴任颐伯年并记。"又《竹菊画眉》册。又为务耘作《桃花鱼藻图》轴。

首夏并作行书联《不俗即仙骨，多情乃佛心》⑦。

首夏又于古香室写《秋声赋图》扇页，款云："光绪丁亥首夏写于古香室西楼，山阴任颐。"钤朱文印"伯年大利"。

【按】

任伯年一般在年末（嘉平月）到古香室作画，此于首夏亦赴古香室，

⑦行书联，天一阁藏。

⑥故宫博物院藏。

⑤故宫博物院藏。

④天津人民美术出版社藏。

③参见中西庆尔《日下部鸣鹤传》。

②天津博物馆藏。

①上海市美术家协会藏。

正可见丁亥（1887年）年间任画市场之繁盛景象。此扇应为写欧阳修"听秋"图意，有题为"登高望远"的，则误。

孟夏又为雨亭作《东山丝竹图》轴，款署："雨亭仁兄先生大雅之属。光绪丁亥夏孟，山阴任颐挥汗为之写。"①

端午节又自制墨笔《钟馗出巡图》轴 [**图 138**]，款署："光绪丁亥端阳节颐颐草堂主人自制。"蒲作英后题诗云："文不名扬武孔扬，终南回首是家乡。居然诸鬼能驱使，且复深山自影藏。艳说嫁郎曾有妹，盛传徙宅在何方？好凭正气销邪气，照酒榴红艾叶香。少庄二兄大雅所得伯翁画钟进士图，嘱题即粲正之，丙申五月，蒲华。"

【按】

任伯年每年端午节画钟馗，此为恒例。其笔下写钟馗数十幅，而"自制"则少见，其珍爱可知。

五月，任伯年应同文书局之邀绘《朱笔钟馗》《紫气东来图》石印出版。

五月又作《双鸠图》（端阳作）、《柏鹿图》轴。

六月为吴昌硕作《棕荫纳凉图》轴 [**图 139**]，题款云："罗两峰为金冬心画午睡图，饶有古趣，余曾手临数过，今为仓石老友再拟其意。光绪丁亥六月，伯年任颐记。"杨岘题跋云："脱衣箕坐摇大扇，第一人间谊暑方。却怪少陵不晓事，簿书堆里去追凉。老棕一株高出群，粗根大叶苍然筋。老夫拟共树底坐，闲看天边飞热云。束带发狂欲大叫，簿书何急来相仍。少陵苦热诗也。丁亥夏炎蒸特甚，适苦铁道人自申江归，出任君伯年画行看子见视。神情酷肖，尤妙在清风徐徐从纸上生，顿觉心肺一爽，如服清凉散。技高也，可谓神矣。画后尚有余纸，苦铁属题记，因缀以诗，老笔颓唐，勿笑勿责则幸甚。六月六日藐翁弟岘。"②

绫边左有凌瑕题跋：

"人生堕地为裸虫，衣冠桎梏缠其躬。安得解脱大自在，放浪形骸了无碍。可怜十丈器尘黄，大酒肥肉徒颠狂。铁也铮铮独奇绝，胸储冰雪图文彰。苍蝇声器凡几挚，棕搁空余三尺喙。画角描头丑态多，安得望君之项背。有时苦吟还攒眉，佳句当从天外来。有时学书还画肚，不慕时荣但妮古。奇书不展琴罢弹，解衣独坐成殷桓。触热喜无裯襮客，幕天席坐心肠宽。平生自抱烟蝦质，萧疏况味清风室。敢将皮相目先生，不羁之士无垢佛。光绪丁亥中秋后四日为仓石老兄命题，即博一笑。弟凌瑕。"钤白文 "凌瑕之印"。

七月上浣为藻馨作《紫薇鸳鸯图》轴。

又作《桃花伯劳图》轴、《柳枝鹭鸶图》轴及《红叶》《燕蹴飞花落舞筵》等册页。

① 故宫博物院藏。

② 《棕荫纳凉图》，吴昌硕家藏，参见《缶庐老人诗书画》第一集。

伯年
（吴昌硕刻）
–1887年–

图138
钟馗出巡图　立轴
纸本　设色
130cm×65cm
丁亥　1887年
徐悲鸿纪念馆藏

39
蕉荫纳凉图　立轴
本　设色
cm×55cm
亥　1887年
壹玖（吴昌硕孙
藏

立秋后四日为杭州叶种德中药店作大帧《刘海像》轴。该店曾以此图为商标云。

仲秋《任伯年先生真迹画谱》（木刻本）出版。吴大澂篆题扉页："六法大观。光绪十有三年岁在丁亥仲秋，吴大澂书。"由王子卿、俞樾作序。计任伯年手绘白描画稿人物、山水、花鸟草虫百幅。其中《溪山策杖》《桃花鹦鹉》二扇页有年款，为"光绪丙戌冬十二月，山阴任颐写于沪"。余皆钤印或穷款。内容生动新颖，包罗万象。人物如《钟馗出巡》《五月披裘》《梅花春汛》《高人弈棋》《清溪濯足》《伯乐相马》《驴背敲诗》《文姬归汉》《唤童听秋》《风尘三侠》[**图140**]、《赤壁夜游》《清溪浣纱》《石钟辨疑》《竹溪煎茶》《米芾拜石》《深山锄药》《苏武牧羊》《小红低唱》《踏雪寻梅》《孔明图像》《洗象》等凡46页。花鸟草虫如《荷塘浮鸭》《江南风味》《秋桐双鸦》《黄花郭索》《桃花飞燕》《紫藤嬉猫》《菊花草虫》《佛手葡萄》等凡45页。山水如《桃源仙境》《秋林水村》等，另有《马鸣风萧萧》一幅。

图140
风尘三侠　线描

王子卿序云："夫画之一道，足以陶性情。自唐宋迄今，殆不乏名流。即《芥子园》一书，皆取法诸家以成集。要于独擅各长者，盖亦数今。胡君薇舟，侨寓沪滨，喜得任君伯年手绘百页，持以见视，凡人物、山水、花鸟、草虫，各具精妙，洵为后学津梁。胡君亟付剞劂，以广其传。予愧未得画中三昧，聊跋数语以志钦佩云尔。光绪丁亥桂秋，山阴王子卿并书。"

俞樾序云："汉人之画与汉人之字同以古拙见长。自晋唐以来，楷法盛行，而汉隶古拙之意全失。乃自顾、陆诸公迭起，以画名家，而汉画古拙之意亦失，至今日而古意尽矣。任君伯年所作画，无论山水、人物、花鸟，皆有古拙之意存其中，每观其笔迹，觉汉人陈敞、刘白去人未远。薇舟得其画凡一百幅，刻之以永其传。余不知画，率题其端，世有识者，必以余为知言也。丁亥秋，曲园居士俞樾书。"

八月为立斋世讲作《一路荣贵图》轴（鹭鸶、芙蓉、桂花）。八月十二日作《海棠双禽》纨扇。八月望后又作《天竺白鹤图》轴。

秋杪为听涛作《风尘三侠图》轴[**图141**]，款署："听涛仁兄大雅之属，

即希教正，光绪丁亥秋杪，山阴任
颐伯年甫。"①

【按】

杨稭，听涛轩主，杨听涛。乃
医生于上海永保栈。参见《申报》
1889年己丑正月二十八。

暮秋为高邕之作墨笔《青女素
娥图》轴（"月中霜里斗婵娟"诗意），
款署："邕之先生教，光绪丁亥暮秋，
山阴任颐。"②

九月望日作《杨岘竹林显亭图》
轴 [图142]，并由吴昌硕邮寄苏州，
款题云："秋令惟月最良，顾影徘徊，
遥想貌翁颜色，剪灯为之写像。丁亥
九月望，山阴任颐乞苦铁道人邮寄。"

陆恢题跋云："吴兴清远出山云，
五马淞江旧使君。举世不容行直道，
长官岂易与论文。人如柳下犹三黜，
书到李潮始八分。一字头衔资白简，
放翁风致有前闻。翁任淞江郡守时，

图142
杨岘竹林显亭图

漱兰学使行部到郡，以翁名高，多所责难，寻至言语龃龉，遂被劾，
今辞坐以貌视上司，故罢官后自号貌翁云。乙卯冬十月，吴江陆
恢记于上海。"吴昌硕题跋云："显亭归去十三春，板屋吴洲失比邻。
师说一篇陈历历，门生再拜辞蹲蹲。梦来丁令千年鹤，道在林宗
一角巾。奢望不堪期后死，倘教无恙作遗民。伯年任子为貌师画《显
亭图》，敬题五十六字，癸丑秋仲，吴俊卿。"③

九月廿九日作《菊花图》轴赠吴昌硕，款署："仓硕先生之教，
丁亥九月二十九日拟宋人设色，伯年任颐时同客黄歇浦上并记。"
吴昌硕后持赠顾鹤逸，跋云："鹤逸六兄精绘事，一水一石，不
轻为人作。予画乱头粗服，无过问者。六兄嗾（然）予用笔似雪个，
乙亥花朝出八大白鹿一帧见惠，受而不报非礼也，爱以是为赠。
安吉吴俊卿。"④

孟冬之吉作《柏鹿图》轴，又《松鹤图》轴，款署："丁亥
孟冬之吉师宋人设色法于海上颐颐草堂东窗下。"又为璧州作《雪
中送炭图》轴。

孟冬十月又作《苏长公石钟辨讹图》轴、《三羊开泰图》轴、

图141
风尘三侠图　立轴
174.6cm×47.7cm
丁亥1887年

④
上
海
博
物
馆
藏
。

③
故
宫
博
物
院
藏
。

②
故
宫
博
物
院
藏
。

①
《
风
尘
三
侠
图
》
轴
，
见
天
津
美
术
出
版
社
（
现
天
津
人
民
美
术
出
版
社
）
《
任
伯
年
画
选
》
一
九
六
〇
年
版
。

《鹿寿图》轴、《三叟谈诗图》轴。

《神仙富贵多子图》[1]款题："神仙富贵多子图。北平张孟皋每喜为之，孟皋画从宋人炉冶中镕出，自是落笔成趣，后之得窥藩篱者唯吾友范湖居士一人，业卿吾兄大人以为何如也？光绪丁亥冬月移砚古香室小住，颐记。"钤朱文"任颐印信"、白文"伯年大利"。

十一月将望为韵舫作《眠琴小筑填词图》册，款署："眠琴小筑填词图。韵舫太守词长大人，光绪丁亥冬十一月将望山阴任颐。"[2]

嘉平望前作《桃石图》轴等。

是年为《芥子园画传》增补名家画谱，作山水稿八幅。

另作有赠茹鲁之《松溪鱼艇图》轴（"奉鲁大哥一笑，弟颐"）。又赠仲华《猫石图》轴。又作《瓜棚睡鸭》图册等。

虚谷 64 岁。在沪为任伯年作《山阴草堂图》卷。

吴昌硕 44 岁。是年六月来沪，初冬移居上海，觅屋于吴淞。任伯年为作《棕荫纳凉图》轴。吴昌硕为任伯年治"山阴任颐""任颐之印""伯年过眼"白文印三方。又代沈石友向任伯年索画，久久不得，遂致函沈石友云："任画之不来，非为泉也，实忙也，屡催亦无益也，索还扇面与润笔，渠又无处寻也，闷闷。"[3]

杨岘 69 岁。任伯年为作肖像《竹林显亭图》。

高邕之 38 岁。

胡璋 40 岁。

吴伯滔 48 岁。

任薰 53 岁。居苏州，是年双目失明。

溥心畲生。名儒，别号西山逸士。

◆光绪十四年（1888 年）　戊子　49 岁

是年九月康有为上万言书，请求变法，未果。

正月，元宵作《猴戏图》轴［图 143］，款署："光绪戊子元夜醉后戏墨剪烛并记，任颐。"

又为瑞祥作《芭蕉黑猫图》轴。又作《吟秋图》册。又朱墨双色写《松鹤图》轴。

二月为《芥子园画传》作翎毛花卉稿六幅，如《乳鸭》，题云："叶暗乳鸭啼，风定老江犹落。光绪戊子二月任伯年。"又仲春吉日作《女娲炼石图》轴［图 144］，款云："光绪戊子仲春吉日，山阴任颐伯年甫。"钤白文"任伯年""颐印"。又为倚笛作《富春高隐图》轴。又作《竹篱茅舍》人物团扇等。

清明后二日为楚才写《白猫擒鸟》图。

③ 吴昌硕致沈公周函。

② 故宫博物院藏。

① 《神仙富贵多子图》，纸本设色，纵一百三十三点五厘米，横六十四厘米，Sotheby's H.K.1988.5.19（P96图）。

图143
猴戏图　立轴
戊子　1888年

图144
女娲炼石图 立轴
纸本 设色
118cm×66cm
戊子 1888年
徐悲鸿纪念馆藏

三月清明后四日作《金谷园图》轴［图145］，款署："金谷园图。师新罗山人而稍变其法，光绪戊子清明后四日，山阴任颐。"钤朱文印"颐颐草堂"，白文印"颐印"，又白文收藏印"有三珍藏"。

清明后五日作《紫藤猫雀图》轴。

上巳后三日为春浦写《桃花飞燕》条轴。

三月吉日又作《玉局参禅图》轴［图146］，款云："光绪戊子三月吉日，山阴任颐伯年记于海上寓斋。"钤白文"任伯年""颐印"。右下又有白文印"有三珍玩"。

【按】

此图写苏东坡参禅故事。苏晚年有"玉局翁"之称，故与任伯年《金谷园图》（《东山丝竹图》）内容有别。吴昌硕尝题任伯年早年《参禅图》扇云："朝云对髻苏，为问参禅未。绿珠侍季伦，那阙金银气。彼美知何人，襟带古风味。默坐吟春风，禁得寒香沸？"与此内容相同。

四月作《仕女图》册十二帧，款署："光绪戊子四月山阴任颐。"为《竹下抚琴》《倩女织布》《桐阴读书》《静坐对石》《山中采药》《吹箫引凤》《梅花浣纱》《木兰从军》（《关河一望萧索》）［图147］、《松涧休憩》《溪桥采归》《柳荫泛舟》《龙女牧羊》［图148］。①

四月作《朱笔钟馗像》［图149］，图中人物侧向背立持剑，一笔写出，无背景，款云："光绪戊子夏四月上浣，山阴任颐伯年甫写于海上颐颐草堂，师新罗也。"右自上而下字行书一行，真为神品。②

四月望前三日作《羲之爱鹅图》轴［图150］。同日又写金笺人物扇页《竹溪小憩》。

四月望后作《金谷园图》轴两帧（构图不同，款题相同），款署："金谷园图。光绪戊子夏四月望后，师新罗山人运笔，设以艳色，任伯年画并记。"③

首夏又临新罗山人《金谷园图》轴，款署："金谷园图，光绪戊子首夏，山阴任颐临。"

首夏又为上海豫园点春堂作《树阴观剑图》轴［图151］，款署："光绪戊子首夏，山阴任颐为沪上点春堂之宾日阁下补壁。"

【按】

此图长期被附会为"怀念上海小刀会"之作，甚至据以认为任伯年"参加过小刀会"，因此画题亦误称为"树阴观刀图"。考小刀会于1852年9月7日起义，至1855年2月17日起义军突围，刘丽川英勇战死。其时任伯年为13岁至16岁，尚在浙江萧山等地，与小刀会实无涉。且点春堂曾为小刀会城北指挥部，为陈阿林司令办公之地，仅为时18个月。原来之点春堂，在1855年已"半毁于火"，《瀛壖杂志》《上海县续志》均有详载。其云如："点春堂在豫园东北隅，道光初年，福建汀泉漳三府业花糖洋货各商，

图149

朱笔钟馗像　立轴

纸本　朱笔

127cm×57cm

戊子　1888年

浙江省博物馆藏

③ 一帧见《颐公伯年、虚谷神品》（民国二十三年九月初版）。

② 见中国美术馆藏，另一帧见《金谷园图》轴，二〇〇二年六月十九日。

① 见浙江省博物院藏，故宫博物院藏镜塘捐赠展，二〇〇二年六月十九日。

图145
金谷园图　立轴
纸本　设色
134cm×64cm
戊子　1888年
故宫博物院藏

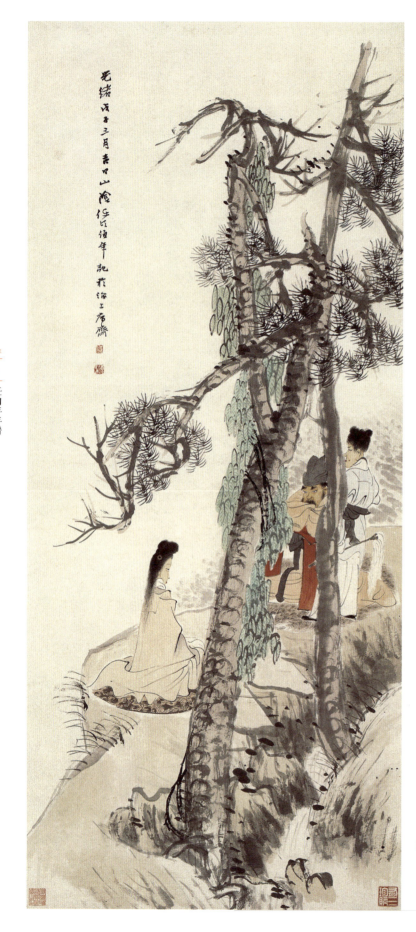

图146
玉局参禅图　立轴
纸本　设色
122.8cm×53.2cm
戊子　1888年
浙江省博物馆藏

图147
仕女图册十二开 之七
关河一望萧索

图148
仕女图册十二开 之八
龙女牧羊

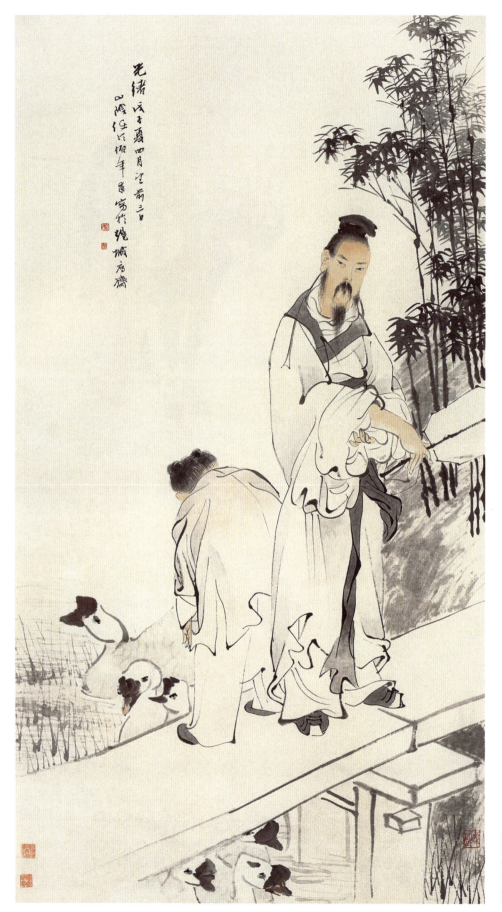

图150
羲之爱鹅图 立轴
纸本 设色
150cm×81.5cm
戊子 1888年
中国美术馆藏

图151
树阴观剑图　立轴
纸本　设色
248.5cm×120.6cm
戊子　1888年
上海博物馆藏

公立为祀神会议之所。咸丰三年，寇占被毁。十年，借驻西兵，改造洋房，风景荡然。事平，群谋规复。……同治七年经始，越四载告竣。"①因此，任伯年所谓"点春堂"，已非从前，且款中所云"宾日阁"，既非点春堂之正堂，更与早毁于火的三十三年前之陈司令办公室毫无联系。又任伯年住豫园附近之三牌楼，离豫园仅一箭之遥，豫园之得月楼等处，更是沪上画家聚会之地，任伯年应花糖公㙅之邀为点春堂宾日阁作画补壁，实为自然之事。钱镜塘先生尝谓予曰："此图所画为《干莫炼剑图》。"但考此图与故宫博物院藏己卯九月之《干莫炼剑图》本有别。任喜读奇书，画多奇想，往往有神秘不经见者，故仍拟再作推考。但此图非"观刀"，与小刀会无关则是无疑的。长期因牵强附会，将此图名也定为《树阴观刀图》。但画中所画，实非"刀"，而是"剑"，故应名为《树阴观剑图》。

夏四月为钰卿作《紫藤金鱼图》轴。又作《芙蓉鸳鸯图》轴。

四月作《钟馗读书图》②。

立夏后五日为鹤琴作《竹林读书扇》③款署："光绪戊子立夏后五日似鹤琴先生之属，山阴任颐写于海上寓斋。"钤"任伯年印"。

端阳后三日雨窗作《猫雀图》。

六月望后挥汗作《柳塘浴禽图》轴。

戊子六月二十九日，任伯年应邀"补离骚馆雅集"。任伯年绘图，诸君各赋诗一首。兹录王韬诗，题为《六月二十九日陈悔门太史特招吴子蔚太史、高詠之大令、朱稚村茂才、任伯年画师及余小集于补离骚馆，王雅卿词史亦在座，因倩任老绘图，诸君各赋诗一章，借留海上鸿爪》，诗云：

颍川太史今人豪，胸中有笔非时髦。明经快夺侍中席，割□未试庖丁刀。
文章早看压贾董，词赋久已轻枚皋。劫来沪上幸相识，折简近局时招邀。
当筵跌宕多风月，琅琊才貌群中超。补离骚馆开雅集，索诗欲我先题糕。
雀屏六开中一笋，美人名士同逍遥。天下健者让公等，拔职各树词坛高。
诗书画并夸技绝，辟竹肉亦需才消。愧我无能亦滥厕，醉倒但解倾醒曹。
吴质翩翩最年少，纵横才气摩云霄。利斧惯斫月中桂，新词漫倚琴中操。
詠老作书称圣手，神州直欲凌秋毫。前有陈留后北海，同名今昔分扬镳。
朱君才调固无匹，玉屑篆刻嗤虫雕。高秋骥足试一骋，姓名定向龙头挑。
任家群季工六法，伯也白眉推楚翘。志静神凝气自足，写生人物多白描。
烦君下笔开生面，绘图传之千秋遥。我是寻常行路者，行将乞食吹吴箫。
（不日余有山左之行，）长洲天南遯叟王韬未定稿。

　　　　　　　　　　《申报》1888年8月16日　（戊子七月初九）

【按】

王韬（1829—1890年），原名利宾，字兰卿，号天南遯叟。为中国近代著名政论家、诗人、学者。曾游历欧洲、日本，著述极丰，有《瀛壖杂志》（光

③ 上海市美术家协会藏。
② 上海博物馆藏。
① 见《上海县续志》卷三。

绪元年十月刊行，1875年）、《漫游随录》（1867—1870年）、《扶桑游记》（1879年）等。编著《普法战争》十四卷，名动中外。创办《循环时报》（1874年）。1884年移家沪上，主持《申报》编纂，又创办木活字印书馆"弢园书局"（1885年），又任上海格致书院掌院（1887年）。光绪庚寅（1890年）病逝于上海，终年61岁。与任伯年交往，诗中评价极高。"补离骚馆雅集"，皆为一时诗书名流。其中高詠之大令，善书。任伯年于1870年（同治九年）二月曾与虚谷合作《詠之先生五十岁早朝图小像》，虚谷写照，任伯年补景，于此乃知"詠之"，姓高，戊子（1888年）应为68岁。

8月6日（六月二十九日）陈适声来沪，邀吴子尉、高詠之、朱稚村、任伯年、王韬于王雅卿寓斋，补离骚馆雅集，任伯年作画。

陈适声（悔门）（1856—1930年）时任松江府知府，著《论画要略》《鉴藏要略》《畸庐禅说》。

秋七月望日写青绿大幅《芭蕉猫石图》，写四猫芭蕉，款云："光绪戊子秋七月望日师宋人双钩法，山阴任颐伯年并记。"[1]

七月为章敬夫写《蟹菊图》轴，款署："光绪戊子七月为敬甫先生写，颐。"杨伯润题跋云："白衣不厌往来忙，篱畔黄华却傲霜。未许蜉蝣名独占，横行何必在文章。清荫堂主人句，南湖杨伯润书。"

秋八月为吴昌硕作肖像《酸寒尉像》轴 [**图152**]，款署："酸寒尉像。光绪戊子八月昌硕属任颐画。"杨岘题跋云："何人画此酸寒尉，冠盖丛中愁不类。苍茫独立意何营，似欲吟诗艰一字。尉乎去年饥看天（君去年绘《饥看天图》），今年又树酸寒帜。苍鹰将举故不举，跕跕风前侧两翅。高秋九月百草枯，野旷无粮仗谁饲。老夫老矣筋力衰，丑态向人苦遭弃。自从江干与尉别，终日昏昏只思睡。有时典裘酤一斗，浊醪无功不成醉。尉如蛊畜我如董，不登嘉荐总一致。尉年四十饶精神，万一春雷起平地。变换气味岂能定，愿尉莫怕狂名祟。英雄暂与常人伦，未际升腾且拥鼻。世间几个孟东野，会见东方拥千骑。苦铁道人正，七十叟杨岘题。"

吴昌硕自题诗并序云："予索伯年写照，题曰《酸寒尉像》。顶凉帽，衣纱袍褂，端立拱手，厥状可哂。与予相识者皆指曰：'此吴苦铁也。'因题诗写意，并以自嘲。达官处堂皇，小吏走炎暑。束带趋辕门，三伏汗如雨。传呼乃敢入，心气先慑沮。问言见何事？欲答防龃龉。自知酸寒态，恐触大府怒。怵惕强支吾，垂手身伛偻。朝食嗟未饱，卓卓日当午。中年类衰老，腰脚苦酸楚。山阴子任子，臂力鼎可举。楮墨传意态，笔下有千古。写此欲奚为？怜我宦情苦。我昔秀才时，食贫未敢吐。破绽儒衣冠，读书守环堵。愿言窃微禄，奉母有酒脯。铜符不系肘，虚秩竟何补。枉自刻私印，山石遭凿斧。名留书画上，丹篆粲龙虎。回思芜园里，青草塞废圃。咫尺不得归，梦倚故园树。逐众强奔驰，低头让侪伍。如何反招妒，攻击剧刀弩。

[1] 故宫博物院藏。

图152

酸寒尉像　立轴

纸本　设色

164.2cm×77.6cm

戊子　1888年

浙江省博物馆藏

酸寒尉像（局部）

魑魅喜弄人，郁郁悲脏腑。拂壁挂吾像，饮之以薄醑。顾影醽无数，兀然自宾主。权作醉尉看，持杯相尔汝。"①

【按】

《酸寒尉像》作于上海。时吴昌硕移居沪上后，与任伯年过从甚密，是年为作肖像两帧。

秋日任伯年又为吴昌硕作肖像《蕉阴纳凉图》轴 [图 153]。郑文焯补题跋云："此任伯年画师为吾友缶道人写行看子。岁久沦轶，今忽得之海上，当有吉羊云护之者。爰为题记，以识清异。道人题诗其嵩（端），奇可玩也。光绪丁未夏始鹤翁郑文焯。"

吴昌硕篆书自题诗云："天游云无心，习静物可悟。腹（鼓）三日醉，身肥五石瓠。行年方耳顺，便得耳聋趣。肘酸足复跛，肺肝病已娄。好官誓不作，眇匄讹难顾。生计不足问，直比车中斧（布）。否极羞告人，人面如泥塑。怪事咄咄叹，书画人亦妒。虽好果奚贵，自强自取柱。饮墨常几斗，对纸豪一吐。或飞壁上龙，或走书中蠹。得泉可笑人，买醉日一度。不如归去来，学农还学圃。蕉叶风玲珑，昨夕雨如注。青山白云中，大有吟诗处。（腹下夺鼓字，布误作斧。）光绪甲辰七月缶道人自题。"

秋八月"雨窗秉烛"作《紫绶白头图》轴。

中秋前三日写《午瑞图》横卷②。

八月又为精臣作《秋郊牧放图》《绿天醉墨图》《柳溪潮涨图》《泉石鸣琴图》四条屏，款署有云："精臣仁兄先生雅属即是就正，光绪戊子秋八月，山阴任伯年。"钟德祥题跋云："万事不挂眼，双松无世情。谁欤作松伴，还问老渊明。"（《泉石鸣琴图》）"么落欹奇处，云闲高卧身。神仙固难识，或是叱羊人。"（《秋郊牧放图》）"狂醉书蕉叶，挥毫带酒醒。千年飞鸟过，僧住绿天盦。古重阳后六日精臣仁兄属，德祥。"（《绿天醉墨图》）"自把鱼竿去，五湖烟水秋。飞熊何处梦，天地此扁舟。戊子九日书应精臣我兄，钟德祥。"（《柳溪潮涨图》）

又作《献寿图》轴。

孟冬之吉作《岁朝图》轴③，杨伯润题跋云："神似徐熙大折枝，略存大意不宜时。画成阁笔几回赏，正是香温茶熟时。西湖老渔伯润题。"

作《牧牛图》轴④，款："夕阳牛背影如山，光绪戊子仲冬宵窗山阴任颐写于沪城碧梧轩。"钤白文"颐印"、白文"任伯年宜长年"。

【按】

此与故宫藏本为同时之作，墨笔写竹林、双牛，构思精巧，双牛交颈低头觅食极为生动，一背立，一侧立，四目状写极自然生趣，牛背上非鸦影而为竹影，为一时精作。（1994 年 4 月 19 日附识）

仲冬为裕斋作《雀声藤影图》轴，后有张青莲题跋云："既写青藤拟春色，

① 见《缶庐诗》卷四。

② 故宫博物院藏。

③ 章诚望藏。

④ 苏富比 1994 春季拍卖上海预展。纵一百二十六点三厘米，横六十三点五厘米。

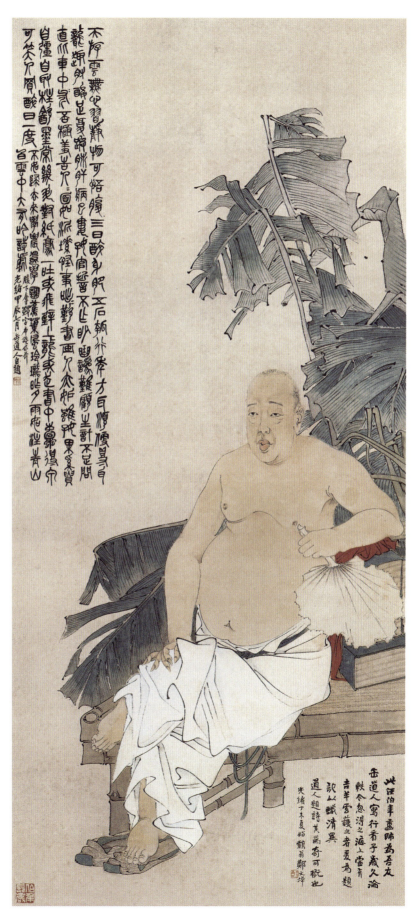

图153
蕉阴纳凉图 立轴
纸本 设色
129.5cm×58.9cm
戊子 1888年
浙江省博物馆藏

更添斑雀象春声。平生雅爱山阴画，摩诘诗兼老杜情。年年春去复春来，烛转蓬飘叔世哀。惹忆江南千里绿，梦阑三月落花催。题任颐《雀声藤影图》二首，戊子谷雨，虞山张青莲书于清华园。"①钤白文"颐印""任伯年"，又白文"虞山张青莲博士鉴藏"。

十月北洋海军正式组建。

十二月"嘉平宵窗秉烛呵冻"作《寒林牧马图》轴［**图154**］。又作《牧牛图》轴［**图155**］，款署："夕阳牛背影如山。光绪戊子嘉平吉日，山阴任颐伯年甫呵毫。"①

嘉平月又为岑铜士作肖像［**图156**］，款署："铜士先生六十二岁像，光绪戊子嘉平，山阴任颐写。"岑铜士跋云："去腊客沪城，与任君伯年煮雪夜谈，伯年乘兴为我写照。时漏下二鼓，烛已见跋，乃折纸蘸油燃火，左手执之，右手运笔，不顷刻而成，见者咸谓得神似云。装潢既成，书此以志。己丑四月锡光书，时年六十有三。"吴淦题跋云："十年沪渎缔交深，霁月光风豁素襟。不画莲花偏画竹，知君高节本虚心。己丑二月奉题铜士先生大人玉照，鞠潭弟吴淦稿于康胜斋。"

【按】

"伯年作画，亟费构思，及提笔，则疾如风雨，勾勒法，亦极精熟。"③据周湘（年幼亦从伯年游）云："其作画在于夜深人静，万籁俱寂，饱餐阿芙蓉膏，精力充沛，下笔如春蚕食叶，于昏沉灯下，独能着色如意，与白日无殊，亦可异也。"④质诸《岑铜士肖像》轴，其谓不然？

是年所画扇页还有为翰臣写的《塞上牧马图》扇（或题为"行旅小憩图"扇）。

又伯年是年尝为《芥子园画传续集》（人物卷五）作《织女图》等，款题宋人绝句："昨日入城市，归来泪满巾。遍身罗绮者，不是养蚕人。"又尝"用墨笔画有纺织女工的生活写生稿和一幅画有女工头那摩温在抄女工身的写生稿"⑤。其对下层劳苦妇女生活之观察同情如此。

虚谷65岁。春作《临渐江法师山水图》轴。

吴昌硕45岁。为任伯年刻"山阴道上行者"白文印。

◆**光绪十五年**（1889年）　**己丑**　50岁

正月二十五日在徐园雅集，为徐园主人徐棣山作《狸猫竹石图》轴［**图157**］。款题云："光绪己丑正月廿五日徐园第一集作是，即希同人指疵，园主人棣山先生为之一笑。山阴任颐。"钤白文"山阴道上行者""颐印"。⑥

【按】

徐园一名双清别墅，光绪九年（1883年）海宁徐鸿逵筑于闸北唐家巷

山阴道上行者
（吴昌硕刻）
–1889年–

⑥ 苏州博物馆藏

⑤ 见朱梅村《往事略忆话三任》

④ 见丁健行《墨林话语》一百五十九条。

③ 见方若《海上画语》

② 故宫博物院藏。

① 故宫博物院藏。

图154
寒林牧马图　立轴
纸本　设色
129.4cm×62.4cm
戊子　1888年
中国美术馆藏

图155

牧牛图　立轴

纸本　设色

133cm×63.2cm

戊子　1888年

故宫博物院藏

图156
岑铜士肖像　立轴
纸本　设色
103.2cm×54cm
戊子　1888年
上海博物馆藏

图157

狸猫竹石图　立轴

纸本　水墨

92.3cm×48.1cm

己丑　1889年

苏州博物馆藏

（现上海福建北路唐家巷）。有十二景，曰草堂春宴、寄楼听雨、曲榭观鱼、画桥垂钓、笠亭闲话、桐阴对弈、萧斋读画、仙馆评梅、平台眺远、长廊觅句、柳阁闻蝉、盘谷鸣琴，为上海著名私人花园。1896年美商雍松曾在此放映美法短片，为电影传入中国之始。任伯年与同人春日小集结社，其盛况当可想见。①《申报》光绪十五年正月二十九日头版有高昌寒食生《徐园书画社记》一文详记其事始末。任伯年应为上午至其园（寒食生因午后方至，故文中未及上午之展会）。

　　《申报》光绪十五年正月二十九日（1889年）

　　高昌寒食生《徐园书画社记》

　　"……是日为休沐之期，前数日春雨滂沱，浓阴不散，至是日雨势已杀，霢霂而已。梦畹生能作隶书，已持其手书一幅先往。余以午后始至……室内排书画之几凡四，上列笔砚以及画具颜色等，无不色色精良。……一志于书画，此正天公之玉成处。……画则有山水，无工笔，最细为日本盐川一堂，水墨山水，全是石田老人。亲见其对客挥毫，因出素纸，复请其画，遂即案头挥洒作米点山水，大有雨中春树之致，即景生情，画中有诗，不让王家摩诘矣。尤子笠江年最少，援笔作水墨仕女，虽止写意寥寥数笔，而左装婀娜，神韵如生。潘君稼梅亦作山水尺幅，而书他人之款，则所谓让善于人，神奕奕，逸趣横生。又伏案作拳石老树，侵皱诸法，尤极高古。吴君鞠潭字巳什袭藏之，不获见。巢君子余则为水墨牡丹，虽有入时之意，而泼墨为之，不作多买胭脂想，则古趣盎然也。此外不能尽记，记其姓名：书家则尚有胡君铁华、闵君吟椒、伊君峻斋、陈君爱之、陈君定波、一泉上人，画家则尚有邓君铁仙、宋君子言、何君砚北、李君祥生、姚君栖谷、沈君星祥、奚君仲南、许君公若、万君仲王、徐君美英、周君少墀，其书画两擅者则有赵君子进、金君免痾，亦兼擅书画昔未到。计与于此会者共二十有八人。……笔酣墨饱，同至又一村拍读画图小影，则主人与笠江先归，备述之以为记。光绪己丑孟春下浣，高昌寒食生识。（古樾高昌寒食生）"

　　【按】

　　高昌寒食生所述《徐园书画雅集》（第一集）甚详，可以想见当时海上书画笔会之盛，且新闻效应报道之广且速也。因记者系"午后始至"，故所记仍未俱全。任伯年为园主人徐棣山作《狸猫竹石图》，款题甚详，为上午来会，故诸多书画已"什袭藏之"，记者午后至，所未见也。录此以存史证，可遥想海派初期之繁盛景观如此。

　　二月上浣作《岁朝清供图》轴。

　　暮春吴昌硕为刻"任和尚"朱文印一方，任伯年画《蔬笋图》为赠。吴并题款云："和尚堕地三尺长，小名呼惯唯爷娘。大来仍学行脚装，不知者笑和尚狂。知者愿识任氏郎，和尚睡醒天昏黄。画禅自悦春灯旁，入膳鹿豕

任和尚
（吴昌硕刻）
－1889年－

熊鱼獐。听说法谁石敢当，彼和尚者何荒唐。和尚有家稽山阳，冬心落魄
君同行。心虽出家身则忙，行装一样饥无粮。唯我同好知之详。和尚曰汝
篆刻强，一意索我汗琳琅。钝刀硬入文字仓，石缝迸出芙泥光。秦耶汉耶
心茫茫，和尚得印谢不皇，蔬笋臾出老圃荒。墨气如着雨露霜，携归满袖
春泥香，他日高挂芜园墙。伯年先生属刻'任和尚'三字印，画蔬笋持赠，作
歌纪事。己丑暮春之初，昌硕吴俊。"①

孟夏于"古香室西楼"为意堂作《松鹤图》轴。又作《花阴天趣图》轴。

四月上浣为飘秋作《双猿图》轴。

又作《苇塘宿鹭图》轴，师边寿民法，款署："师苇间居士，光绪己
丑孟夏，山阴任颐。"

又作《衰柳栖鸦图》轴，款署："淡黄杨柳带栖鸦。光绪己丑夏四月上浣，
山阴任颐伯年。"

仲夏作姜白石诗意《小红低唱我吹箫图》轴，又作《鹿车刘伶图》轴[**图
158**]、《大富贵亦寿考图》轴。②

图158
鹿车刘伶图　立轴
己丑　1889年
中国美术馆藏

【按】

《大富贵亦寿考图》，昔年蔡若虹先生编《任伯年画集》题名为"故
土难忘"，意甚佳，但并不确如题名。实乃画郭子仪故事，为民俗所喜画
题，如任薰有大幅图之。

【考】

此图为《大富贵亦寿考图》，昔年蔡若虹先生编《任伯年画集》题名为"故
土难忘"，意甚佳，但并不确如题名。实乃画郭子仪故事，"大富贵亦寿考"
为民俗所喜画题，如任薰即有此大幅巨帧写此，天津博物馆藏。

其意谓郭子仪（697—781年）于米脂屯兵，七日七夜，忽见空中辇车
绣幄中有一美女自天而下，子仪即拜祝云："今七月七日，如是织女降临，
赐长寿富贵。"女笑曰："大富贵，亦寿考。"言讫升天。于此图意合。

或云此图为写"耿弇拜井"故事，实非。耿弇（3—58年），为东汉光
武帝时将领，陕西挟风茂陵人。所谓"拜井"，也并非耿弇，而是其侄子耿恭，
亦为东汉名将。事见《后汉书·卷十九·耿弇列传第九》，耿恭进军西域，
匈奴围之疏勒城中，永平十八年（75年），此汉明帝永平十八年，七月匈
奴复来攻恭。恭募先登数千人直驰之，胡骑散走。匈奴遂于城下壅绝涧水。
恭于城中穿井十五丈不得水，吏士渴乏，榨马粪汁而饮之。恭仰叹曰："闻
昔贰师将军拔佩刀刺山，飞泉涌出，今汉德神明，岂有穷哉？""乃整衣
服向井再拜，为吏士祷。有顷，水泉奔出，众皆称万岁。乃令吏士扬水以
示虏，虏出不意，以为神明，遂引去。"此即耿恭拜井故事，并非耿弇，
耿弇早已于永平元年（58年）去世，故无涉此事，但与任伯年此图观之，
并无拜井之意，画一将军，戎装佩剑，跪于山崖坡石之上，林间烟封，马

② 《大富贵亦寿考图》
轴（一题为《故土难
忘》，意有不切），
中国美术馆藏。

① "任和尚"印，见《吴
昌硕印谱》，上海书
画出版社一九八五年
版。

立坡下，正是七夕遇仙祝拜之意，绝非"向井再拜"之景。故可定名为郭子仪大富贵亦寿考之《富贵寿考图》。

五月作《钟馗行吟图》轴。

六月作《紫气东来图》轴。

又为有三作《人物》团扇。

孟冬为寅初作《紫藤鹁鸪图》轴，为小麓作《山水》团扇。又为镇九作《菊石鸽子图》轴。

仲冬作《牧牛图》轴，又在古香室西楼作《麻姑献寿图》轴。

长至后三日又作《试箭图》轴［ 图 159 ］（唐人诗意），款题："光绪己丑长至后三日，山阴任颐伯年甫写于古香室西楼。"钤白文"任伯年""任颐私印"。

【按】

此《试箭图》乃写李广故事，唐诗诗意，"平明寻白羽，没在石棱中"。仲冬又写《牧放读书图》①。

十二月移砚古香室，仲冬又写《牧放读书图》②，住西楼，作《荷塘鸭戏图》轴［ 图 160 ］，款署："光绪己丑嘉平移砚古香室西楼作是，山阴任颐伯年甫。"钤白文"任伯年""颐印"。又作《蜡梅寒雀图》轴（"古香室西楼宵窗剪烛"）、《紫藤双鸡图》轴、《天竹图》轴等。又为缉之作《踏雪折梅图》轴（"写于古香室扇市西楼"）。又为翰臣写《赤壁夜游图》镜片。又为景华老友写《苏武牧羊图》。又写《踏雪寻梅图》。

是年为庾岭僧大颠作《无香味图》轴［ 图 161 ］（俗呼《狗肉和尚图》），款云："庾岭僧大颠嘱绘《无香味图》，山阴道上行者颐。"钤白文"任伯年""颐印"、朱文"山阴道上行者"。

【按】

己丑年任伯年作品不多，秋后几无作品传世，或此时因病故耶？直到冬月至十二月（嘉平月）才住古香室西楼作画，每至宵窗剪烛，可见其辛劳之状。

任伯年作《拓缶牡丹图》［ 图 162 ］，为吴昌硕所藏古缶之墨拓图上画牡丹数枝，吴昌硕于画下以篆文长题《缶庐诗》。

【按】

吴昌硕藏缶乃其友金府将所赠，得之古圹的陶缶，壬午年（1882年）所得，吴昌硕因以自号"缶庐"，又号"老缶""缶道人""缶"等等自此始，至1889年（己丑）吴昌硕以此缶墨拓本示任伯年，任为拓缶上加绘牡丹花一丛。是年吴昌硕长子吴育殇，寒食节吴昌硕作《己丑寒食》诗哭育儿，又于此任画拓缶图下，以篆书题《缶庐诗》长题一首，末云："石门李北谿嘉福拓缶，山阴任伯年颐补花，安吉吴昌硕俊录旧作，时己丑寒食节。"围绕此图，散发出浓重的悼亡氛围，至1895年（乙未）任伯年逝世，吴昌

① 故宫博物院藏。
② 故宫博物院藏。

图159
试箭图 立轴
纸本 设色
149cm×81.5cm
己丑 1889年
中国美术馆藏

图160
荷塘鸭戏图　立轴
纸本　设色
135.5cm×66cm
己丑　1889年
天津市文物公司藏

图161

无香味图　立轴
纸本　设色
120.2cm×56.1cm
己丑　1889年
中国美术馆藏

【图160】
拓缶牡丹图　立轴
纸本　水墨
尺寸不详
己丑　1889年
私人藏

拓缶牡丹图（局部）

昌硕老友知我最，伯年画寄赠此帧，上有拓缶昌翁以名其庐，披图如见故人也。壬寅九月廿二日石友记于鸣坚白室

拓缶牡丹图（局部）

硕又在此图左边题诗悼念任伯年，在跋文中记录了任伯年辞世的确切时间，款云："光绪廿一年乙未十一月四日客吴下迟鸿轩，闻伯年老友先生物故，诗以哭之，吴俊卿记。"

又此《拓缶牡丹图》为吾老友郭若愚先生所藏，1990年予为借出首度公之于众，在上海美术馆展览，附此志之。

虚谷66岁。在沪上，春作《桃实图》轴，四月作《山居高士图》轴。

吴昌硕46岁。为任伯年刻"任和尚"，又"山阴任""任千秋"等印。有《元盖寓庐偶存》诗稿两种。

又施浴升、谭复堂为《缶庐集》作序。

倪田（墨耕）37岁。是年顷来沪。"倪墨耕原在扬州为王小某画铺之学徒，尤善鞍马，深得小某赞扬。后因伪造小某《豆棚闲话图》，被小某归责，'不当私作赝鼎以欺世'。墨耕惭，即日渡江走上海。先在豫园萃秀堂前席地鬻艺，适任伯年过而见之，遂招之至家，为之引誉。而墨耕受任画影响，参用其法，水墨竹石，设色花卉，腴润遒劲，擅胜于时。并工山水，鬻画于沪垂三十年，其画价值倍于小某。"①

图163
浴马图　立轴
纸本　设色
134cm×66.5cm
庚寅　1890年
天津博物馆藏

◆ 光绪十六年（1890年）　庚寅　51岁

闰二月清明后三日于颐颐草堂作《浴马图》轴［图163］，款云："光绪庚寅闰二月清明后三日，山阴任颐伯年甫写于颐颐草堂。"钤白文"山阴任颐""任伯年宜长年""任公子"印。又作《松下策杖图》轴、《牧童图》轴、《渔父图》轴并人物册。

闰二月中浣又为胡秋云作《人物》册八帧。

首夏写《木棉鸣禽》《山石锦鸡》《凌霄双鸠》（题："花落黄陵庙里啼，光绪庚寅夏五月。"）又作《枇杷鸡雏》《柳塘白鹅》《蒲塘秋艳》《芙蓉群鸭》等七条屏［图164］。

孟夏为菊初作《蟠桃绶带图》轴［图165］，款云："菊初仁兄大人雅属希正，光绪庚寅孟夏吉日，山阴任颐伯年甫写于海上。"钤白文"山阴任颐""任伯年""任公子"印。

又作《木棉鸣禽图》轴、《柳溪鹅戏图》轴。

仲夏上浣雨窗作《松鹤灵芝图》轴。

是年写《墨荷图》轴。

【按】

是年（辛卯，1891年）吴昌硕在上海与任伯年过往甚密，尤其拟于画学多有请益。任伯年画有数种水墨荷花图，赠吴昌硕。今上海博物馆藏吴昌硕《墨荷图》大轴［图166］，右上有吴昌硕"丙申十月客居长洲"长题款书。过去一直认为是吴昌硕1896年之作，实误。应是任伯年为吴昌

图165
蟠桃绶带图　立轴
纸本　设色
131.5cm×63.9cm
庚寅　1890年
中国美术馆藏

任公子
-1890年-

① 详见《近代野乘》，又丁健行《墨林掇秀录》（手稿本）卷十五引。

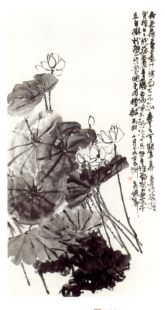

图166
墨荷图 立轴
纸本 水墨
152.8cm×81cm

示范画，故画中有涂抹之处。我有详细考证，题为《溪堂晚色看荷花——从〈墨荷图〉看任吴合璧兼谈吴昌硕早年画风》。

五月上浣写花鸟四条屏，《天竹鹌鹑》《牵牛白头》《玉兰孔雀》[**图167**]、《蕉菊仙鹤》[**图168**]，钤有白文印"任公子"等。

【按】

此四条屏为高幅巨屏，极精密爽致，与是年《紫藤翠鸟图》及花鸟七条屏等皆为一时得意之作。

五月作《紫藤翠鸟图》轴，款署："光绪庚寅夏五月上浣，山阴任颐伯年甫。"徐悲鸿题记云："庚寅为伯年先生五十岁，是其最成熟时。癸巳中秋，悲鸿购得因题。"①

又作《花下啄食图》轴、《枇杷鸡雏图》轴、《花落鸠啼图》轴（题"花落黄陵庙里啼"）。

六月上浣为渭泉写《金屏花鸟》四幅，款云："渭泉封翁先生七秩开一，光绪庚寅夏六月上浣，山阴任颐人醉写祝"。②

六月作青莲色绢本《金笔没骨花鸟六条屏》[**图169**]，为《桂花母鸡》《竹枝小鸟》（款署"新罗山人有此本，略赋浅色，余以墨笔效之，光绪庚寅六月，山阴任颐伯年"）、《荷花鹭鸶》（款署"蒲塘秋艳，师南田老人墨法于海上颐颐草堂"）、《紫藤三禽》《苍松独鹤》《玉兰鹦鹉》（款署"光绪庚寅夏六月上浣吉日，山阴任颐伯年"）。

六月又为咏南作《远公和尚图》轴。

七月作《羲之爱鹅图》轴[**图170**]，款云："光绪庚寅秋七月，山阴任颐写于海上。"钤有朱文"任和尚"大印。

新秋并作有《水牛图》轴。

中秋后一日作《中秋赏月图》轴[**图171**]，款署："光绪庚寅中秋后一日，山阴任颐伯年甫写于沪城。"（为月饼、梨、藕、葡萄、白兔之属，写生复写意之作。）

中秋后三日作《雨过鸣鸠图》轴，题句有"雨昏青草湖边过，花落黄陵庙里啼"。

八月又作《中秋赏月图》。

【按】

是年（庚寅）作品亦不多作，似因病搁笔。但五六月至秋日，精神一振，多有长幅高屏，且多精品联屏佳作，引人注目。

八月为景华作《山水图》轴。水墨淡彩大幅，款云："景华仁兄大人正之，光绪庚寅八月，山阴任颐伯年。"

秋九月吉日作红金笺《百龄禄寿图》轴（鹿、绶带鸟、柏树、灵芝），写于海上之颐颐草堂。

② 广州艺术博物馆藏。

① 徐悲鸿纪念馆藏。

图164

花鸟七条屏

绢本　设色

195cm×47.5cm×7

庚寅　1890年

徐悲鸿纪念馆藏

之一　木棉鸣禽

之二　山鸡

之三　凌霄

之四　枇杷群鸡

之五　柳溪鹅戏

之六　蒲塘秋艳

之七　芙蓉群鸭

之一　之二　之三　之四　之五　之六　之七

之三 之四

图167
花鸟四条屏 之三
玉兰孔雀 立轴

图168
花鸟四条屏 之四
蕉菊仙鹤 立轴

焦菊仙鹤（局部）

图169
金笔没骨花鸟六条屏
瓷青绢　金笔
153cm×41.2cm×6
庚寅　1890年
中国美术馆藏

之一　紫藤三禽
之二　玉兰鹦鹉
之三　荷花鹭鸶
之四　桂花母鸡
之五　竹枝小鸟
之六　苍松独鹤

| 之一 | 之二 | 之三 | 之四 | 之五 | 之六 |

荷花鹭鸶（局部）

图170
羲之爱鹅图 立轴
纸本 设色
92cm×40cm
庚寅 1890年
故宫博物院藏

光绪庚寅中秋后一日

山陰任頤伯年寫於寶稼隩城

图171

中秋赏月图　立轴

纸本　设色

122cm×57cm

庚寅　1890年

上海博物馆藏

十二月为璧州作《秋山游骑图》轴，又为璧州作《杨柳八哥图》轴，款署："璧州先生鉴家一粲，庚寅嘉平，颐颐草堂主人伯年顿首。"①

是年又作《荷塘月色图》轴、《溪亭秋霭图》轴，为赵啸云作《泛舟图》纨扇（题"啸云老伯大人之教"），又为鹤年作《双稚》扇页等，又作《仿吴镇山水》轴。

是年又临郑板桥《竹石图》轴，并录原款云："石块玲珑整又歪，离奇秀峭自天栽。旁添竹叶浓兼淡，不费先生再点苔。板桥。光绪庚寅，任伯年临。"钤白文印"任公子"等。

杨逸题跋云："板桥竹石，不拘成法，虚虚实实，整整奇奇，信手挥毫，都成妙谛。由其胸境高超，见解精卓，故能有此绝尘之诣。学板桥者，未尝无人，任是放笔为之，非软弱即狞狂，终失天然真趣。此画为山阴任伯年临本，并模仿原题，何其神似乃尔。山阴画派本不与板桥合辙，游戏之作，妙造自然。与任先生同时以竹石擅长者，唯胡横云。然横云之画，下笔谨严，能整不能奇，使以板桥画仿为之，恐未必有此奇肖也。瑞人先生得此画，以斗端尚空，属为加题。己巳之春，六十六叟杨逸。"②

任伯年本年始健康减损，"嗜酒病肺，捐馆前五年，用医者言，止酒不复饮。而涉秋徂冬，犹咳呛哕逆，喘汗颏此"（任菫叔语）③。

任薰 56 岁。

虚谷 67 岁。春月与朱偁、胡璋合作花卉长卷，虚谷补梅竹。

吴昌硕 47 岁。

高邕之 41 岁。

胡璋 43 岁。

任雨华 23 岁。

任菫叔 10 岁。任伯年戏称菫叔为"小和尚"，尝作《戏鹅图》赠菫叔，题句为"小和尚玩玩"，画中二小童赤屁股翘立桥上，俯看桥下白鹅游嬉，极生动之至。

王一亭 25 岁。

◆**光绪十七年（1891 年）　辛卯　52 岁**

春正月二十六日写《鹿寿图》轴。

正月二十九日为咏南作《许由洗耳图》轴。

二月五日作《瓜藤浴鸭图》轴。

二月七日作《松藤双鸠图》轴。

春二月写花鸟四条屏高幅大屏，为《瓜藤群鸭》《蒲葵乌鸡》《松藤双鸠》（题"辛卯春二月七日作"）、《牡丹孔雀》④（款云"光绪辛卯春二月上浣，山阴任颐伯年甫写于沪城寓斋"）。

① 故宫博物院藏。

② 临郑板桥《竹石图》轴，朵云轩藏。

③ 见任菫叔"题任伯年四十九岁摄影"。

④ 中国美术馆藏。纵二百一十五点四厘米，横四十九点三厘米。

二月又作《牡丹鹭鸶图》轴、《棕榈鸡图》轴。

三月为吴昌硕作《墨笔荷花图》轴，题："昌硕老友一笑，光绪辛卯暮春，弟颐。"又为吴昌硕作《破荷图》笺纸，题"《破荷图》，为破荷亭长"。又为吴昌硕作《雪中菊雀图》册页，题署云："雪中真有此，不比画芭蕉。昌硕先生戏，光绪辛卯三月，山阴任颐。"

又，吴昌硕尝题八大山人《墨荷图》云："乾坤静气。八大作画下笔如金刚杵，近今画家得其趣者唯山阴任伯年一人而已。昌硕记。"

三月十八日（"望后三日"）于"海上之且住室"作《芭蕉白鸡图》轴。①

三月又作《人物故事条屏》四条［图172］，款署有云："光绪辛卯暮春之初，师陈章侯设色之法于沪城且住室，任颐记。"依次为《焚香诰天》《煮石仙童》《桃源问津》《白鹿献寿》。

暮春之初又作《雪梅群雀》四条通景屏（设色）［图173］，款云："光绪岁在辛卯莫（暮）春之初，山阴任颐伯年写于海上。"又作《鸡鸣富贵图》轴。

四月上浣作《钟进士像》轴［图174］。款云："光绪辛卯夏四月上浣，山阴任颐伯年。"钤朱文"伯年"、白文"任颐之印"。

【按】

此钟馗像轴，全无背景，写钟馗眼神、手姿、髭须怒张种种无不绝妙传神，为任伯年所有钟馗作品之最精作。

又为锡侯作《花鸟》四条屏，为《牡丹白鸡》（款署"锡侯仁兄大人正之，光绪辛卯夏四月，山阴任颐写于海上且住室"）、《斑鸠松藤》（款署"光绪辛卯夏四月写于沪城之颐颐草堂，任伯年记"）、《麻雀菊花》《玉兰八哥》。②

首夏作高幅四屏幅，为《桃花双燕》《荷塘双鹭》《菊石双鹤》《松萝双鸠》，款云："光绪辛卯夏六月，山阴任颐写于海上。"③

首夏又作《玉兰孔雀图》轴、《桃花游鸭图》轴、《双鹤图》轴。

五月端阳节在苏州为吴昌硕之子作《苏儿小像》轴（即吴东迈小像），吴昌硕题诗并注云："苏儿小影，手携一筐，筐盛枇杷，伯年画。""苏儿苏州生，头角颇岐嶷。两岁呱呱啼，随父适海国。今岁才六龄，之而未渠识。渠父酸寒尉，束肚弄不律。吃墨分所宜，余者力不及。光福枇杷熟，卖趁端阳节。尉也腰无泉，全家戒勿食。行者山阴来，曰：'苏，尔无泣，西山黄金果，昨日吾手摘，破筐盛累累，慰尔经年忆。'苏儿见之嬉，踊跃来绕膝。行者为写照，其意笔端出。儿有食肉相，愿为万夫帅。勿学耶读书，齑盐困早秩。"④

图172
人物故事条屏
泥金　设色
205cm×43cm×4
辛卯　1891年
中央美术学院藏

① 徐悲鸿纪念馆藏。

② 广州艺术博物馆藏。

③ 中国美术馆藏。纵二百五十九点四厘米，横五十九点四厘米。

④ 见吴昌硕诗手稿，"行者山阴来"一句，原为"任夫海上来"，后删改之。可知任伯年五月初在苏州，初四并在洞庭西山。

图173
雪梅群雀 四条通景屏
纸本　设色
77.6cm×133.6cm
辛卯　1891年
中国美术馆藏

图174
钟进士像　立轴
纸本　设色
132.2cm×65.6cm
辛卯　1891年
中国美术馆藏

五月上浣在沪上作《墨笔破扇钟馗图》轴，款署："光绪辛卯夏五月上浣，山阴任颐伯年甫写于沪城之颐颐草堂。"①

五月下浣作《蕉桂双鸡图》轴，题款云："光绪辛卯夏五月下浣，梅雨初霁，几砚苍润，作此藉破午倦，山阴任颐伯年甫并记。"

夏六月挥汗仿唐寅写《梅花书屋图》，款云："暑窗雨冷，几砚苍润，戏仿桃花庵主《梅花书屋图》，知不免邯郸学步矣，掷笔为之一笑。光绪辛卯夏六（月）挥汗并记，山阴颐。"徐悲鸿题云："用夹宣作则一而得两幅，遇惬意者副张亦是可留，尤以笔墨不着形迹为原纸所无，趣益深远。"

六月作《柳塘双舟图》轴，款："光绪辛卯夏六月，山阴任颐任伯年甫写于海上寓斋。"徐悲鸿后题记云："此亦副张，而精采绝未损失。悲鸿题记。"

又夏六月写《松下高士图》（东山高隐），徐悲鸿题："此第二层页，悲鸿略为补润。"

又作《松藤双鸠图》轴、《松林小憩图》轴、《山枫飞雀图》轴。

又，六月作《山水》册，款题云："炎暑酷热甚，终日挥扇纳凉，何暇挥笔作画也，明公祈为谅之。幸甚幸甚。光绪辛卯夏六月，任伯年。"

六月下浣写《东坡赤壁》图轴，款云："光绪辛卯六月下浣，山阴任颐伯年甫挥汗于沪城且住室东窗。"此为画完未加印，后有徐悲鸿题云："伯年力透纸背，其画故以淡逸胜，而副页乃更逸脱尽烟火气，特恐张挂过多，尘污混其笔迹耳。有保守之责者，不可不加注意也。悲鸿。"

七月作《金谷园图》轴 [图175]，款题云："新罗山人《谢东山携妓图》，余是作略仿其意，效颦学步，徒令人捧腹耳，书以志愧，任颐。时光绪辛卯秋七月。"钤朱文"伯年"、白文"任颐之印"。

七月为楚卿作《蕉梅麻雀图》轴 [图176]，款云："楚卿仁兄大人雅正，光绪辛卯七月，山阴任颐伯年甫。"钤白文"任颐之印"。

新秋七月将望作《山水图》轴。

九月作金笺《麻姑献寿图》轴，又晚秋作《牡丹水仙图》轴。

十一月作《枇杷双鹤图》轴。十一月上浣为陈景华写《丹桂五芳图》大轴。

又为景华作《投壶图》轴，款云："景华仁兄大人雅正，光绪辛卯冬十一月上浣，山阴任颐伯年甫。"

【按】

景华，姓陈。此图亦名《丹桂五芳图》。

又作《苍松鹨鹄图》轴，款署："光绪辛卯嘉平，山阴任颐呵冻于海上颐颐草堂。"

又作《驴背寻诗图》轴。

是年并作《桐阴清昼图》轴、《荷花双鹭图》轴。

① 上海博物馆藏。

图175

金谷园图　立轴

纸本　设色

182.2cm×96.4cm

辛卯　1891年

中国美术馆藏

金谷園圖「局部」

图176　蕉梅麻雀图　立轴
纸本　水墨
85.5cm×47cm
辛卯　1891年
徐悲鸿纪念馆藏

又为姚夑作《姚小复五十四岁小影图》轴［**图177**］。

【按】

姚夑，字小复，其父姚燮，与任熊、任阜长、任伯年"三任"深为契交。此像为钱镜塘藏。

又作《柳燕图》扇［**图178**］赠虚谷，款题云："虚谷道兄我师，光绪辛卯，任颐顿首顿首。"翌年五月，虚谷又将此扇转赠九华堂主人朱锦堂，并题款云："锦裳仁兄属，壬辰五月，弟虚谷转赠。"钤虚（白文）、"谷"（朱文）。又，是扇背页有高邕之书煮石山农诗，附录之："荒苔丛筱路萦回，绕涧新栽百本梅。花落不随流水去，鹤归常带白云来。买山自得居山趣，处世浑无济世才。昨夜月明天似水，啸歌行上读书台。右煮石山农诗，山农自注云：'不会奔趋，不会谄佞，不能干禄仕，终日忍饥过，写字读书作画，遣兴而已。'观此数语，山农冷韵高情，千载下尚可想。虚谷先生一笑，高邕书于小逍遥馆。"钤"今朝苦行头陀"印。

虚谷 68 岁。在上海，作仿解弢馆（华喦）之松鼠等图，又为慧源大和尚作《三清图》轴。

图177
姚小复五十四岁小影图（局部） 立轴

吴昌硕 48 岁。是三五年间，吴昌硕与任伯年过从甚密，任亦多次赠画，吴并常去任家研求画理，亦师亦友，互为探讨。故《海上画语》记云："伯年外出，即终日不返。家人愿其多作画，可多得润资，戒勿出。有日闻挝门急，内出恶声，既而察知呼音之为吴昌硕，门始启，笑谢曰：'不知是吴先生，意为高邕之又来引其去也。'昌硕初作画，每就正于伯年，故道及辄称伯年先生，犹伯年不忘知遇，称胡公寿为公寿先生。"又郑逸梅《小阳秋》引孙紫珊云："吴昌硕学画于伯年，时昌硕年已五十矣。伯年为写梅竹，寥寥数笔以示之，昌硕携归，日夕临摹，积若干纸，请伯年改定。视之，则竹差得形似，梅则臃肿大不类。伯年曰：'子工书，不妨以篆籀写花，草书作干，变化贯通，不难其奥诀也。'昌硕从此作画甚勤。每日必至伯年处谈画理。伯年固性懒，因此画件益搁置，无暇再事挥毫。"可知吴昌硕学画之初与任伯年交往深契之情景。

图178
柳燕图 扇面
纸本 设色
17.5cm×51cm
辛卯 1891年
朵云轩藏

二月上浣为炽先作《听秋图》轴（《秋声赋》诗意）。

为石农作《竹涧双雀图》轴。

春三月为涤泉作《竹涧双雀图》轴［图 179］（一作《欲雨时分图》），款云："涤泉仁兄大人雅正，光绪壬辰春二月山阴任颐伯年。"钤白文"任颐之印"和朱文"伯年"印。

又作《玉兰春晓图》轴、《白头富贵图》轴。

三月为介寿作《洗马图》轴［图 180］，款云："介寿仁兄大人正之，光绪壬辰三月山阴任颐。"钤朱文"伯年"和白文"任颐之印"。

三月望日徐园书画会雅集，任伯年画《鸡》，虚谷上人作行书，杨伯润写山水，极一时之盛。

【按】

《徐园书画会记》……徐园鸿印轩主人，性耽风雅，每于新春之际，但遇星期大开雅会，或琴，或棋，或度曲，或汇书画之会……清明后六日，余与抱月山人偕游……入读画楼下，辟其窗侧见四壁所悬者琳琅满目，行书则有壶天老人卫君铸生、虚谷上人、金君吉石、闵君吟椒、免痂道人黄君静园、蒲君作英、叶君小渔、陈君溁卿、周君紫垣，篆书则有毛君华生、陈君维祺、陆君子万、朱君岳生，隶书则有申左梦畹生，漆书则有吴君渭聘，楷书则有徐君澍亭、钱君蓉汉、钱君少伯，而弇山俞君则独题《徐园雅集图》。画则有朱君梦庐之月季，任君伯年之鸡，杨君佩甫、姚君棲谷、巢君子余、□君新甫、孙君缦泉、徐君晓岚、张君遂生之山水，郭君少泉之博古、盆花，韦君子钧之松菊、人物，吴君秋农之山水、人物，何君研北之春燕、花卉，徐君小沧之博古、蒲石，蒋君鹤年、张君子青之双钩翎毛，查君抢先之兰，庄君圃香及一泉上人之竹，宋君石年之秋菊、雄鸡，曹君蟠根之人物，周君英之《木兰从军图》，君竹芗、许君清芝、沈君沉之花卉，夏君少麓之《岁朝图》，潘君雅声、尤君笠江、奚君颂南之仕女，孙君守伯之《松菊犹存图》，张君彝颂之梧桐、翎毛。主人亦自作乳鸭、紫藤。余侄石箓之以《介眉寿图》亦厕其间。余于其书画则见而知之，于其款识则皆问而知之，洋洋乎大观也哉。余于此事为门外汉，唯觉其光怪陆离、目迷五色而已。主人曰，此皆今春书画会中之所得也。余忆是日，天气清丽，主人折柬招余至园中，相与鉴赏。余与抱月山人偕往，既至，见有对客挥毫者，有握管凝思者……①

四月作《米颠拜石图》轴、《芭蕉桃花图》轴。

首夏为咏南作《东坡琴操图》轴。

暑月为亦溪嘱写《松冈伎乐图》扇页②。

午夏又作《凌霄松鼠图》轴，款云："写于沪城且住室东楼。"

五月又作《竹林雅集图》轴［图 181］，款署："竹深处，伯壎先生别墅也，

② 朵云轩藏。

《松冈伎乐图》扇页，辰三月望日古越高昌寒食生记）。

① 《申报》光绪十八年三月十七日（一八九二年四月十三日）（壬

图179
竹涧双雀图 立轴
纸本 设色
134cm×32.8cm
壬辰 1892年
中国美术馆藏

图180
洗马图 立轴
纸本 设色
66.5cm×33cm
壬辰 1892年
故宫博物院藏

图181
竹林雅集图　立轴
纸本　设色
80.6cm×43.5cm
壬辰　1892年
故宫博物院藏

竹林雅集图（局部）

仰慕久之，未及一访，漫拟是图，以志渴思。光绪壬辰午夏，山阴任颐伯年。"
钤白文"任颐之印"。

又作绢本梅兰竹菊四条屏。

又作《虬松野鼠图》轴①，款署："光绪壬辰夏四月，山阴任颐伯年甫。"

又为菖蒲主人作《人物》扇页。

五月作《人物》四条屏，分别为《春江渔父图》（款署"光绪壬辰首
夏，山阴任颐伯年"）、《牧童闲读图》（款署"光绪壬辰五月十有三日，
山阴任颐于沪城颐颐草堂"）、《柳荫浴马图》（款署"光绪壬辰早夏，
山阴任颐伯年"）、《米芾拜石图》（款署"光绪壬辰首夏之吉，山阴任
颐伯年写于沪城且住室"）②

六月作《竹鹤图》轴。

七月上浣作《蕉鸽图》轴（"师青藤道人"）。又作《仙山双鹿图》轴、
《高松立鹤图》轴。

新秋为黄德先（侄婿）作《柳岸纳凉图》卷［**图182**］，款署："光绪
壬辰新秋写似德先贤侄婿清玩，任颐。"任堇叔题引首云："家山手泽。先处
士所画山，穹然皆土载石，所谓浙东山，亦家山也。庚午五月梅雨新霁，
堇叔男任堇敬观并题卷首。"

卷后有任堇题跋云："先处士于古人山水画，独癖耆清湘，故其自为画
意境亦高绝。顾不见称于流俗，流俗所震震者，皆花鸟人物一类。其得先
处士山水画者，非生平友好，即子姓姻娅，近习素所心许之人。因之山水
画绝少流传，悠悠之口，遂谓先处士或不擅此，滋可笑喟也。黄君德先尝
从先处士学画，不成，改肆南纸业，寻为九华厚记主计人，最为先处士器重，

图182
柳岸纳凉图　横卷
纸本　水墨
20.9cm×92.9cm
壬辰　1892年
故宫博物院藏

②
上
海
博
物
馆
藏
。

①
钱
镜
塘
藏
。

故得画独多。其室人即余再从女兄，惜不寿无出，君亦齿才逾立而卒。设其人今尚健在，当亦皤然翁矣。君家固中赀，身后取所蓄先处士赠品次第斥卖，此帧其云中一鳞也。然而读者因此可以征先处士于山水画之造诣矣。庚午清和月谨观于海上寓寮长阿那室并记，任堇。"

又，褚德彝题跋云："任君伯年，余未及与之接席，尝闻缶翁言：'任君为人落拓，不谐于俗，而于画实能深造。'及观所作，皆真以独运，深入古人堂奥，自立门户，洵近代一创作家也。此卷虽布景不多，随意点染，苍莽之中，风神独绝，殊类苦瓜和尚晚岁之作，当为一时兴到之笔，非时史所能梦见耳。辛未二月，褚德彝记。"

新秋为少川作《紫藤鸳鸯图》轴 [**图 183**]，款云："少川仁兄大人雅正，光绪壬辰新秋，山阴任颐伯年甫。"钤朱文"伯年"和"任颐之印"。

为佐臣作《芦塘图》轴。

七月望后作《松鼠图》轴 [**图 184**]，款署："光绪壬辰秋七月望后，山阴任颐伯年甫写于沪城且住室东楼。"

新秋又作《鹰石图》轴。

秋八月为云伯仁兄写《松鼠葡萄图》轴①。

九月作行书联 [**图 185**]："'小屋低与艇，梅花瘦如诗。'光绪壬辰秋九月山阴任颐。"

晚秋作有《蒲塘鹅戏图》轴。

十月作《花鸟》册八帧，分别为《紫藤春燕》（款云"光绪壬辰，山阴道人颐"）、《荷花》《桃花麻雀》《枇杷》《柳燕》（款云"光绪壬辰冬十月，山阴任颐"）、《鸳鸯》（款云"光绪壬辰，山阴道人"）、《桂

图185
行书联

图183

紫藤鸳鸯图 立轴

纸本 设色

152cm×81.7cm

壬辰 1892年

中国美术馆藏

图184
松鼠图 立轴
纸本 设色
131.2cm×64.9cm
壬辰 1892年
上海市美术家协会藏

花》（款云"光绪壬辰冬月大雪节，山阴道人"）、《白头海棠》（款云"光绪壬辰冬十月，山阴道人写于沪城"）。①

十月又作《采莲仕女图》轴［**图186**］，款云："光绪壬辰冬十月上浣山阴任颐伯年甫写于沪城寓斋。"钤朱文"伯年"、白文"任颐之印"。

【按】

任伯年晚年笔墨越发精辟，简率而充满金石气。如此幅写荷叶，只钩写数笔，良多韵味。

作《渔父图》轴，又为涤泉作《春江放鸭图》轴。

壬辰嘉平另有为刘松甫所作《荷花鸳鸯》《梅花小鸟》《紫藤绶带》，款题："壬辰嘉平雪窗呵砚，山阴任伯年记于沪城寓次。"②

十二月十三日作《紫藤双燕图》轴，款署："光绪壬辰嘉平十有三日，山阴任伯年甫呵毫记。"

又作《浣纱图》轴，款署："光绪壬辰嘉平上浣，雪窗炙砚，山阴道人任颐并记。"③

又作《鹿车刘伶图》轴。

是年并作有《凌霄松鼠图》轴［**图187**］，款云："光绪壬辰午夏，山阴任颐伯年甫写于沪城且住室东楼。"钤朱文"任颐之印"。另有《牵牛花母鸡图》轴、《寥林独坐》扇、《松溪垂钓图》《花阴白猫图》轴等，又作绢本花鸟册、横方花鸟册多本。

虚谷69岁。为九华堂主朱锦裳制诗笺，作《山居图》轴、《柳枝松鼠图》轴、《瓶壶图》轴。六月又为蒋寿（鹤年）书旧作二首五言诗。

任薰58岁。居苏州。

吴昌硕49岁。作《芜园图》《兰花图》，在上海，摘记生平交友事迹之随笔录，谭复堂为题序。

朱屺瞻生。江苏太仓人。

◆**光绪十九年**（1893年） 癸巳 54岁

仲春作《孔雀牡丹图》轴。

三月作《牧牛图》轴、《春泛图》轴，款云："沂卿仁兄大人雅正，光绪癸巳春三月上浣，山阴任颐。"钤朱文"伯年"。

四月为咏南作《春风得意图》轴，作《叱石成羊图》轴，款云："咏南仁兄大人正之，光绪癸巳首夏，山阴任颐伯年甫。"

又作《牵牛花鸡雏图》轴、《菊花鸡雏图》轴、《青藤麻雀图》轴、《荷花图》轴［**图188**］，末一幅款云："光绪癸巳，山阴任颐。"钤白文"伯年"印等。

五月五日作《朱笔钟馗图》轴。

① 故宫博物院藏。

② 此三件一九四三年藏入美国芝加哥美术馆，予一九九六年八月二日往观。

③ 广东省博物馆藏。

图186
采莲仕女图 立轴
纸本 设色
138.5cm×40cm
壬辰 1892年
中国美术馆藏

图187
凌霄松鼠图　立轴
纸本　设色
151cm×40.5cm
壬辰　1892年
南京博物院藏

图188
荷花图　立轴
纸本　设色
200cm×52cm
癸巳　1893年
故宫博物院藏

仲夏作《玉兰白鸡图》轴、《花石双禽图》轴、《苍松鹦鹉图》轴（芒种后一日）、《孔雀牡丹图》轴。

七月上浣作《归田风趣图》轴［图189］，款题："归田风趣。光绪癸巳秋七月上浣，山阴任颐伯年甫。"钤朱文"伯年"、白文"任颐之印"。

七月为邱衡珊作《荷花鸳鸯图》横幅。

为金吉石作《墨笔山水图》轴［图190］，款云："吉石先生一笑，光绪癸巳，山阴弟人颐。"钤白文"伯年"、朱文"任颐之印""任和尚"。

又作《郭子仪带子入朝图》轴。

仲秋作《踏雪寻梅图》轴。

秋七月为楚臣写《竹雀图》扇页。

晚秋作《枇杷图》轴，款署："光绪癸巳晚秋雨斋颐颐草堂东楼宵窗篝灯记。"①

冬，与虚谷、胡璋合作《松竹梅岁寒三友图》轴，虚谷写松，任伯年画竹，胡铁梅写梅花。②

十二月"嘉平初雨"作《蜡嘴梅花图》轴，又作《竹石双斑鸠图》轴、《霜柯归雁图》轴、《双猫图》轴、《紫藤猫石图》，又有《寒雀》《枫叶鹦鹉》四条屏等。

嘉平月又写《天竹双猫图》［图191］，写二猫呼斗之状，行笔简率，更具速写性。款云："光绪癸巳嘉平月，山阴任颐伯年。"钤朱文印"任颐之印"、白文印"伯年"、朱文印"颐颐草堂"。

除夕夜作《墨笔寥林图》轴。

是年并作有《花鸟》十二条屏、《杜鹃双禽图》轴、《喜从天降图》轴、《松枝海棠图》横幅、《杨季仙小像》轴等。

任薰59岁。七月朔（公历8月22日）病卒于苏州。是年冬其子养盦亦卒。书画散失无存。

吴友如卒。

虚谷70岁。作有《梅鹤图》《紫藤金鱼图》等。张鸣珂到上海，闻虚谷在城内，"蹇裳访之"，吴伯滔为作《海上访僧图》，张鸣珂题诗记其盛，又题虚谷《秋林独步图》，称"虚公原是振奇人"。

吴昌硕50岁。作《菊花图》横披，写菊自寿。春，《缶庐诗》并《缶庐别存》出版。

胡璋46岁。

王一亭28岁。原在某裱画店学艺，尝师事任伯年。任作有墨竹一幅，后王一亭补吴昌硕像于其间。吴题识云："岂敢侪嵇阮，清风满竹林。天心容月抱，老态作雪淫。醉合吞湖海，愁真贯古今。为谁南斗倚，秋兴不须吟。画中之竹，廿年前（1893年）伯年先生所作。一亭王君为予画像其

② 故宫博物院藏。

① 故宫博物院藏。

图189

归田风趣图 立轴

纸本 设色

133.9cm × 62.2cm

癸巳 1893年

中国美术馆藏

图190
墨笔山水图 立轴
纸本 水墨
120.6cm×46.5cm
癸巳 1893年
故宫博物院藏

图191

天竹双猫图　立轴

纸本　设色

132.5cm×64cm

癸巳　1893年

荣宝斋藏

图192

紫藤麻雀图　立轴

纸本　设色

107.5cm×21cm

甲午　1894年

中国美术馆藏

中，呼之欲出。一亭，予友也；先生，在师友之间也。道所在而缘亦随之。甲寅秋七月老缶题记，时年七十有一。"王一亭题跋云："修竹数竿，任先生遗画，清风习习，亟貌缶翁于其中，距先生落墨时已廿易寒暑矣。回首师门，清泪盈睫。甲寅秋七月客春申浦上，王震谨记。"①

贺天健生。

◆光绪二十年（1894年）　甲午　55岁

是年甲午中日战争爆发。

任伯年是年病肺加剧。曾将长年鬻画所积二三万金托其表姐夫在绍兴故乡购置田产，以耀祖荫后。其表姐夫好赌博，将款挥霍殆尽，而以假田契付任伯年。后经发觉，任伯年不胜其苦，卧病哀悲，作画甚少。

春正月作《紫藤麻雀图》轴［图192］，款云："光绪甲午春正月，山阴任颐伯年。"钤白文印"伯年"、朱文印"任颐之印"。

三月为景亭作《蜡梅寒雀图》轴，款题："景亭二哥大人雅教，光绪甲午春二月，伯年任颐。"

新秋作《麻姑寿星图》轴。

九月十七日大东沟海战，邓世昌指挥"致远号"奋战，与日本主力舰"吉野号"决战，全舰250人殉国。

十月孟冬作《紫藤鸳鸯图》轴，又作《四季花鸟》屏、《紫藤双凫图》轴［图193］，末一幅款云："光绪甲午孟冬，伯年任颐写于海上。"钤白文印"任颐之印"、朱文印"伯年"。

十一月上浣作《松下闻箫图》轴（又名《东山丝竹》，［图194］，款题："光绪甲午冬十一月上浣吉日，山阴任颐伯年甫写于海上寓斋。"钤朱文"任颐之印"、白文"伯年"。

又为邱衡珊作《秋声赋图》轴，款署："衡珊仁兄大人雅属，即请教正，光绪甲午冬十一月，山阴任颐伯年甫。"②

十二月作《紫藤白头图》轴，为景华写《蜡梅公鸡图》轴。

虚谷71岁。在上海住城西关庙等处鬻画。作有"仿解弢馆真本"之《修竹松鼠图》轴，又《杨柳八哥图》，于四声诗馆作《梅兰竹菊》四条屏等。

吴昌硕51岁。是年八月应邀入吴大澂幕，赴榆关御敌。在山海关作《乱石山松图》轴，又作《芦台秋望》《榆关杂诗和恧斋先生》等诗。

胡璋47岁。

高邕之45岁。

王一亭29岁。

吴湖帆生。名万，号倩庵，祖籍歙县。

郑午昌生。名昶，号弱龛，浙江嵊县（今嵊州市）人。

② 故宫博物院藏。
① 吴昌硕家藏。

图193
紫藤双凫图　立轴
纸本　设色
134.8cm×53.4cm
甲午　1894年
故宫博物院藏

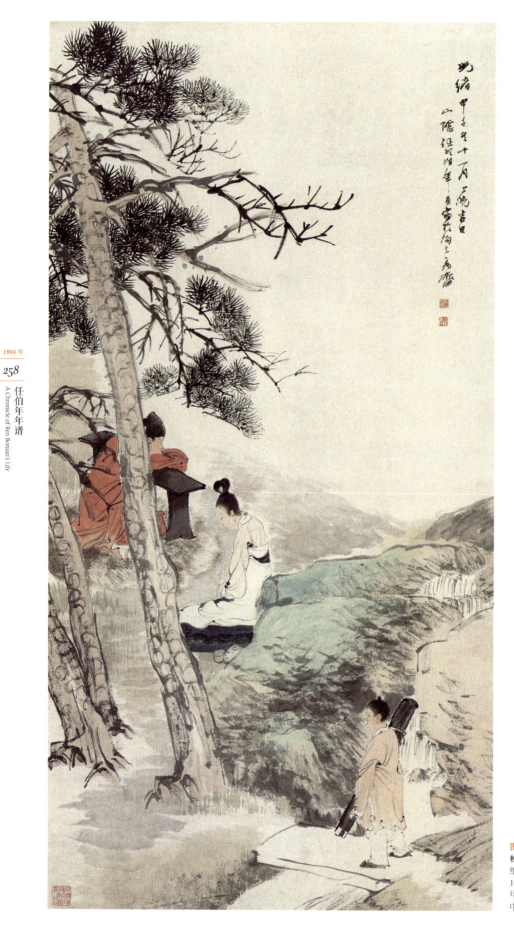

图194

松下闻箫图　立轴

纸本　设色

105cm×54cm

甲午　1894年

中国美术馆藏

颜文樑生。字栋臣，吴县人。

汪亚尘生。

是年三月二十三日中日签订《马关条约》，中日甲午战争结束。四月七日（公历 5 月 1 日）康有为联合在京举人"公车上书"，吁请拒约自强。

任伯年卧病，作画甚少。①

春二月写册页《二祖调心图》，画山涧高士伴卧虎坐观，款云："光绪乙未春二月，山阴任颐。"又作《策杖山行》册页、《山松高士图》册页。

三月作六尺大幅《五伦图》，款云："任伯年，乙未春三月。"此图原为定海刘松甫藏，1943 年藏入美国芝加哥美术馆。另有《桃花三鸡图》，作于三月下旬。又作《竹石鹌鹑图》。予于 1996 年 8 月 2 日在芝加哥美术馆库房观此，另有乙酉、壬辰之作，共藏七件。②

五月杨岘作《题任伯年画猫》诗："绕篱黄菊株株绽，倚石丹蕉叶叶长。堪恨狸奴不管事，耳边闹煞鼠搬姜。任君伯年画猫，缀以蕉菊，极有逸趣，戏题小诗，又增口业矣。乙未五月，藐翁。"（原任画不见，杨岘诗页据日本二玄社影印本。）

夏，吴昌硕在上海，为作《山海关从军图》轴、《棕荫忆旧图》轴二帧。

首夏另作有《猫石枇杷图》轴，仲夏有《萧斋清供图》轴。

秋八月"盥手合十"作《送子观音图》轴。

中秋后日为吴氏作《猫菊图》纨扇③。

另，遗作有《竹涧流泉图》，杨伯润跋云："伯年临关全，笔意古雅，惜未署款。丙申夏午，杨伯润题于语石斋。"

又有遗作《老树枯槎图》，徐悲鸿题云："伯年先生遗作，虽未竟而精采已焕荣，致可宝也。辛未初秋，悲鸿题记。"又作《芭蕉图》轴，徐悲鸿后于画上补一飞鸦，题云："伯年先生遗作，悲鸿缀一鹡鸰于上，乙卯初夏。"

又作《洗耳图》大幅 [图 195]，高邕之定为任氏终笔，并题跋云："地怪天惊一画奴，少年白尽此头颅。近来怕听伤时语，终笔还留洗耳图。此帧是山阴任伯年先生终笔。后三年，其友仁和高邕题于李盦，先生有'画奴'小印，故首句及之。时光绪戊戌四月二日也。"钤白文印"李庵和尚"、朱文印"高邕不朽"。

【按】

尝见有署款"光绪乙未年冬十月上浣，山阴任颐伯年甫写于沪城寓斋"之《仕女图》轴（又题为《弄璋图》），此幅完全相同者凡数见，而年款各异，盖任氏粉本由任雨华辈反复制作也。④

十一月四日（公历 12 月 19 日）任伯年病逝于上海。由高邕之、虚谷、

① 所见乙未年传世之作，其中有任雨华代笔和其他赝本，质木无神也。

② 《五伦图》等七件为美国芝加哥美术馆藏。

③ 中国美术家协会藏。尺寸：纵二十五厘米，横二十五厘米。

④ 《仕女图》轴，乙未十月本镇江市博物馆藏（为甫芗作）本为上海文物商店藏，壬辰冬月本为天津博物馆藏，皆同一粉本，而均非真虎也。

图195
洗耳图　立轴
纸本　设色
140.1cm×81cm
约19世纪90年代中期
故宫博物院藏

洗耳图（局部）

蒲华等为其治丧。时任堇叔 15 岁，任雨华 27 岁。

虚谷悼任伯年挽联云："笔无常法，别出新机，君艺称极也；天夺斯人，谁能继起，吾道其衰乎。"（据蕉雨所示笔记《半九书塾杂记》）

吴昌硕从苏州赶来奔丧，作挽诗、挽联。其诗《哭任伯年先生》前有小跋，记任伯年逝世年月，诗云："光绪廿一年乙未十一月初四日殁。海上微官等匏系，日穷画理逐先生。武梁祠古增游历，金石声高出性情。脱剑今朝惭季子，读山何地起长蘅（为曾画《山海关从军图》）。风流已矣应蜷舌，涕泗阑干对月明。"①

其挽联云："画笔千秋名，汉石随泥同不朽；临风百回哭，水痕墨气失知音。"②

【按】

此诗并挽联均据《吴昌硕手稿》。又此诗曾题于任伯年画中，即己丑 1889 年所作之《拓缶牡丹图》，图中画一缶，中画牡丹，下题悼诗。由诗可知吴昌硕与任伯年深交，关系在"师友之间"。吴以李流芳（长蘅）喻任伯年，其意盖深。由诗亦可知任伯年尝游武梁祠等往事，惜诗焉难详。又吴昌硕晚年曾将挽任伯年一联抄示王个簃，云："北苑千秋名，汉石随泥同不朽；西风两行泪，水痕墨趣失知音。"盖记忆稍有误。今据当时手稿则无疑。而任伯年之卒年赫然在目，遂有定论矣。

又，吴昌硕题任伯年画《拓缶牡丹图》，挽诗同上，款云："光绪廿一年，乙未十一月四日，客吴下迟鸿轩，闻伯年老友先生物故，诗以哭之。吴俊卿记。"

杨岘 77 岁。

虚谷 72 岁。作《紫绶金章图》大帧多幅，又作《枇杷图》《古鼎墨梅图》③等。有《虚谷和尚诗录》一卷梓行。丙申（1896 年）坐化于上海城西关庙，其徒苏州狮林寺方丈恬盦（庵）闻讯，赶来扶枢归葬太湖石壁山。年 73 岁卒。

朱梦庐 70 岁。

蒲华 64 岁。

吴昌硕 52 岁。

胡璋 48 岁。

高邕之 46 岁。

任雨华 27 岁。《寒松阁谈艺琐录》（卷六）云："伯年画名满海内，女史耳濡目染，亦工山水。人有以伯年遗稿索临者，寻其脉络，矩步规行，一种苍秀隽逸之趣，与原本吻合，可谓极丹青家之能事矣。"

又《小阳秋》记："伯年客死沪寓，身后殊萧条。幸其女霞，字雨华，传家学，鬻画以养母抚弟，且常署父名以图易售，伯年画遂充斥于市，真赝为之淆乱矣。堇叔固有声于时，能书画，别出蹊径，不由父传。霞则早殒。据传闻云，霞年事既长，由父执何研北作伐，得某氏子为婿。某氏子美姿容，

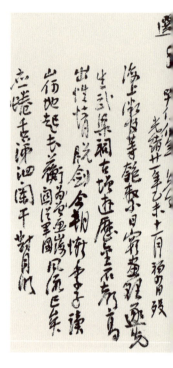

① ②均据《吴昌硕手稿》，浙江省博物馆藏。

③《古鼎墨梅图》，是帧为四条屏之一，其他为朱偁、倪田、杨伯润各一帧，均为忍盦主人作，时乙未春。现宁波某氏藏。

擅仿卢文。霞私心自慰，益努力于画，积润资以办奁具。于归有期，不料某氏子留学西邦，别有所属，霞大失望，自嗟命薄，几欲自裁。后嫁一寒士，伉俪綦笃。年余，寒士又病死，至无以殓，由某戚为理其丧。霞感极而涕，戚某云：'夫人能以画幅见惠，则幸甚矣。'霞大哭曰：'先夫既殁，未亡人岂忍再以笔墨媚世，所受恩泽，当于来生犬马为报耳。'言至此，呜咽不成声。寻以伤感过甚而殁，闻者惜之。"

又《海上墨林》（增录）云："任霞，字雨华，山阴人，颐长女，适吴兴吴少卿为继室。画承家学，人物、花卉，尽得真传。嫁后操笔时希，故流传甚少。庚申年卒于沪。"

任堇叔 15 岁。《匏籢杂志》云："山阴任堇叔先生，原名光颛，字越隽，号嫩凉，晚号能婴。其父伯年，族叔祖渭长、阜长，两代均以画闻当世。堇叔生于洪杨乱后，家业荡然。伯年以鬻画赡家，课堇叔读，聪颖异常儿，髫龄尝绘《两军对垒图》，为伯年斥责。盖其父饱经刀兵丧乱之苦，不忍再见黩武之事也。年十三，从其姊丈吴读。堇叔至孝，父病亲尝汤药，衣不解带。父卒，堇叔哀毁，几至灭性。年十八，从同邑名宿周子贤游。明年以第三名入泮，自应秋闱，落选后遂绝科场，入长白耀廉访幕，平冤狱无数。鼎革后，伤时嫉俗，远游琼崖，主书院讲席，以培植人才为志。数岁东归，日以寝馈坟典，及刑政兵农之学，治国故无宋学汉学门户之见。学日醇而体日弱，疾病侵寻。丙寅、丁丑，旧雨于右任、李怀霜先后秉政，招之入都，卒以体弱，不胜繁剧，未期年而归隐邱园。但以家累繁重，笔耕所入，贫不足以赡家。而名士硕彦，朋友文酒之集，日不间断，虽家无儋石之储，先生处之晏然。先世虽以画名，而君则以诗文、书法名重当世。其书真绍钟索，晚年益高，融合三爨六朝，高劲类黄石斋，有时参以章草，可与沈寐叟比美。画亦偶作，飘飘似有仙气，非俗笔所能几及。名益重而体日弱，于是乞助于阿芙蓉，贫益甚，乃断之。于民国二十五年六月罹肺炎疾逝世，年仅五十六岁。遗著有《长阿那室诗文存》若干卷。《嫩凉词》若干卷，未梓。先生尝梦至一处，琼宇玉阶，异草奇花，有羽士告以前生为第四嫩凉洞天第十二院院长，故自号'嫩凉居士'云。"[1]

又任堇，"字堇叔，工诗、古文词，善书法，写山水专师宋人，不轻与人作"（《越中历代画人传》上卷）。又堇叔"主沪《繁华报》，工八分。唯性疏懒，求者踵接，而久搁置。困于烟霞而卒"[2]。

又任堇叔有一女，名任野平，后因婚姻事自尽。有一子，后随吴仲熊赴美国云。此徐邦达先生见告。以上均杂采备录，附于谱后，以志任伯年身后之萧条景况也。

徐悲鸿生。

陈之佛生。

[1] 丁健行《墨林撷秀》卷十三引。

[2]《墨林撷秀》卷三。

论文

Treatise

任伯年艺术论

◆丁羲元

　　我国近代有这样一位画家：他的作品脍炙人口，连简略的小传也付阙如；他一生卖画，名冠当世，却死于贫病交加；他的后嗣息影绝响，而他的艺术陶冶着一代代审美的心灵；他的性格那般真率自然，那音容笑貌，依然跃然纸上……这就是任伯年。他确是中国近代一位影响较大的画家。有人说他是近代画史上的一个重点人物，也许是未为夸张的。

　　长期以来，对任伯年的研究，固然不乏鸿裁高论，但确也每多感想式的谈片，或侧重于一枝一叶的观赏。因此，如果能从一个较宽广的角度，看看这株长春的画树究竟是怎样生长的，其枝头怎么会结满那么多的鲜果，而且，为什么我们不能透过云封烟漫，看看那些长期不能尽窥的所在，这也许是不无意义的。

　　所以，本文试图论及：一、产生任伯年艺术的社会历史条件和他的思想梗概；二、任伯年对中国绘画传统的继承和发扬；三、任伯年绘画的艺术特点；四、任伯年在近代画史上的地位及其影响。而任伯年是怎样对中国绘画艺术进行破格创新的，以及其艺术的特色，则是本文论述的中心。

一

　　在晚清著名思想家龚自珍引吭高歌"我劝天公重抖擞，不拘一格降人才"的翌年（1840年），鸦片战争爆发了，中国近代史的帷幕揭开了。任伯年就诞生在这一年。①他生活的年代是帝国主义列强不断地侵略、掠夺、瓜分中国，使中国社会加速半殖民地半封建化的大动荡的时代，同时也是人民革命蓬勃兴起，如火如荼地展开的大革命的时代。这是火炬与刀剑相映，号角与丧钟互鸣，新与旧、萌动与窳败、生命的活跃与窒息的沉闷进行战斗的时代。正是这个时代造就了19世纪杰出的画家任伯年。

　　任何艺术的变革和发展，都是在一定的社会历史条件下进行的。任伯年绘画的发展和成熟，固然与艺术本身发展的内在规律有关，但是，与近代上海的崛起也是分不开的。如果离开了上海这一近代社会典型的大都会的生活现实，将不可能深入理解任伯年的绘画。

上海，昔年是一个并不引人注目的渔村荻港，但鸦片战争以后一二十年间，却取代了苏州、扬州和广州的地位，一跃成为中国乃至远东最繁华的商业城市。19世纪中叶，帝国主义以大炮敲开了中国的大门，鸦片战争惊扰了清王朝的酣梦，上海成了最早的对外通商港口，"最初开埠在道光二十三年九月二十六日（1843年11月17日）"（《上海县志》卷十四），不数年，各国俱在上海洋泾浜两岸和吴淞江北设置租界。1853年，英国首先在上海设立麦加利银行（《上海县志》），接着外国银行诸如丽如银行、汇丰银行等纷纷在上海设立，拥有大量银两，"因之成了洋厘行市的最大操纵者，扼住了上海金融的咽喉"（《上海钱庄史料》）。由于鸦片买卖、洋货山积，加之清政府赔款，大量白银外流，物价飞腾。上海本地土布、木船航运受洋布、洋船之打击，纷纷减产和倒闭。各地失业者也纷纷涌入上海，其中仅广东和福建即达13万之众。1851年太平天国起义，1853年上海小刀会奋起响应。当地官绅商贾逃到外国租界避难，打破了租界只准外国侨民居留的规定。而当太平军1860年进军东南以后，江浙等地地主官僚、富绅巨贾，争趋沪渎，租界人口激增。1860年英美租界已从原来的两万人猛增到30万，而1862年竟增至50万人。各地地主富豪的首脑人物云集上海，并携来了各地大量的资金财物、文物书画。外国商人见有利可图，大肆营造建筑住宅以投机。租界的租价从每一英亩12,000英镑飞涨到50万英镑（《上海钱庄史料》第15页）。"昔年票号皆荟萃苏垣，分号于沪者只有数家"，而"迨东南底定，上海商埠日盛，票号聚集于斯者二十四家，其放银于钱庄，多至二三百万两"（《申报》1884年1月12日）。同时，上海由于其优越的自然条件，扼守中国海陆运输的中心，靠近丝绸茶叶的产地，因此帝国主义者很快发现上海的地理位置远较广州优越，遂将重点移至上海。上海又是清政府的经济命脉，每年冬天由上海启运漕米，而作为通商口岸的关税收入成了清政府镇压太平军的军饷的主要来源。加之晚清浏河的淤塞，曾经繁华的商业中心苏州渐渐衰落下去。因此清政府在太平天国革命中死守上海，最终将太平天国革命镇压下去，终于出现了"江浙东南半壁无一片干净土，而沪上繁华远逾昔日"的奇迹（王韬《瀛壖杂志》第19页）。上海这个完全是"近代"意义上的城市，是直接在西方帝国主义金融资本控制下的商业中心，是中国最早接触和接收西方文明的城市之一，这与历史上歌吹沸天的苏州、扬州等大城市有着根本的不同。在上海，西方侨民远非被中国固有的传统和文明所同化，如中国历史上所发生的那样；而恰恰相反，正是西方的文明在逐渐改变以致毁弃传统的中国生活方式。在中国的近代历史上，一切先进的科学技术的采用和发明，也首先是在上海进行的，例如铁路（1866年）、电报、电话、自来水（1875年）、印刷、报纸（如《申报》，1872年创刊）、海运通航、摄影等等，这一切都是19世纪发生的生活现实，是任伯年等艺术家所亲眼目睹的。

正是在这样的历史背景下，本来画家无多的上海顿时蔚为大国，成了画坛之重镇。张熊、任熊、赵之谦、胡公寿、虚谷、任薰、任伯年、蒲作英、钱慧安、吴昌硕等著名画家云集上海，争奇竞艳，形成了我国近代绘画的一大流派——"海上画派"。所谓"自海禁一开，贸易之盛，无过上海一隅。而以砚田为生者，亦皆于于而来，侨居卖画。公寿、伯年最为杰出"（张鸣珂《寒松阁谈艺琐录》）。上海书画家几乎都是职业画家，"润笔皆有仿帖"（葛元煦《沪游杂记》）。鲁迅曾言简意赅地揭示了"海派""没海者近商"的特点。任伯年正是生活在这一特定的历史环境之中。

任伯年到上海的确切年月应为1868年冬。《上海县续志》载，任伯年"同治间寓沪"。他的《东津话别图》卷题识有云："客游甬上已阅四年"，"兹将随叔阜长橐笔游金闾"。这是同治七年二月（1868年3月）。任伯年去苏州半年多，于这一年的仲冬来到上海。从1868年冬一直到任伯年逝世（光绪乙未十一月初四），他在上海生活了将近三十年，"鬻画为生"。因此，任伯年真正的绘画生涯主要是在上海时期。任伯年在上海局面之打开，得力于胡公寿的支持。"胡为钱业公会所礼聘，扬誉自易为力，且代觅古香室笺扇店，安设笔砚。不数年，画名大噪。"（方若《海上画语》）胡公寿当时是上海画坛之权威，他有钱业公会等商业资本家为背景。这是上海画家依附于商业资本家的典型事例。任伯年后来也结识了许多著名的大商家，如"古香室"经理胡铁梅、"九华堂"店主朱锦裳、银行家陶浚宣等等。各地商人的活动对任伯年画名的传播也起了推动作用。《海上画语》记载了某"粤商索画，屡候不遇，值其自外归，尾之入，伯年即登楼，返顾曰：'内房止步，内房止步。'相传为笑柄"。可见当年任伯年之驰名遐迩及其在上海卖画情况之一斑。而广帮商人之所以特别喜欢任伯年的画，正是由于任伯年的画有着新的时代感和鲜明的艺术个性。而这一切与近代上海的经济发展是分不开的。

任伯年的一生，经历了太平天国革命、中法战争、中日甲午战争等近代史上的重大历史事件，这在他的思想上必然会激起不断的波澜。太平天国革命时期，正当任伯年的青少年时代，由于文献记载的缺乏，他这一时期的思想和活动已无法详加稽考。只是从任堇叔在"任伯年四十九岁所摄照片"上的题识中知道任伯年"年十六陷洪杨军，大酋令掌军旗"的一段往事。[2]以其描述历历如画，可见其相当的真实性。在任堇叔题任伯年所画《任淞云像》轴中，提供了任伯年与太平军关系的又一段详细生动的记述："赭军陷浙，窜越州时，先王母已殂。乃迫先处士使趋行，己独留守。既而赭军至，乃诡丐者，服金钏甚都，先期逃免，求庇诸暨包村。村据形势，包立身（按：应为包立生）奉五斗米道，屡创赭军，遐迩麇至。先王父有女甥嫁村民，颇任以财，故往依之，中途遇害卒。难平，先处士求其尸，不获。女甥之夫识其淡巴菰烟具，为志志其处。道往，果得之，金钏宛然，作两龙相纠文，犹先王父手泽也。"（《美术界》1928年8月第三期）任堇叔的这两段记述，实际上是首尾相贯的一个过程。这一点一直为人所忽。

考太平军之进军浙江有两次，第一次是在咸丰十年庚申二月（1860年3月）。李秀成由南京抄小路经皖南去浙江，"扯本部人马，由庙西到武康，日夜下杭郡，止有六七千之众，将杭州困其五门，三日三夜，攻由清波门而进，攻破杭州"（《忠王李秀成自述》校补本第24页）。但这次进军，目的是"来解京城之围"，所以三月十九日攻下杭州，二十四日即悄然退出，返回天京。
这次进军，时间甚短，也并未打到绍兴。任董叔所谓"赭军陷浙，窜越州时"，
当指 1861 年 11 月李秀成第二次东入浙江之时。李秀成"由富阳破余杭，屯
兵姑塘"，他命令侄儿李容发等"先保萧山而后攻绍兴，以除浙省之羽翼"（"李
秀成谕之侄"）。李容发一路大军自萧山进取绍兴（越州），准备合围杭
州。而攻克杭州是在 1861 年 12 月 31 日，而后不久即撤离。正是这一时期，
任伯年在绍兴，先是迫于父命，才"趋行"逃难，从而卷入太平军中，也
许是一度在李容发军中"掌军旗"。其时值冬令，与任董叔所述"军行或
野次，草块枕藉，露宿达晨"和"道涂霜露"的情景相合。但这段时间并
不长，约一两个月，看来太平军攻陷或撤离杭州后，即所谓"难平"之后，
任伯年又返回寻父。而其父在从绍兴逃往诸暨包村时，已"中途遇害卒"。
任伯年经过一段周折才找到其父之尸体，而且父亲怀藏的金钏等首饰"宛然"
犹存。这也说明任伯年这段逃亡生活时间确实不长，而其父是中途死于战
乱的。由上所述，可知任董叔所谓"年十六陷洪杨军"，看来是误记。因
为任伯年 16 岁时是 1855 年，其时太平军并未攻打浙江，也未进军上海，所
以任伯年不可能是"年十六陷洪杨军"，而应是 1861 年，其时年 22。可惜
他是怎样"陷"于太平军以及其间的详细生活，我们不得而知，也无法妄
加杜撰，只能有待于文献材料的进一步发掘了。任伯年在太平军中的这一
段经历固然不必无限夸大，将他打扮成一个时代英雄，但对他后期创作潜
在的影响，则是不应忽视的。至于有些文章说任伯年"参加过小刀会"云云，
确实是善意的附会了。

现存任伯年最早的作品是同治四年（1865 年）夏的《菩提仕女图》和《玉
楼人醉杏花天》。这是在太平天国革命失败以后，任伯年在宁波时期的作品。
他的早期之作，其思想是基于儒家的忠孝节义的传统道德观。从他所喜欢
画的《灵石旅舍图》等可以看出这一倾向。特别是 1868 年冬寓居上海后，
任伯年"绘其父像，坐立侧眠者多幅，悬中堂，朝夕跪献"（《上海县续志》）。
这一行动尤为鲜明地反映了任伯年早期儒家孝道思想的影响。

社会生活的改变，显然要影响一个艺术家的思想。任伯年长期寓居上海，
面对诡谲多变的十里洋场，更经过中法战争和中日甲午战争的动荡，饱看
风衰俗怨，心中自多耿介之气。当时的上海，加速地殖民地化，成了外国
侵略者的乐园。每年在上海有"西人赛花会""西人水龙会""西人跑马
赛"等等（《沪游杂记》），各国有"总会"，"每值安息之期，怒马高车，
如云而至，簪裾冠盖，座上常盈"，但唯华人，"不能问津"。而"沪北
洋货林立，光怪陆离，无奇不有"。沪上歌楼、烟馆杂沓充陈，青楼更是"洋
舶大贾，辄坠鞭留宴，黄金掷尽"之所。另有"泰西无类"，"持棒殴人，
华人皆畏之如虎"（黄式权《淞南梦影录》），因此流泻笔端，形诸画幅，
任伯年颇多针砭寄情之作。这首先在他的绘画的题材方面有很大的变化。
他画的最多的是《苏武牧羊》《钟馗》《关河一望萧索》。这些题材蕴藏
着任伯年的激情和深思，是他毫端一发而不可收、屡画屡新的画题。他笔
下的钟馗，"一再出现，其意义不在于辟邪唻鬼"（蔡若虹《任伯年画集·代
序》），而是抒发了画家怫郁、悲愤的情怀，是对社会现实的奋击、冲决、

绝叫和反抗。他所画的《苏武牧羊》，形象高大、伟岸、英武不屈，歌颂了苏武独处异域、矢志不渝的爱国精神。同时，也表示了任伯年自己"身居十里洋场，无异置身异域"（《苏武牧羊》题款）的感喟和深虑。作于1882年至1885年间的许多幅《关河一望萧索》，更是蕴含深厚，寄托有加。现在所见这同一标题的绘画计有五幅，有条轴，有扇面，有册页，画的都是衰飒、荒寂、空寥的塞外景象，而在大漠衰草之间，出现的是奔赴疆场的女英雄的形象，戎装，倚马，翘首遥望，心中激荡难平，抒发了一种绵邈的情思。任伯年自题云："关河一望萧索，唐人警句也。有感于斯，常绘其图。"可见，这是针对现实有感而发之作。他所描绘的塞外景象，也许正是"置身"如在"异域"的一种艺术化。他的《王处仲击壶图》（1885年）更是慷慨当歌，"王大将军以如意击壶，唱魏武乐府，豪爽勃然，余读之亦当浮白"。这一年，清王朝在军事上取得胜利的情况下，仍然向法国侵略者妥协求和，签订了丧权辱国的《中法条约》。这在任伯年不能不"亦当浮白"，感触弥深。1884和1885这两年，任画中题识最多，是他思想最为活跃的年代。同时也是他艺术上趋于炉火纯青的年代。"偏能此向具双眼，也知草莽有英雄"（题《鸡》），任伯年多年的郁积顿时爆发了。他的《蜀主词意》，特别寄意深切。在小小一幅上反复题识，于任画中为仅见。他借蜀主王衍的败国投降，显然影射现实，表示对清王朝腐败统治的愤慨之情。1884年"甲申"是明朝灭亡的240年祭。任伯年作有《三友图》，画了曾凤奇、朱锦裳和他自己三人，"皆僧友，其有所寄托耶？"（钟德祥题）这一语，已透露了其中消息。1888年以后的作品，更显露了他的思想光彩，如《寒林牧马》（1888年）、《女娲炼石》（1888年）等，则更深沉地蕴含着爱国的激情。他的画笔更接近现实生活，直接撷取了许多生活画材，如《牧羊图》《鱼鹰图》《一篙新绿》《送炭图》《采药图》等等，他一定从下层劳动人民的生活中汲取了精神力量。他画过反映早期纺织女工悲苦生活的《抄身图》，在另一幅《织妇图》中，他题了宋人的一首绝句："昨日入城市，归来泪满巾。遍身罗绮者，不是养蚕人。"（《芥子园画传》第四集）这表示了任伯年鲜明的爱憎和对劳动妇女的深切同情。

综上所述，正是他画中散发的这种爱国和民主的精神，反映了任伯年思想的基本倾向。徐悲鸿认为：任伯年"是抒情诗人，而未为史诗，此则为生活职业所限，方之古天才，近于太白而不近杜甫"（《任伯年评传》），这是知人之论。任伯年的画，并不着意于对现实生活的精细描绘，却抒发了画家怫郁、悲愤的情怀，是对社会黑暗的奋击、冲决，是"爱国主义在绝叫着"的反抗。任伯年出身较寒微，又无高深的学养，因此他能名冠上海画坛，确实大非易事。在这爱国的和民主的精神鼓舞下，任伯年的艺术才更加迸发出新的光彩，从而推动了任伯年对中国绘画艺术大胆的破格创新。

二

任伯年的绘画发轫于民间艺术，异军突起，勇敢地冲入并且突破了元明以来绘画的重围，在继承和发扬中国绘画的优秀传统的基础上，将中国绘画推进到一个新的阶段。他从几个侧面，革新着中国的绘画艺术。

首先，任伯年是在民间艺术哺育下成长起来的"近代绘画的巨匠"。

在漫长的中国绘画史上，一般地说，在宋代以前，民间画工与宫廷画师或文人画家之间并没有不可逾越的森严界线。相反，时见有互相切磋、观摩合作的例子。"故古之画工率非俗士，其模写物象，多与文人才士思致相合，以其冥搜相类耳。"（《宣和画谱》卷三）甚至可以说，这也是中国古代画史上一个良好的传统。而如敦煌壁画等更是民间艺术家创造的辉煌的艺术画廊。但元代以降，由于社会历史的原因，也由于卷轴画的盛行，以及艺术各分支（特别是诗、书、画）之间的相互渗透和影响，逐渐形成了民间艺术和文人画的两大分野，它们成为两股各自发展的艺术潮流。至明代，特别是董其昌等人标榜文人画，分画为南北宗以后，文人画更其盛行，而民间艺术却成了不登大雅之堂、为士大夫所不屑一顾的俗匠之作。至清代的二百多年间，绘画更成了"四王"正统派山水画风行的天下，而民间艺术的地位则更江河日下。但是，犹如深山幽谷的泉水一般，民间艺术却仍是一脉长流，汩汩不尽，它奔流着，不断熏陶、哺育着新一代杰出的画家。

而任伯年，渊源有自，与民间艺术有着深厚的天然联系，他的父亲任淞云，就是一位民间画师。"读书不苟仕宦，设临街肆，且读且贾。善画，尤善写真术。耻以术炫，故鲜知者。垂老，值岁歉，乃以术授先处士。"（任堇叔《题任淞云像》）任伯年孩提之时，即承庭训，学"写真术"。任淞云要求任伯年将来访的客人不必问姓名，但图其形貌给他看，特别注重传神写照和默写能力的培训。因此，任伯年从小在这样严格的训练下，养成了敏锐的观察力和背摹默写的能力，特别在肖像画方面打下了扎实的基础并练就了娴熟的技艺，成为他日后绘画得以发展的一个重要基础。

关于任伯年的肖像画，任堇叔曾说："今之论者，咸谓曾波臣后第一手，不知实出庭训也。"（《题任淞云像》）从人物肖像入手，并注重默写，这是我国画史上一个濒于失传的好传统。我国现存最早的绘画，战国楚墓的帛画《龙凤人物》，或西汉马王堆的帛画，实际上是人物肖像画。晋唐之际的大画家如顾恺之、陆探微、阎立本、吴道子等，无不以人物肖像画擅名千古。现存最早的绘画史论著谢赫的《画品》（亦作《古画品录》），也主要是依据人物画而述及"六法"等重要的绘画法则的。所以，任伯年首先是占取了人物肖像画这一突破口，从而开始对我国绘画传统进行继承和创新，这是很得体和奏效的。正如徐悲鸿所说："学画必须从人物入手，且必须画人像，方见工力。"（《任伯年评传》）

至于默写，更是中国绘画创作的一个特点。《韩熙载夜宴图》，那般生动逼真地描绘了"樽俎灯烛间觥筹交错"的人物情态，殊不知却是顾闳中"夜至其第窃窥之，目识心记"（《宣和画谱》）之所作。古代许多关于传神的著述，都强调默记、默写的传统。苏东坡认为"欲得其人之天法当于众中阴察之"（《传神记》）。宋人陈造主张"着眼于颠沛造次，应对进退，颦额适悦，舒急倨敬之顷，熟想而默识，一得佳思，亟连笔墨，兔起鹘落，则气王而神完矣"（《江湖长翁集》）。元代王绎认为，当取法乎"彼方叫啸谈话之间"，"静而求之，默识于心，闭目如在目前，放笔如在笔底，否则一如俗工，胶柱鼓瑟"，"必欲其正襟危坐如泥塑人"，终将"万无一得"。（《写像秘诀》，见陶宗仪《南村辍耕录》第11卷第

1 页。）但这样一个优秀传统却由于后代人物肖像画的衰微而几于湮没。"画法之兴，本起于写貌人物，后人徒以俗工传真，遂使此法为士大夫所不屑道。"（俞剑华《中国画论类编》上卷第 489 页）然而正是民间艺术保存了这一不熄的火种。在近代，由于任伯年的生花妙笔，又使它重放光华。

任伯年不仅对民间的"写真术"，而且对民间工艺也认真学习，给予了深深的关注，有着别样的爱好。《小阳秋》引述孙紫珊的话，说任伯年"寓沪城三牌楼附近，鬻画为活。邻有张紫云者，善以紫砂抟为鸦片烟斗，时称紫云斗，价值绝高。伯年见之，忽有触发，罗致佳质紫砂，作为茗壶酒瓯，以及种种器皿，镌书若画款于其上。……日日从事于此，画事为废，致断粮无以为炊"。从现存任伯年绘画情况来看，光绪之初，1875 年和 1876 年这两年留下的任画特别少，与"画事为废"之记载颇相类。任伯年在丙子（1876 年）有《时花茗壶》等作，在其他一些画中也画有别具姿趣的紫砂茗壶，与花卉鲜果相映生辉，由此可以窥探其中消息。看来他从事紫砂器皿的制作，许是这一时期。现存仅见的任伯年赠给吴昌硕的一只紫砂茗壶，由龙泉周氏制，壶身刻以任伯年画的一对灵龟，双钩阴文，姿态异常生动，题款曰："己卯春仲，伯年任颐。"（1879 年，西泠印社藏）由此可见任伯年这一艺术实践的种种迹象。

在制作紫砂茗壶、酒瓯器皿的同时，任伯年还尝试做过泥塑，塑了其父任淞云的坐像。"更捏塑其尊人一像，高三四尺，须眉衣褶，备极工细"（郑逸梅《小阳秋》），是一个风神清举的长者，一个民间艺术家的形象。他倚坐于山石之间，左臂枕书卷，"侧坐笼袖，宛然生前神采也"（任堇叔）。这尊像，在 20 世纪 50 年代初期，仍出现于上海的地摊上，今下落不明。从照片看，但觉其构思空灵，意境甚佳，着意在"仁者乐山"的情思，而且山石的皱纹与任伯年画中的皴法波澜莫二。任伯年是否或在何处学过泥塑，无法详知。但他长期生活在绍兴、宁波、苏州等地，都是民间泥塑艺术渊源深厚的地方。《红楼梦》第六十七回曾描写到薛蟠在苏州虎丘买了"一出一出的泥人儿的戏"，"又有在虎丘山上泥捏的薛蟠的小像，与薛蟠毫无相差"。而上海的豫园，离任伯年所住的三牌楼近在咫尺，更是民间工艺的汇聚之地。传说天津"泥人张"从清宫避祸南遁，到上海后曾与任伯年往来密切，且从其学画云。此事尚留待考证，亦略备闻于此。任堇叔认为任伯年所塑任淞云像是"以捏像法取得之"，并从曼生壶得到神悟，"意即制壶术之隅反邪"。这见解是较为中肯的。在中国美术史上，既精于绘事，同时又擅雕塑的画家，如晋之戴逵，唐之吴道子、杨惠之，宋之郭熙等等，寥寥无几。元明以降，盖无闻焉。因此，是否可以说任伯年是元代以后兼能绘画和雕塑的著名画家之第一人？至少是引人注目的颇为杰出的一人。雕塑与绘画的相辅相成，本来也是中国古代艺术的一个优秀的传统。雕塑的成就必然反映并影响到绘画的成就，反之亦然，二者相得益彰。只是后来却分道扬镳了，特别是明清以降，泥塑等工艺更遭逢冷遇，文人士大夫均不去问津。而任伯年，却走着一条与元明清士大夫文人画家完全不同的艺术道路。他是真正远绍了中国艺术的传统，在一个更广阔的艺术领域内对绘画进行探求和创新。任伯年的肖像画、人物画以至花鸟画，之所以栩栩如生，之所以有透彻的立体领悟和空间感，显然也与他从事茗壶和塑像的制作有关。他的双手经过摩挲立体的训练，这种感觉必然会通过毫端贯彻到画面的深处，渗透到线描、笔墨之中。这显示了他艺术的敏悟、蓬勃的创作欲和对新事物的大胆追求，而一种对民间艺术的纯真的感情和热诚则充溢于他整个的创作活动之中。

任伯年的绘画，从题材内容至精神格调都受到民间艺术的熏染。他的画非常明朗，洋溢着乐观向上的积极气氛，哀戚、凄楚、愁眉啼妆与任伯年似乎是无缘的。他画的题材，从神仙世界中的女娲、八仙、寿星、麻姑、王母、刘海、干将莫邪、龙女、钟馗到现实生活中的牧童、钓叟、樵夫、舟人、织妇、药农等等，从天上的龙凤而至庭院的鸡、鹅、犬、猫，无不散发着世俗的情调，无不为民间劳动人民所喜闻乐见。而一种田园诗般的意境则焕乎笔墨之间，跳逗于那些平易生动而可爱感人的艺术形象之中。因此，看他的画，常令一接触画面的人很容易被诱入一个熟悉而又激起共鸣的艺术境界之中。他的画看似自然平易，却千锤百炼，真力弥满，常使人会心解颐。任伯年的画，绝无效颦做作之态，也没有莫测玄深的大段诗款。在士大夫控制的画坛上，他的画被一部分人目为"俗"。然而殊不知，诚如鲁迅所说，要"俗"，也大非易事。士大夫所以鄙薄入俗，实质上是回避乃至反对艺术去接近和反映现实生活。在鸦片战争以后的近代画坛，任伯年的画，也犹如冲出山谷的一股清泉，那般透明，那般纯洁，它荡涤着，它浇灌着。

从某种意义上来说，任伯年的绘画是我国绘画发展历史的一个缩影。我国绘画发展过程的一些特点，都在任伯年的绘画中得到了反映。任伯年的画，是对我国古代优秀绘画传统的继承和发扬。

犹如生活本身那样丰姿多彩，争奇竞妍，任伯年的艺术画面也呈现着无比的壮观。他一往情深地驱遣着自己的彩笔，潜心于现实生活之中，游目骋怀，广撷博取，无论人物、花鸟、山水、走兽、虫鱼，在他的笔下无不生动活泼，着手成春。他的绘画艺术，几乎创造了第二自然，使中国的绘画，可以说从元代以来又一次如此广阔地接近着生活。而在对传统的学习继承上，任伯年也涉猎极广，远溯唐宋，遍及近世别开生面的诸大家。这里不妨从他的人物、山水、花鸟画三方面来看看任伯年的师承变化及其艺术的沿革。

任伯年的人物画，早年师法萧云从、陈洪绶、费晓楼、任熊等人。他的人物画又以仕女为多，他学费晓楼的仕女，一度曾以"小楼"为号③，从《小浃江话别图》（1866年）的题款来看，他与任阜长之相识和从其学画最迟也在同治五年（1866年）的春天。于是专攻陈老莲的人物，"超拔磊落"，"躯干伟岸"（《国朝画征录》），乱头粗服，不掩瑰奇。以后他又接触了西洋绘画，并学习过铅笔速写。但他人物画的基础仍然是承绪陈老莲、任熊一路。而至晚年又师法新罗山人的笔意，创作了诸如《东山丝竹》《金谷园图》《桐荫仕女》等杰作。

且以《风尘三侠图》为例，即可见其大略。现在所见大致有七幅，时间上却横跨20年。

一、同治六年（1867 年）《风尘三侠图》（苏州博物馆藏，即《灵石旅店图》），完全可见是胎息于萧尺木，运笔豪宕，造型端丽。这是从一个俯瞰的角度，将风尘三侠画得颇具戏剧性：虬髯客牵骡而来，捕刀背立；立于正欲饮水的两匹马旁的李靖，突然警觉地撞头对视；而隐于茅舍之中、菩提树后的红拂，正握着一缕青丝，对镜梳妆。人物呈三角形鼎峙，相对无言，隐情不发。

二、《三侠》（徐悲鸿所藏）有跋云："伯年先生早年时作，盖纯守章侯法也。"人物之间亦充满戏剧性，衣纹以钉头描写之，工整灵秀。虬髯翘起的手指，栩栩欲动，生动地刻画了其内心世界。而红拂似言若语的双眸和李靖蓦然停止刷马凝思深沉的神情均描绘得真切入微。背景上云空树梢的描写，更渲染了"虎啸风生，龙吟云萃"（杜光庭《虬髯客传》）的环境和时代的氛围。

三、1878 年《风尘三侠图》（故宫博物院藏），画中全无背景，留作大片空白，三侠集于中幅，右前为虬髯客，青巾素衫，含笑前视，压坐于黑骡背上。中为李靖，皂巾赭衫，侧面左向，骑白马。左后一人为红拂，高坐于白马之上，披赭色披风，白衣衫，皂巾，青头带，双手下垂，轻系马缰绳，回眸而笑，粉面含春。三人浑成一整体，马骡急徐而行，英姿壮采，传尽豪侠之风。

四、1880 年《风尘三侠图》（上海博物馆藏），高柯直上，竹篱茅舍掩映其间，小桥横于近前，环境的幽迥更添了人物的神秘色彩。隐现于树侧的李靖与女侠红拂正注目着骑黑骡衣朱袍从桥上离去的虬髯客，相互揖别。虬髯客回眸，蹬腿，双臂前伸唱喏，人物的生动与画中一以贯之的气势，为任画之绝诣。此幅凝重仍多于奔逸。

五、1882 年《风尘三侠图》（故宫博物院藏），但觉风势更紧，高树寒枝，衰芦劲草，一切俱在风中摇动着。李靖与红拂掩映于绿荫密匝的树下柴扉之间，透过树隙，目送着倒骑毛骡的虬髯客别去。画面气氛颇豪壮，笔墨趋于奔逸，意境绝佳。

六、1886 年《风尘三侠》白描画稿，见《任伯年先生真迹画谱》（1887 年木刻本），扇页，双钩。右侧红拂、虬髯、李靖三人席地而坐，神态自若，作休憩状，左侧二白马一黑骡并列闲放，呈俯首觅食之态。全幅一无背景，简逸生动。

七、1887 年《风尘三侠图》则完全又是一番情致。三侠，右边李靖、红拂骑白马，左边虬髯骑黑骡。其右手拂于李靖马背后，三人同时登上桥头，欲过桥奔驰而去，俱是背影侧影，更为传神。三侠以前的默契至此已化为急速的行动，奔驰赴约。人物线描更其率笔而为，极为简净入神，别有情味，形成了任伯年自己的面目。从这七幅《风尘三侠图》的发展变化，也可以看出任伯年人物画之发展过程。这种从工笔而为写意、由凝重而趋于奔逸、越来越注重抒情和讲求蕴藉的趋势，是很有代表性的。

任伯年的山水画并不多，"间作山水，别具丘壑，气象万千"（《上海县续志》），"晚年喜写率笔山水、花卉，酷似八大、石涛"（王瞻民《越中历代画人传》上卷）。他的山水确是别具一格。他早年甚至画有仿唐代小李将军的青绿山水（苏州文物商店藏《仿小李将军扇页》，1867 年）。他师法石涛，《山雨欲来风满楼》（1871 年）是石涛笔意，而《看云图》则是临石涛的。他早年的山水《小浃江送别图》《紫阳纪游图》都带有写生纪实的意味。中年以后山水兼师明代的丁云鹏和沈周、蓝瑛，直追元代梅花道人吴镇和黄鹤山樵王蒙。引人注目的是他对清代"四王"、元代赵孟頫、倪云林等人的山水画则未加一顾，这明显地反映了他的艺术情趣与他们是颇有径庭的。同治初年间的人就已看出了这个问题，"任家昆季老莲派，何不兼师松雪翁？更有伯年真嫡子，并皆佳妙本相同"（《瀛堧杂志》）。任伯年山水画虽少，亦颇有佳作。如《溪山观泉图》（1884 年），用梅花道人笔意，山峰耸峙，丛林密集，墨色滋润多层次而皴法多变，笔情放纵。他的山水画多有观瀑、听泉的人物，偏于"智者乐水"的情致，如《停琴观泉图》。他山水中的人物，不再处于点景的被动地位，直欲与山水平分秋色，人物与山水得到了新的结合。他打破了"空山无人"的闃寂之境，将远峰云岫推到近处，大大缩短了观众与画幅的距离，使不识人间烟火的虚山幻水又重新传来了笑声琴韵。他"于古人山水画独癖嗜清湘，故其自为画意境亦高绝"（任堇叔），《柳岸纳凉图》卷（1892 年）为其晚年精品。

从明末以来，董其昌等人分山水画为南北宗，而提倡南宗水墨山水。清初"四王"承袭董其昌一派，以至二百多年间画坛成了"四王"山水的天下。画以山水为尚，花卉次之，人物又次之。关于文人画，董其昌的"南北宗"和"四王"山水本身，自有其产生发展的历史条件，有其合理的精华的部分，不应也不可能做简单的否定。只是他们的艺术主张从后果上引出了僵化的、因袭的、生硬模拟的画风，使画坛更导入了冷寂枯萎的境地。清初的恽寿平，本也擅长山水，但他后来更着意于花鸟，他对王翚说："君独步矣，吾不为第二手。"（《清史稿》列传二百九十一）他注重写生，"乃斟酌古今，进而以造化为师"，"精求没骨"，终成"南田三绝"。恽寿平的写生花鸟、没骨花实际上已经开了清代绘画革新的先河。至乾隆年间，随着扬州经济的高涨，出现了资本主义的萌芽，应运而生的"扬州画派"，以金农、郑燮、罗聘、李鱓为代表的"扬州八怪"，是艺术上的革新派。他们新奇而别调的"怪"，与宫廷院派相对抗，以泼辣而抒情的花鸟画写意笔调横扫着因袭的陈规陋习，造成了新的革新声势。新罗山人华嵒绪承恽南田，并将花鸟画引入疏宕纵率的一路，大大开拓了画境，对后来的上海画坛产生了巨大的影响。但随着扬州经济的衰微，原来点燃起来的艺术革新的火花渐次熄灭了。而至晚清，海上画派的兴起，任熊、赵之谦、虚谷，尤其是任伯年的崭露头角，才真正改变了二百多年来的风尚，突破了元明以来层层设置的藩篱，使绘画艺术又重新蓬勃发展起来。

也许最有冲击力的是任伯年的花鸟画。任伯年也主要是以花鸟画来同清代的宫廷画和正统派的山水画相抗衡。诚如日本作家陈舜臣所述："他绝非拙于山水。他的审美情趣，与其表现于山水，不如说更着意于表现花鸟吧。"[④]与任伯年的人物画一样，他的花鸟画早年也是工笔的情致，"画人物花卉，仿北宋人法，纯以焦墨勾骨，赋色秾厚，近老莲派"（《上海县续志》）。从其同治年间所作《瓜禽图》（1871 年），可以看到任伯年学北宋双钩的深厚功力。宋画周密不苟的写实画风对任伯年影响甚大。中年以后，任伯年在花鸟画上进行了全面出击，工笔和写意双管齐下。他师法恽南田的没骨花卉，他的《蒲塘秋色》（1881 年）尽得南田工韵，所临摹的恽南田的《蓼花游鱼》更是艳丽辉煌的艺术杰构。同时，他更溯流穷源，直入宋人堂奥。他的《金扇花鸟》和《寒香双鸽》《蕉葵》《博古花卉》等是学徐熙和北宋人没骨法的代表作。而"摹宣和殿御制本"的《芭蕉牡丹图》和《白鹰图》更是直夺赵佶之席。在写意画方面，他师法白阳、青藤、八大、石涛这些颇有开创的艺术大师。《芸窗消夏图》和《紫藤八哥图》堪称师法白阳、青藤的双璧。《芸窗消夏图》，类于静物写生，但却生意盎然。金黄的大佛手、鹅红的萱草花，定下了暖和的色调。成串的紫葡萄和半剖的西瓜错综其间，而盆、案、泥瓶之类更是布置得体。这幅"仿陈白阳略缀艳色"的大作，在极不易讨好的设色上却用得分外得体而雅艳。《紫藤八哥》，大幅的紫藤花梢上，一群八哥或栖或鸣，梳弄着羽毛，写出了雨中春天逗人诗兴的一角，笔墨酣畅，得青藤道人的神味。徐渭是我国大写意花鸟画的先驱人物，称之为"近世画之祖"（徐悲鸿语）固未必妥，但他对中国绘画之发展确是开了新的风气。继之而起的八大山人朱耷，堪称大写意山水花鸟画的完成者。他的画风，特别富有艺术的个性，"笔情纵恣，不泥成法，而苍劲圆晬，时有逸气，所谓拙规矩于方圆，鄙精研于彩绘"（张庚《国朝画征录》上卷第 1 页）。他的许多花石鱼鸟，都带有一挥而就的"速写性"[⑤]，而又蕴含深厚，朴茂酣畅。甚至在世界绘画史上，八大山人都占有一个崇高的地位，代表了从古老的中世纪向近世转化的新画风。而八大山人对任伯年的影响，极为深刻。可以说，师法八大是任伯年由早期师承宋人工笔重彩向后期清新奔逸的写意画风发展的转折点，是任伯年绘画开始成熟和形成独自的艺术风格的一大契机。《上海县续志》和《海上墨林》等都特别指出任伯年"年未及壮，已名重大江南北。后得八大山人画册，更悟用笔之法，虽极细之画，必悬腕中锋，自言'作画如颐，差足当一写字'"（《海上墨林》卷三第 18 页）。"八大真迹世不多见"（《缶庐别存》），在当时人真是视同拱璧。因此，任伯年得到八大画册的那种庆幸之情是不言而喻的。他曾在高邕之家临摹了许多八大山人以及郑板桥等人的画。我们现在仍可看到任伯年"仿八大山人"的《鸡》《鱼》（册页），还有"临八大山人"的小长幅墨笔鸟（八哥）[⑥]，笔意简逸，为水墨大写意，可见他师法八大的用笔造诣之深。

"骨法用笔"是中国绘画的一个基本特征。任伯年从中年以后，特别注重甩笔之法。他本来的用笔是典型的钉头描。这种线描强调了线的波折和流畅变化，能够蓄势，劲健有弹性。但用得不好，则容易外露，无含蓄之味，有匠习之气。任伯年早期的一些画，确有钉头描起笔甚重，即所谓"笔过伤韵"的不足。后来，从八大画册神悟到"悬腕中锋"之道，又从华嵒体味到"用笔"当"如公孙氏舞剑器浑脱，浏漓顿挫"之妙理。因此笔法大进，"钉头"渐次收敛，笔势渐趋奔放，由钉头描过渡到游丝描，这种"内炼"的过程，终于使他脱略了任熊、任薰的笔蹊，而飞跃到一个新的阶段。

综上所说，任伯年的花鸟画，从工丽而言，是继承了北宋的双钩白描，直至恽南田的没骨法传统；从率意来说，同时又融汇了白阳、青藤、八大、石涛以来的泼墨淋漓的画风。另外兼及陆治、方薰、王武等人的笔意，在写生的基础上，逐渐形成了他独自的兼工带写、明快温馨的格调。任伯年的人物、山水、花鸟画都有着由工而写、渐趋奔逸豪宕的同一发展过程。因此，作为任伯年绘画的分期，一般可分为前后两期，而其界限大致是在1877—1880年之际，亦即任伯年40岁左右。这是以其画风的发展和笔法、师承之变化为依据的，同时，与他思想之成熟是相表里的。任伯年的绘画，是对我国古典绘画优秀传统的直接继承和发扬，所谓"问途古先，假径贤哲"，"用古人于新意，以我法造天地"（见孙雪泥编《任伯年百年纪念册·陈蝶野序》，1939年8月18日出版）。

三

任伯年绘画的艺术特点，首先在于传神。这是基于对中国传统的艺术观"气韵生动"的深刻领悟，形诸画幅之中，便是对"气韵""神似"不倦的追求和独特的表现的结果。任伯年是传神写照的妙手。他特别善于捕捉、描摹对象的神情，无论是人物、花鸟，下笔姿灵欲动，其肖像画尤臻化境。展开他的画卷，我们看到鹿车荷锸、醉意朦胧的刘伶（《鹿车》），"风骨清举""飘如游云，矫若惊龙"的王羲之（《羲之爱鹅》），有李白沉思挥运、斗酒百篇的俊逸，也有李清照"帘卷西风"，人对黄花的清愁……任伯年再现了古代大艺术家的风度气韵，令千载之下，犹能仿佛其为人。而在他的肖像画廊中，留下了近代许多名画家如虚谷、胡公寿、张熊、赵之谦、任薰、沙馥、吴昌硕等人的生动写真。"一时刻集而冠以小像者，咸乞其添毫，无不逼肖。"（《寒松阁谈艺琐录》）如果说任伯年是艺术家中的艺术家，也许是当之无愧的。

他的传神，主要得之于背摹默写的绝技和精心揣摩、注重写生的长期艺术磨炼，马衡有一段精彩的记叙："伯年之初鬻画也，尝主镇海方樵舲家。樵舲之尊人本好客，优礼之，伯年亦不言谢。半年后将辞去，谓当为主人画像，伸纸泼墨，寥寥数笔，成背面形，见者皆谓神似。伯年曰：'吾幪被投止时即无时不留意于主人之举止行动，今所传者在神，不在貌也。'"（题任伯年《仲英小像》）任伯年别具灵机，并不从正面去如实描摹对象略有缺陷的面容，而是苦心孤诣地抓住特征从背面传神，较之顾恺之画殷仲堪"明点眸子，飞白拂上"，堪称异曲同工。

任伯年尤其善于（或者说主要地）抓住人物的眼神、手势和典型的细节来刻画人物的神情。《龙女牧羊图》（1880年），以焦墨点眸子于眼皮之下，回眸顾视羊群，右手持书卷，左手执竹枝，面色留白，作不染之染，更觉龙女含情脉脉，说不尽的忧郁惆怅。置身画前，恍觉传来柳毅的"画外音"："子何苦而自辱如是？"[⑦]任伯年至晚年，笔墨越是简练、凝重，其人物点睛，精彩凝聚，全幅皆活。《姚小复像》为其晚年神来之笔，堪称其肖像画之白眉。"擦""擦"，两笔点睛，老辣生新，尽得神韵。所谓"用没骨法分点面目，远视之奕奕如生"（《淞南梦影录》）。以变化多端的手势，也能和盘托出人物的内心活动，是任伯年常用和擅长的又一传神手法。在一幅《小红低唱我吹箫图》（故宫博物院藏，1882年）中，小红右腋下夹着一柄团扇，十指向上轻翘，作兰花姿，纤纤动人，低眉启齿，以如此生动有情的手势将"低唱"二字刻画入微。在细节的描写上，例如《玩鸟人》（上海中国画院藏，1882 年）中，鹅毛扇柄坠上嵌的一块碧玉闪动，那翘起的长指甲，那斜倚的鸟笼、婉转的画眉，这些细节不仅点出人物特定的身份地位，而且表现了人物内心那种放纵不羁的神情。而溢乎笔墨之中的任伯年对这类提笼架鸟、饱食终日的商绅市侩的轻蔑嘲弄之情特别感人至深。任伯年的人物肖像，越是晚年，越善于以大胆、肯定的线条去勾画人物的神貌，笔墨简老，很有金石韵味，转觉人物顾盼生姿，风采毕露。

　　而在花鸟画中，任伯年则更注重从动静和节奏上来写神传情。他尤其善于捕捉对象转瞬即逝的动势。试看，两只吃得"滚壮"的猫，趁其不备，猛地蹿到石尖，而一群麻雀，哗地惊飞出去，纷纷停到紫藤架上（《紫藤猫雀屏》，上海博物馆藏）。任伯年画的猫，那般轻盈、迅疾，神情诱人。据说，有一次有客来访，家人告诉说任伯年在阁楼上，但客人上去一看，却不见踪影。原来任伯年已从天窗翻至屋顶，看双猫打架，勾速写稿。[⑧]宜其笔下的猫如此动人。任伯年还注意用风势和鸟鸣来描摹渲染，莺歌燕翦，更兼花香扑鼻，透出一派春光。《紫藤飞燕》（1885 年），那燕子在微风中轻斜自得，以至不胜风力，有一双燕子竟倒退后去，"躺"在风上，却欲奋翅飞翔起来，隐约传来呢喃之声。他的花鸟，总是将花卉和禽鸟更有机地结合在一起，因此有动有静，有声有色。

　　他潜心于鸟语花香、田园诗般的画境之中，正是他因十里洋场的污浊现实所产生的郁积心情的一种转移和更深的寄托。任伯年在一幅花鸟画题款中曾明点了一笔："江干初霁雨，疏林落晚枫。此际客中再有所感，所杜康不能解也，或以读画破之。"（1884 年）

　　其次，任伯年绘画的艺术特点是他无所不能、涉笔成趣的艺术造型。他的造型是新颖独创的。那阳光和空气中散发着馨香的紫藤花，那藤萝上点尾碎语的麻雀，那趋着风势骋翅于花间水湄的自由、甜美而又有些高傲的飞燕，人们一眼便可辨出是任伯年的。他的代表作《女娲炼石》（1888 年），更是覃思独运，别开蹊径，将"炼五色石以补苍天"的女娲其本身就画成似一块石头。她独立不倚，端坐凝眸，衣纹以折带描盘曲无数，下身俨如磐石。虽然仍从裙边露出一段蛇尾，但女娲的面容却是一个质朴无华的普通市井女子。她的造型轮廓与后侧的山石相同一趋，迢递而上，直至顶着苍天。披图之际，不禁令人联想翩翩，孰是女娲？孰是柱石？几不置辨。而画面上不着一笔火焰，迥异前人笔意。任伯年并没有去渲染"火爁焱而不灭，水浩洋而不息"（《淮南子·览冥训》）的环境气氛，他的画面看似很静，沉寂似太古。然而，女娲那沉思的目光、屏息未启的嘴唇，那坚毅地昂起的头部和躯干，却给人"此时无声胜有声"之感。任伯年笔下的女娲，是人，是普通的人，她不在神奇的幻境中，她在人间，她不是化石，她是可以补天的活的"彩石"。面对着颓败动荡的现实，她的心中似火一般的炽热。任伯年巧妙地将画面上的弥天大火敛藏起来，而却让它鼓荡在人物（女娲）的内心深处。这火终有一天会迸发出来，喷涌出来。这女娲，也不是别人，而是任伯年自己的化身。

任伯年的造型是丰富多彩的。他的画，绝少雷同。他从不凝固在一个僵硬枯槁的模式之中，总是层出不穷地创新，云蒸霞蔚，极错综变化之致，令人目不暇接，叹为观止。这与近代不少画家"卷轴盈箧，展视则不出三数粉本"⑨，岂可同日而语？他往往从多侧面来描绘刻画同一个人物，如他画的苏东坡，有《承天夜游图》《玩砚图》《石钟辨疑图》《玉局参禅图》《赤壁泛舟图》《东坡琴操图》等，从各个角度塑造了大诗人苏轼潇洒旷达的艺术形象，简直是以绘画写的一部"东坡别传"。我们至今仍可见的，他从 1874 年到 1893 年的 20 年间，竟画有二十多个正言厉色、文治武功的钟馗。或奋髯拔剑，或探身捉鬼，或口咬剑背、脚踩妖狐，或摇扇按剑、目如射电。巨臂前伸，五指力运千钧；弹腿一踢，鞋掌顿时尽裂。威武处，叱咤风雷，天地为之低昂；风雅时，鬓上插花，抚卷如喁喁对语。这些忠肝义胆、智圆行方的钟馗形象，是对任伯年所处黑暗现实的当头棒喝和有力嘲讽。任伯年自题有云："如今畿辅称宁服，无劳先生吸魅魑。"（《颜元摹任伯年画稿》第 58 页）他的锋芒显然是对着现实的。

任伯年的造型又是饱蘸感情的，有着鲜明的爱憎。无论人物肖像，还是千姿百态的花鸟，都是寄情于毫端，扣人心弦。岑铜士曾回忆起任伯年为其画像的情景："去腊客沪城，与任君伯年煮雪夜谭，伯年乘兴为我写照，时漏下二鼓，烛已见跋，任君乃折纸蘸油燃火，左手执之，右手运笔，不顷刻而成，见者咸谓神似云。"（《岑铜士像》）正因为他创作时是"乘兴"挥毫，因此画中有强烈的抒情色彩。他那不断变化的有节奏感的线描（如人物的衣纹等），犹如"手挥五弦"的乐章。而他画的麻雀，更是不同的音响奏成一片。他晚年课徒手稿如《龙山落帽》，孟嘉的帽子被山风腾空吹起，那飘舞的袖袍将风势抒写得真切感人。他的许多幅《听秋图》，画出了与西风鏖战的高树巨柯，生动地表现了《秋声赋》的境界，似乎也喻含着他对现实社会的动荡的关切和抗争之情。特别是后期，不管他笔墨怎样"放"，但他造型总是准的。总之，任伯年的造型，是独创性、多样性、抒情性以及准确生动性的高度的统一。

任伯年绘画的艺术特点，再其次，是有着郁勃的诗意。他的画，每多巧思，有新意，他每能将各种题材画得娓娓尽兴，耐人寻味。这犹如看他的小品《吟鞭》，人物正面迎来，颠于骣背上，兴高采烈，给人一种诗意不断的艺术联想。他常以前人的名句为题，如"嫩绿池塘藏睡鸭""淡黄杨柳带栖鸦""白战不须持寸铁""雨打梨花深闭门""茂陵风雨病相如"等等，真正画出了诗意，而且新颖独特。至于现实生活中的画题，如《牧牛图》，"牧童牛背影如山"，牧童暮归，鸦声夕阳，岸草晚风，平添了无限诗意，真是一曲迷人的牧歌。

任伯年尤善于以绘画来抒写中国的诗情画意。他的许多幅以苏轼为题的艺术杰构，如《承天夜游图》，深得苏东坡原作《记承天寺夜游》的精髓，加倍地渲染了诗的意境。不仅刻画了苏东坡作为诗人的气质、高洁的情操，而且连承天寺的环境亦描写得惟妙惟肖。画中着意表现月光，但并不像一般的画法那样，在画面的高处画上一轮圆月。任伯年的一支勾魂摄魄的画笔，以巧妙的色彩渲染、对比，却使人沉浸于明洁的月光之下。那虬枝盘曲的松柏和萧疏挺秀的竹枝层递向上，老柯扶疏，叶色的深浅变化更给人以静穆之感。在柏树枝头、桥上、水面留着淡淡的白色，特别在桥边一块坡地上，一片淡墨色的碎点，是水上的荇藻还是地面的落叶？全不是，原来是"庭下如积水空明，水中藻荇交横，盖竹柏影也"（苏轼《记承天寺夜游》）。这一片月光下的投影，何等神思之妙。苏东坡扶笻立于桥上，凭眺着远处的波光月影，又增添了多少夜游的豪兴啊！

被誉为"任王"的《华祝三多图》，不愧为任伯年"画中之王"，意境绝佳。这是一幅史诗般的杰构。辉煌的全景式的构图，它四面都几乎画满，只是在左上边露出一线天空，留着题款，这在近代中国画中殆不多见。这是在华封古地一个深山的丛林之中，古帝尧出巡至此，华封人向尧三祝，尧三次辞谢的故事，表现了尧的君子之风和华封人对圣人的祝颂，是一个极富有哲学意蕴的古老的主题，典出于庄子的《天地》篇⑩。任伯年笔下，展现了这一瑰伟的场面。尧随着侍女、武士和马夫，一行七人从透明的阳光里来到茵润蓊郁的丛林里，华封三老从架临飞泉的石梁上迎过来，在画面的中幅组成了复杂的人物群。一株大树隔为两组，人物相向围着，洋溢着欢悦的情调。居于画中心的是帝尧，但目光所向，却集中在画右边的三个老人，古貌奇伟，不知其有几多寿。尧的随行各个器宇轩昂，衬托了尧的帝王之姿。人物与环境结合得那么自然，而又不可移易。高树茂林，昂然直上；潺潺流泉，沁人心脾；画面浓荫下露出的空白，更将人们的视线引入充满阳光的远方。空间的安排，运用了传统的三远法的透视。而人物画得古透浑厚，重彩大色，石青石绿的主调上，人物衣着五色缤纷，仕女衣饰上勾着闪光的金色，岸草溪花，更点缀得春光融融，芭蕉的翠绿映着洁白的流泉，浓翠的树林间时而闪出朱砂的藤叶，处处散发着抒情的气息。全幅诗情荡漾，光感、空间感、色彩感、音乐感，交织成美妙的画面。由此可见任伯年运用多种艺术手段着意描绘艺术意境的卓绝造诣。这是真正的诗意，诚如蔡若虹所说："画上题诗不等于画中有诗，任伯年很少在画面上题诗，可是他的作品却很富有诗意。"

第四，在构图方面，任伯年绘画的艺术特点是舒卷自如、意匠常新。从长逾二丈的人物手卷到不盈指掌的小小绢册，在包罗万象，囊括屏幅、对联、横卷、册页、团扇、扇页各种形式的至少3000幅的现存作品中，任伯年将构图艺术发挥到了淋漓尽致的高度。任伯年创造了一个万紫千红的绘画的世界，一个令人眼花缭乱的艺术的迷宫。

任伯年的构图，自然新巧，充满着节奏感、韵律感，他的画面上常常传来令人低回的音乐之声。"如果说任伯年的花鸟创作的意境是诗，那么他的构图就是音乐。"（蔡若虹《任伯年画集·代序》）如《天竹双猫图》，构图疏密有致，上幅三五株天竹垂果累累，如急节繁音之齐鸣，而白猫的尾巴一长笔拖到底，似单簧管一声长吹，别有意趣。披图如闻《霓裳羽衣曲》，"急节繁音之后，乐器长吹一声，舞即收住"（欧阳予倩编《唐代舞蹈》第143页）。至于那些表现音乐的主题，诸如《小红低唱我吹箫》《东山丝竹》《听琴观泉》《群仙祝寿》等人物画，更是乐声袅袅，不绝于耳。即如写景之作《白战图》，全以浓淡的墨点和短线，表现乱飘密洒的大雪，点线错综，笔墨精微。只见回风舞雪，构图奇异。其音乐之节奏，可方之于德彪西的名曲《月光》，风雪中传来泻银碎金之声，或如任伯年所谓"疑有铃铎声起于纸背也"（《光宝寺图》题款）。

任伯年的构图，尤善于突现主体。如《苏武牧羊》，苏武画得英气逼人，顶天立地。他将我们带到更接近苏武的距离上来一睹这位民族英雄的风采。而画上的羊群只是抒情的陪衬。在人物之间，或人物与环境之间，人与境会，情景交融。一个典型的例子是前述的《女娲炼石》，构图也颇耐品味，在立意上已先高人一筹。在花鸟画中，他更从矛盾对立之中，着意构图，而不管在画面何处，扑入眼帘的首先是禽鸟。《芭蕉小鸟》，以蕉叶和麻雀大小的对比，故意将小雀掩映于右上一角，然而却更加突出。这是欲"扬"故"藏"。而《嫩绿池塘藏睡鸭》进一步发挥宋人"深山藏古寺"的情趣，却在画面正中突出的位置上画了一对睡鸭，背景只是淡淡的苇草，反而更别致地表现了一个"藏"字。这又是欲"藏"故"露"。有时在浓荫密布之中，通过色彩的对比，人们突然发现瓜棚之下藏着一双花鸭，不禁为任伯年的欲"露"先"藏"的绝技而拍案叫好（《瓜棚睡鸭》）。

任伯年的构图，因其画多作条幅，故每喜以一株或几株高树隔开，将画面切割成左右两部分，再从高下掩映之间组画面，表现人物之间的距离感和明暗透视感。如《东山丝竹》《桐荫清昼》《树荫观剑》[11]等等，莫不如是。十多幅不同的《小红低唱图》，也是在高松耸峙之下，不断变化着构图，如松陵溪流的高、下、曲、折，小船的横、斜、转、侧，人物的掩、映、向、背，以及水波风势的疾徐、山石的纵横露藏等等，从而十分微妙地表现了姜白石"小红低唱我吹箫""曲终过尽松陵路"的诗境，给人以峰回路转的艺术享受。这十多幅《低唱吹箫图》，犹如连续的组接，画出了松溪烟波，无限妖娆。书中的"景"，不仅在构图上起摇曳变化之功，而且在内容上，这些"景语"，也是"情语"，很好地衬托了人物的精神气韵。恽寿平所谓"余画树喜作高柯古干，爱其昂霄之态，含霜激风，挺立不惧，可以况君子"（《瓯香馆集》第十一卷《南田画跋》）。显然任伯年这种以"高柯古干"，气贯天地的构图，是寓有深意的。任伯年的构图也入得虚实相生之妙。他极善于留空白，疏处极疏，密处极密，他的画一般总在前景和背景上留有许多空白，使接触画幅的人，更易进入疏朗的艺术境界。他很少在画上多题诗款，或者是需要留空白，或者毋宁留着空白也不愿题诗落款吧。他的花鸟条幅，喜用一个"占"字法。他画的鸟，每处于画的上幅，枝梢高处，凌空自若，真是"占尽风情向小园"。《华祝三多图》，将空白留在画面的中央和左上角一线，"极塞实处，愈见虚灵"，大得"虚处实，则通体皆灵"（恽寿平《南田画跋》）之意。《隔帘仕女图》更具虚实错综之美。满幅竹藤，以淡墨横扫，率笔而为，但透过竹帘，却隐隐可见一仕女，掩映之间，更觉二月春风，豆蔻梢头，隔帘尽窥。

设色的精妙绝伦，是任伯年绘画艺术的第五个特点。

他的色调丰富和谐，明快抒情。《紫藤翠鸟图》是他晚年"最成熟时"[12]的作品。大片烂漫的藤花，透着一派阳光，鲜艳娇嫩极了，一双蓝顶红爪的翠鸟，俯颈啄羽于枝间，腹部也感受着阳光似的，洁白可爱的绒毛蓬松着。这是一首幽婉辉煌的春之颂歌。任伯年对紫色似乎特别敏感，他能表现紫藤在阳光下变化不同的色层，紫色用得极匀净、透明。《红叶》，色调更是抒情，阳光勾出了叶筋的鲜红，而暗部的枫叶，则染以胭脂等暗红。枫叶间的一对鹦鹉，全以色彩点染，五色斑斓，光彩浮动。他善于运用多种色层的红色，在中国传统的朱砂胭脂、朱磦之外，他又大胆地采用西洋红入画。在近代画家中最早采入洋红的是张熊和任伯年。洋红价昂贵，但质细洁，色泽鲜艳。任伯年喜欢以洋红画枫叶、凤仙花、红菱等，也直一以洋红掺和朱砂色画桃花。他主要是用鲜明的红色，造成一个响亮的高音区，然后经过紫色、浅黄、粉白的过渡，来与传统的石青、石绿色相映衬，从而达到多色调的交响。

所以，任伯年的用色有着逼真的表现力和天然的神韵。《归田风趣》写农家风味，豆棚瓜架下，雏鸡悠然地觅食。在翠绿的田园调子上，点缀着藤黄、鹅黄、浅赭，鸡冠的鲜红与藤上豇豆的淡紫红高下相映，肥厚的南瓜叶，明处嫩绿上以白粉勾叶筋，与暗处淡墨浓勾的瓜叶相衬，色彩谐和而又错综有变化。任伯年大量的写生册，用色天然逼真。如他画的豆荚，色彩的渲染，将豆荚中粒粒圆满的感觉画了出来，荚上表现着明暗的色光变化，甚至豆荚上的锈斑也可乱真。吴昌硕对此极口赞誉，"如风露中折来，百读不厌"（《题任伯年花卉册》）（1886 年）。

任伯年的用色，也是在继承我国传统基础上的一种创新。他早年用色偏于工笔重彩，石青、石绿，红用朱砂，并喜在墨色上勾金。从 1867 年的《佩秋夫人像》可见其一斑。中年以后，色彩主要是"拟宋人设色"（《寒香双鸽图》（1882 年）和师法恽南田（《蒲塘秋艳》），每喜"赋以艳色"和"对景写生"，效法自然。他的设色，基础是恽南田的没骨法。而他大胆采用红绿对比色，其内在精神，仍然是得之民间的"红映绿，花簇簇"。但由于任伯年色调多层次，多映衬，而不显得"红绿火气"。他善于用水、用粉，趁彩色未干之际，以水或粉再作勾写点染，因而色调更显得淡雅明洁。可以说，水和粉的巧妙运用，是其色彩之动力。这种淡彩，更显得珠圆玉润，特别能表现"积雨初霁，晴气欲暄"的瞬息多变的色感。任伯年的墨色，其墨彩本身已属丰富华滋，他喜欢用湿笔淡彩来表现他对"苍润趣"的独特感受和审美追求。这是对艺术的韵味和意境的一种敏感。透过雨窗，在烟笼翠绕之中，花光雨色，交融一片。而或雨霁初晴，五色相暄，熠耀明灭，在如此赏心悦目的氛围中，更能畅思挥运，庶几能从"形似之外"，得花卉之"色、光、态、韵"（恽南田）。这种方法，显然也受到西洋绘画主要是水彩画的感染。任伯年后期的许多没骨花卉，用色轻倩明丽，蓊然相对，的确觉得颇类水彩，而细审之下，愈觉其深于没骨法的传统。法国著名画家达仰这样称赞任伯年的色彩："多么活泼的天机，在这些鲜明的水彩画里；多么微妙的和谐，在这些如此密致的彩色中。"（徐悲鸿译《任伯年评传》引）任伯年确有色彩的天赋，而且人们很难设想，那些丰富逼真、精妙传神的彩色，竟往往是在昏夜的油灯之下画出来的。而且任伯年能在各种画材、各种底色上作画，在红锦、金笺和白、黄、棕、蓝、青莲等各种深浅的色绢上都能得心应手地挥写。特别是金笺，一般画家均望而却步，而任伯年却一反过去浓墨重彩的格调，独以淡彩淡墨为之，创作了脍炙人口的《群仙祝寿屏》。其色彩是那般辉煌灿烂，瑰丽无比。任伯年确实是我国近代杰出的色彩大师。以上所述，任伯年绘画的这些艺术特点，构成了他苍秀俊逸、自然明快的艺术风格。他既不同于赵之谦的古茂遒丽、虚谷的冷隽清超，也不同于吴昌硕的雄浑苍老、蒲作英的淋漓腴润。同样承绪老莲，任熊得其妩媚古雅，任薰趋于沉雄恣肆。任伯年古媚不及渭长，而渭长无其苍润奔逸；稚拙未若阜长，而阜长无其真率疏朗。因此任伯年在上海独树一帜，辉耀于19世纪的画坛。真如任伯年自己所比喻的，是"奇花初胎，晴雪满汀"。

四

任伯年在我国近代画史上占有重要的地位，是近代画坛的巨匠。徐悲鸿称赞他为"一代明星"，几乎所有国内外美术史家都给予了任伯年崇高的评价。任伯年是"仇十洲以后中国画家第一人"（《任伯年评传》）。其实，任伯年在生前就"声誉赫然"，"年未及壮，已名重大江南北"，在上海画坛被推至与当时权威画家胡公寿并重的地位，长期流传着"任胡合璧"的佳话。早在同治年间评价上海画家的《论沪江书画七绝》中，就将任伯年列入少数名家之中。其时还有《沪游杂记》《淞南梦影录》等，特别推崇任伯年，称他"惟自秘其法"的写真术为"一奇"。虽然对任伯年生平事迹记载寥寥，生卒年月也付阙如，但是，在所有涉及上海画家的著述中，诸如《上海县续志》《海上墨林》《寒松阁谈艺琐录》，以及后来的《海上画语》《越中历代画人传》《历代画史汇传补编》《小阳秋》《墨林挹秀》等，都以足够显著的篇幅给任伯年以高度的赞誉，认为他是上海开港以来"最为杰出"的画家之一。《点石斋画报》增刊发行了任伯年的《课徒画稿》（1885年）。在任伯年生前就出版了木刻本的《任伯年先生真迹画谱》（1887年），被誉为"六法大观"，并由著名学者俞曲园写了生平简介。作为画学启蒙范本的《芥子园画谱》增刻了任伯年的山水、人物、花卉多幅。当时上海最有影响的画店古香室和九华堂等，以最高的润格收购任伯年的画，以至纸绢山积，任伯年无暇作画，竟出现了画店小童号泣于门外（见《新话林》）、广东商人尾随而登楼（见《海上画语》）的趣闻。与任伯年同时代的著名书画家，均与任伯年过从甚密，墨缘深厚。胡公寿、张熊、虚谷、胡璋，均与任伯年合作画幅，或为其补景、题识。杨岘、杨伯润、高邕之、陶濬宣、徐元临、钟德祥等名流，更经常为任伯年的画题跋咏赞。赵之谦在给任伯年的题画中，称道"任大率尔为操觚，图成颊上三毛动，武列太子好功夫"（题任伯年《陆书城像》轴）。乙未年残冬（1895年12月19日）[13]任伯年不幸早逝。虚谷送的挽联，堪称盖棺论定："笔无常法，别出新机，君艺称极也；天夺斯人，谁能继起，吾道其衰乎？"（蕉雨《半九书塾杂记》稿本）虚谷与任伯年论交近三十年，从挽联可见其相知之深。任伯年的绘画及其精深的画理，影响了他同时代的著名书画家，如虚谷、吴昌硕、胡璋、吴待秋、高邕之、朱梦庐等等。另一些画家如沙馥、倪墨耕、舒萍桥、马镜江、徐小仓、王二子等，或私淑弟子，或习其画风，对任画之传播起了推动的作用。

任伯年是中国近代绘画史新阶段的代表人物。他生活在那样一个动荡不安、风云变幻的年代，从他的画中，我们可以听到那个时代的回声，其中有着"怫郁、反抗的情绪"，"爱国主义在绝叫着"（郑振铎）。他来自民间，来自社会的底层，又面向着现实生活，因此他的绘画给整个画坛带来了新的气息。迈克尔·苏利文（Michael. Sullivan）说："在活跃于上海的任伯年的画风中，通商港口特有的喧嚣的气氛与融汇在大众性之中的蓬勃生气交融在一起。"⑭任伯年与人民大众以及民间艺术有着千丝万缕的联系。他的"笔无常法，别出新机"，是很值得研究的。他将艺术的根真正深入地扎到了中国艺术的民族传统之中，他从民间艺术、古代绘画、元明以来文人画以及西洋画之中广泛地吸收营养，兼收并蓄，形成了一种新颖的、为人民大众喜闻乐见的、清新明朗的艺术风格。任伯年的绘画发展证明了，只有多方面地吸收融化，才会有所突破，破格创新。他与文人士大夫画家不同，他更倾向于"俗"的一路，他以陈老莲新颖别调而又带俚俗的画风为转机，旁搜远绍，开拓了独特的艺术发展之路。他的画是介乎文人画和民间画之间的一种创新。任伯年将绘画艺术从文人士大夫的客厅、殿堂移入民间的"小屋"之中，这是非常难能可贵的。他的艺术，真正博得了"雅俗共赏""芳誉遥驰，几穿户限，屠沽俗子，得其片纸以为荣"（《小方壶斋舆地丛钞》第九帙）。艺术难道只能成为少数人的清玩而不应为广大人民所有吗？这正是任伯年艺术观点的可贵之处。中国的绘画，在近代的发展，以上海画坛为前哨阵地，以任伯年、虚谷、赵之谦、任熊等为代表，以生动活泼的写意花鸟和人物画为主体的新的画风，与正统派陈陈相因的复古、拟古画风相抗衡，彻底冲出了元明以来的重围，将中国绘画推向新的发展阶段。郑振铎称之为"中国绘画的复兴时期"，是"赵之谦、任熊、任颐他们相继地起来，整个趋势方才扭转了过来"（郑振铎《近百年来中国绘画的发展》）。或者也可以说，正是任伯年继赵之谦之后将中国的绘画推进到近代。任伯年是打破沉闷局面的关键人物。

这里我们还要涉及问题的另一个重要方面，即任伯年与西洋绘画的接触及其态度。如前所述，任伯年从1868年以后直至逝世将近三十年间生活在十里洋场，其主要的绘画生涯是在上海。因此，他受西洋绘画的影响是极其自然的。根据有关迹象和线索，任伯年与西洋绘画有过种种的接触。他曾向当时上海天主教会在徐家汇土山湾所办图书馆主任刘德斋学习过。"两人往来很密。刘的西洋画素描基础很厚，对任伯年的写生素养有一定的影响。"（沈之瑜《关于任伯年的新史料》）土山湾是当时上海民间工艺品的贸易集聚之地，又以有我国唯一的生产五彩玻璃的工厂而闻名。土山湾图画馆培养了我国最早期的西洋画人才，如以水彩画、风景画知名的徐咏青也是刘德斋的学生。当时香港也有西洋人赛油画的"香港画会"之盛举（《点石斋画报》1885年）。而与广东商人交往甚频繁的任伯年，也会知道"粤人效西洋画法，以五彩油画山水人物或半截小像"的情景（《淞南梦影录》）。他的朋辈和画友如陈曼寿、胡璋等都曾游日本，胡璋并娶日本女子为妻。与日本书画界交往甚密的杨岘、俞樾、徐三庚、吴昌硕等人，也都是任伯年的深交。因此任伯年接受来自欧洲、日本的绘画的影响是不言而喻的。从他大量的速写册、写生手稿，看他对西洋绘画的接触学习也有踪迹可寻。特别引人注目的是，任伯年后期许多写生册页，那些没骨花卉，设色那般工韵淡雅，丰富而有层次，那般浑然天成，显然也借鉴或感染了西洋水彩的画风，却又是中国的气派。任伯年是立足于我国绘画优秀的传统之上，去接受外来的影响。吸取西画的技艺，不是异国的猎奇，也不是座上的小摆饰，更不是炫人眼目的浅陋效颦，而必须融化在中国的传统之中。如前所述，任伯年特别注重气韵、传神、意境的创设和笔墨之情趣，这正是我国绘画传统的精华所在。与任伯年同时代的晚清著名画家，如虚谷、吴庆云、吴友如等，均程度不同地受到西画的一些影响，但又俱能注意将西画的技艺与中国的传统融汇起来。这是晚清上海画坛的特点之一。

今之某些画家，不惜以一些简陋的方式（诸如丝瓜筋、海绵块之类）在中国画上"点彩""泼彩"，作为尝试，以摆脱囿于笔墨而带来的局限，未可厚非。但如果不顾艺术效果，老是企图以杂乱污秽的色块、色点、色层来刺激观者的感官，而置形神兼备和讲求笔墨情韵的传统于不顾，时间终将证明，这只是一种廉价的徒劳的游戏而已。更有甚者，那种企求摆脱艺术的内容，游离于艺术思想之外的"纯形式"的追求，显然不是我们现在所应当提倡的吧。殊不知东西方绘画艺术的交流，外来形式和技艺的采用，必须要起变化，要通过内在的规律性表现出来。只有具有更鲜明的民族特点和时代气息，才会有真正的艺术生命。所以，在这方面研究一下任伯年的艺术实践，是颇有教益的。中国绘画更着重于能动地反映生活，抒发主观情感，创设艺术意境，而有别于西洋绘画。因此越是发挥中国画的特点，就越是能促进东西方绘画艺术的交流。正因为这样的原因，国内外评论家将任伯年与同时代的有世界影响的绘画大师相提并论。英国《画家》杂志认为"任伯年的艺术造诣与西方凡·高相若，在19世纪中为最具有创造性的宗师"。徐悲鸿认为"伯年先生天才豪迈，工力绝人"，"其画味与瑞典差伦、西班牙之白司底达相似，神思潇洒，致有爽气，不能以常格拟之也"。

在任伯年的研究中，人们也往往将其与吴昌硕相提并论或相比较。陈半丁先生认为，任伯年"长于巧，吴长于拙；吴的拙处胜于他，他的巧处胜于吴。吴的学历胜他，他的画才胜吴。吴得力于金石书法，而他在文学修养上不是很高，所以他的作品严格地说起来——超脱有余，古拙朴厚不足，但是，他讲究结构，用色舒服，用笔巧妙，这是同时代画家所赶不上的。"（《美术》1957年5月号）这个评价较为中肯，也有可深入推敲之处。但我又认为，与其一般地去比较二者的不同，毋宁去探寻二者的共同和联系。因为任伯年、吴昌硕作为近代画史的两位大画家，其画风之不同往往是显而易见的，但其画风之联系却是一直为人所忽视的。我们应该从本来的意义上去探讨二者的异同，从其艺术发展的过程中去研究这两位造诣卓绝、风格殊异的画坛巨匠。

因此，我们不能不注意任伯年对吴昌硕的不容低估的影响。吴昌硕与任伯年过从甚密，友谊诚笃。吴昌硕生前很尊敬任伯年，关系在"师友之间"，每称谓"伯年先生"。吴昌硕的《十二友诗》中对任伯年无限景仰，"山阴行者真古狂，下笔力重金鼎扛。忍饥惯食东坡砚，画水直麓吴淞江"（1886年，《缶庐诗》卷二）。任伯年曾为吴昌硕精心写照，绘制了七幅肖像——

《芜青亭长图》（1883年）、《饥看天图》（1886年）、《蕉荫纳凉图》《酸寒尉像》《归田图》（1888年）、《棕荫纳凉图》《山海关从军图》（1895年），寄托了他对一个饱经忧患的正直知识分子和挚友的同情和愤世嫉俗的怀抱。后来吴昌硕还从任伯年学过画，这正是任伯年艺术达到最成熟的时期。《小阳秋》记载："吴昌硕学画于伯年，时昌硕年已五十矣。伯年为写梅竹，寥寥数笔以示之，昌硕携归，日夕临摹，积若干纸，请伯年改定。视之，则竹差得形似，梅则臃肿大不类。伯年曰：'子工书，不妨以篆籀写花，草书作干，变化贯通，不难其奥诀也。'昌硕此作画甚勤，每日必至伯年处谈画理。"任伯年的示范指导和所谈画理，显然对吴昌硕的艺术之发展有着重要的影响。吴昌硕后来正是沿着以篆籀、草书入画，作大写意花卉的艺术途径发展的。

上海本来也是文人渊薮、墨缘深厚的所在，有着"并皆渲染丹青，刻画金石，以争长于三绝"的传统（《瀛堧杂志》）。任伯年后来对笔墨传统金石韵味的追求，学习拈句作诗，"定把奇书闭户读"，并要任董叔力学古文，显然也受到这一风习的影响。而吴昌硕本来就有文人的功底，他善诗，又精于书法、篆刻。因此一旦染毫，又得到任伯年的帮助指点，自能立足一隅，突破前人藩篱，以钟鼎石鼓文入画，奇崛老苍，愈趋笔笔老到，浑厚恣肆，眼目为之一新。吴昌硕的绘画，就其不足来说，是其题材范围囿于一隅，另外作画有时太着意，着力过甚，过分强调诗书画印之结合，不免有"骋才"之嫌，有时也露出斧凿之痕。吴昌硕的画，得力于其书法篆刻。而任伯年的画则得力于他坚实的默写和不倦的写生的卓绝造诣。他们发端自不同的源头，而一样的奔腾不息。可以说，吴是书家之画，任是画家之画。而且任伯年是一个全才型的画家，就艺术的创造性和创作欲来说，吴不及任。

诚然，任伯年的绘画也有其不足或缺憾。这主要是在勾线上，他早年的一些作品，由于用笔稍显外露，有时线描一笔运力不谐，起笔颇有生涩之处。而到晚年又由于落笔草草，过于率纵，因此线描又欠沉着，有些显得"甜熟"。这原因是多方面的，他在上海卖画为生，画商之急索、社会环境之动荡不安，以及晚年肺病的影响等等，都不可避免地在他的绘画中留下了痕迹。当然，任伯年也不断地追求笔墨的化境，他笔墨最成熟的时期为1880—1893年，其中尤以1884—1891年为其黄金时代，他的大多数杰作、代表作都创作于这一时期。因此，任伯年笔墨的成就是主要的，苍润、遒丽、俊逸。而笔墨之不足是非本质的，是在发展过程中的。中国的绘画实际上富有一种哲学的意蕴，以笔墨所表现的形体，包孕着各自的气质、涵养、品格、性情、心绪等等。笔下的一点一画，犹如与生俱来，都是在呼吸着，是一个活的生命，它有节奏地运动着。我们固然不应将笔墨看得玄深莫测，但也不应浅薄地对待之。

中国绘画从古以来就有装饰性的传统。明清以降，文人画的发展则更强调诗、书、篆印与画的结合。从某种意义上说，这也是一种装饰风。简言之，诗，尽画之"意"；书法，增画之"形"；篆印，生画之"色"。而诗书画印，从画面形式上更可呈错综之美。这种追求"三绝"的作风，成了后来品评画家的一个重要条件。任伯年本不从诗出，但后来学诗，也颇得新颖别调，为同辈称服。他对诗意有独特的感受和理解，善于构思，颇多诗情画意的妙想。他的书法是画家之书，较为别致，出入于隶草行书，也自有功力。"书法亦参画意，奇警异常。"（杨逸《海上墨林》）早年字多真隶，中年后学颜平原、李北海，渐得浑厚，复出以行草，飘逸动人。他的书法得胡公寿影响较大。所以任伯年的绘画，是从内面注意诗书画之结合的，他的画真正富于诗意，常将人们诱入诗的意境之中。这与一味在画上题诗而又索然无味的画，不可同日而语。但任伯年在诗书画结合的外部形式上有他不苟同于流俗的一面。过去流俗以为任伯年"少书卷气"，"不能拈句"，从而影响了更有效地顶住来自正统派和模拟复古派画风的压力。以至在任伯年不幸早逝的无可弥补的条件下，影响了近代绘画在传统基础上融汇中西画法不断革新的进程。这其中有误解，不能深知任伯年坚持绘画性来破格创新的苦心。同时，任伯年也并不偏废，至晚年特别注重画中的金石情韵，这也正是任伯年指导和称赞吴昌硕学画和以金石书法入画的原因。吴昌硕与任伯年，在总的精神上确有不少共同之处，如对中国绘画传统的继承，对笔墨传神不倦的追求，大胆独创的艺术精神，以及形诸画幅之间的精于构思、构图的多样变化，设色的巧妙工艳等等方面的一致性。

因此，从某种意义上说，吴昌硕的画风是对任伯年的一种必然的补充和从另一途径的延伸和继续。我们不应简单地将他们加以对比或对立起来，而忽视了其发展过程中内在的联系。

任伯年的绘画除了影响其同时代的画家以外，对现代的许多著名画家也有着深刻的影响。特别是对徐悲鸿和我国最早的一些西画家的影响，值得注意和引人深思。他对民间艺术、古典绘画艺术以及西洋绘画艺术多方面的吸收和融汇，他对我国绘画优秀传统的继承和发扬，他的艺术创造精神，影响深远。他的艺术道路是具有典型意义的。任伯年堪称中国近代绘画史上的主将之一。吴昌硕尊称他为"画圣"，赞扬他的艺术是"画树长春"（《冬题任伯年花卉册》，1886年）。任伯年的艺术确实是不朽的。因为这株长春的画树，是深深扎根在中国的大地上，经受了他那个伟大时代风雷的激荡，枝头结满了丰硕的果实。这一切是属于人民的。任伯年的艺术，属于近代，也属于未来，属于中国，也属于世界。

1981年春于北京恭王府写

（此文为笔者中国艺术研究院学位论文）

①任伯年生年，据笔者考证，应为1840年（道光庚子）。《上海县续志》《海上墨林》诸书概付阙如（详见笔者《任伯年年谱》）。

②《美术界》第三期，1928年8月生生美术公司版。原文为："先处士少值俭岁。年十六陷洪杨军，大酋令掌军旗。旗以纵袤二丈之帛连数端为之，贯如儿臂之干，付以风力，数百斤物矣。战时麾之，以为前驱。既馁，植干于地，度其风色何向，乃反风趺坐，隐以自障。敌阵弹丸，挟风嗤嗤，汰旗掠鬓，或缘干堕。堕处触石，犹能杀人。尝一弹猝至，撼旁坐者额，血濡缕，立殪。先处士顾无恙。军行或野次，草块枕藉，露宿达晨。赢粮蓐食，则群踞如蹲鸱，此岭表俗也。年才逾立，已种种有二毛。嗜酒病肺，捐馆前五年，用医者言，止酒不复饮。而涉秋徂冬，犹咳呛哕逆，喘汗颗沘，则陷赭军时道涂霜露，风噎所淫且贼也。此影盖四十九岁所摄。孤子董敬识。"

③任伯年早年在宁波等地卖画，有署名为"任润小楼""小楼任颐"者；1868年秋在苏州作有金笺仕女扇，题"偶作费晓楼法"。而是年冬到上海后，据说因费余伯的反对，遂不复用"小楼"款。

④陈舜臣《中国画人传》。译自《艺术新潮》1979年10月号。

⑤迈克尔·苏利文（Michael. Sullivan）"A Short History of Chinese Art".

⑥上海博物馆藏有任伯年仿八人山人的《鱼》册页等。又故宫博物院藏有任伯年临八大山人的墨笔《八哥》小长幅（1886年），其款为："壬申之电阳涉事，八大山人。光绪丙戌十一月，任伯年临。"笔墨精妙，泂乎神品。

⑦见《唐宋传奇集·柳毅传》。柳毅"见有妇人，牧羊于道畔。毅怪视之，乃殊色也。然而蛾脸不舒，巾袖无光，凝听翔立，若有所伺。毅诘之曰：'子何苦而自辱如是？'……"

⑧据上海钱镜塘先生告，他听任董叔所说如此。

⑨陈宗瑞《任伯年画集·编后赘言》香港一九五三年版。

⑩《庄子集解》卷三。《天地》："尧观乎华，华封人曰：'嘻，圣人，请祝圣人。'使圣人寿，尧曰'辞'；使圣人富，尧曰'辞'；使圣人多男子，尧曰'辞'。封人曰：'寿、富、多男子，人之所欲也，汝独不欲，何耶？'……"

⑪此图为上海博物馆藏，1888年作。通常被讹称为《树荫观刀图》。与上海小刀会实无相关，任伯年作有另一幅《观剑图》，与此幅相同。因实系"观剑"，略易是名。又据钱镜塘先生说，此图为《干莫炼剑》，但与故宫博物院所藏《干莫炼剑图》不同，存此略备再考。

⑫徐悲鸿题《紫藤翠鸟图》云："庚寅为伯年先生五十岁，是其最成熟时。"按，此图作于1890年，任伯年应为51岁。据廖静文先生告，此图为徐先生逝世前几日购藏的，认为完美无瑕，张之素壁，对看整日，不幸翌日脑溢血突发，三数日昏迷，竟溘然长逝，谨记于此，以志永念。

⑬任伯年卒年，吴昌硕《哭任伯年先生》诗稿之小序云："光绪廿一年乙未十一月初四日殁。"即为1895年12月19日。（浙江省博物馆藏《吴昌硕诗稿》）

⑭译自新藤武弘日译本《中国美术史》，第353页。

谈任三访

◆丁羲元

　　近代画坛巨匠任伯年对 20 世纪的影响愈益显得分明而重要，但对他的史料记载及有关回忆却非常少，常令研究家引以为憾。我于十数年来，访问到三位先生：一位是上海著名的鉴藏家、任画的主要收藏家钱镜塘先生，一位是南京的史学教授、任伯年的友人和收藏家章敬夫的哲嗣章诚望先生，还有一位就是任伯年之孙、任堇叔的哲嗣任昌垓先生。他们从不同角度对任伯年其人其画做了生动的描述，随访之际，均录之于笔。兹应香港翰墨轩之嘱，将旧稿录出，公诸同好，谅有裨于画史之研究，亦别饶趣味也。

　　一、劫余谈任·访钱镜塘

　　钱镜塘先生是沪上著名的文物书画鉴赏家和收藏家。早年习画经商，工山水，业古董，晚岁退居斗室，唯以书画自娱，吟恽南田联曰："有时瀹茗思来客，或者看花不在家。"其自适若此。白髯潇洒，谈兴甚豪，其于书画名迹，了如指掌，于诗文掌故，记忆惊人，诵不绝口，若不经思索者。久居沪上，书画家多朋辈旧友，而于近代名家，笃好任伯年。又与任伯年哲嗣任堇叔为亲交好友，故所知任伯年往事甚多。任伯年画经其手收藏或转卖者以二千余幅计。50 年代故宫博物院和中国美术馆所藏之任伯年名作，多得之钱镜

塘手。予于己未（1979 年）至壬戌（1982 年）间常往返于北京、上海，在沪辄往钱老家评赏书画，每至日暮。时予研究任伯年画，故常得钱老教益。岂料天公无情，遽夺斯人。每忆及钱老笑语"你为任伯年争气，功德无量"云云，尤不能已矣。今谨记其谈任话语，以志永念。

钱先生数十年来，欣赏任伯年画，每遇佳作，不惜重金购下。其收藏和经手的任画，均重新装裱，而由吴湖帆、张石园题签。单是新装裱的任伯年画即有二千余幅。50年代，故宫博物院和中国美术馆要收藏任画，经徐邦达等介绍，到他家来买。当时，他们不辨真伪，钱氏说："凡我经手的任画，均负责到底，如不真，可退我。"并刻了几方"钱镜塘鉴定任伯年真迹之印"，钤于画角，故北方所藏任画多经其手。他曾拟以珂罗版精印任伯年画集，曾请王开照相馆来拍任伯年画的照片，均放大为12寸，耗资两万元，计数千帧。而在"文革"中均被洗劫一空。有关任画以及其他文物书画之笔记资料均不知去向。而抄没之历代文物、书画等等计以16辆大卡车，所谓"扫地出门"也。

任伯年生于道光二十年（1840年），具体时间听任堇叔说过。而卒于光绪乙未年（1895年）冬天，吴昌硕记有具体时日，并在一幅画上题有哭任伯年的诗。关于任伯年的死，其原因是任伯年将一生卖画所积的二万多元钱交给一个姐夫，托他在绍兴买一票田。但姐夫性好赌钱，赌输了，以假的田契来骗任伯年，说某处多少多少地。等到任伯年发觉地契是假的，遂一气成病，郁郁不乐。所以他最后两年的作品甚少，终因贫病而终。这是任堇叔告诉他的。

任伯年未成名时很苦。他到上海前，原在绍兴、宁波等处卖画，生意不好。任做假的任阜长扇面卖（不是传说的任渭长），被任阜长发现，一看画得那么好，却要做假的，一问又是本家，于是将他介绍给张熊、胡公寿等。任伯年在上海是任阜长打开局面的。当时胡公寿是上海画坛的权威，张熊、费余伯（费晓楼之子）是上海画坛的主要人物。任伯年被介绍给胡公寿，于是在上海才立住脚。任伯年与费余伯不合，因其父费晓楼，任伯年曾用"任小楼"之名，到上海后才不用。

任初到上海，住在三牌楼。当时五马路（今广东路）有一片店，古香室笺扇庄，任为他们画画，直至去世。因为刚到上海，任会在古香室画扇面，以后为了报答知遇之恩，任伯年每年去为他们画一个月，一般是在十二月，因此画上多题为"古香室""嘉平月"。任伯年的扇面，当时一把卖一元、两元，以后卖到五元、六元一把。而古香室拿去，又加倍可卖十元一把。

任伯年初学画时，任淞云叫他每天画写照，凡有客人来，不要告诉人名，只要将画像拿给他看即可。因此任伯年画的小照甚多。随时有来客即勾稿。钱先生原藏有《任淞云小照》，是胡公寿补松树。（按：现藏故宫博物院。）

任伯年二十几岁，一直有写生稿，有客来，即勾写其形，生相特别的，也即勾写。他三十岁左右还有写生册。有时有人来，家人说在阁楼上，客人上去一看，却无人，后发现他已翻窗至屋顶，追看几只猫打斗，画写生。

过去，任堇叔会说，任伯年中午吃了饭，喜欢到烟铺上躺着，将一张画纸挂在墙壁上，一边抽烟，一边构思，有时突然停下烟，将画纸取下，一气画成。他晚年画画，喜欢一气画几幅，今天画桃花白头翁，就都画桃花白头翁，明天如画牡丹，立轴扇页又都画牡丹之类，有点像现在的"流水作业"。当时抽烟也不贵，一元多钱，自己如果会煮，可以抽好几日。任一生也穷困，卖画积了两三万元，最后还被姐夫骗，买假田契。

任伯年自己手捏的小像，在地摊上卖，有一次堇叔告诉他，原想去买，等他去一看，已卖掉了。

任伯年的印章，早年是徐三庚刻的（大的），后来是吴昌硕刻的（多为小的）。早年印是用朱磦印泥，年久会变成黄色的。任伯年、虚谷、徐三庚的印早先都用朱磦印泥，后来才用朱砂印泥。

海上画家最早用西洋红的，是张子祥，他用西洋红画牡丹花，原来画牡丹用胭脂，"多买胭脂画牡丹"。任伯年画桃花也加用西洋红，他用西洋红是研成粉末，与后来的吴昌硕不同。吴昌硕以大笔一大垛一大垛地画（牡丹），在画上颜色都"铺"出来，摸得到了。任伯年画红菱，虚谷画红菱也是用西洋红。西洋红色艳，质细，但价昂贵，而年久又会褪色。

任伯年的杰作《群仙祝寿图》屏，原是上海一古董商家所藏，50年代初，他想拿去烧金卖钱，正好拿来给钱先生看。原来画屏上无原款，只是写上了"唐寅"的名款，冒唐伯虎的，他一看就知是任伯年的笔法。于是问曰："熔金可卖多少钱？"答曰："一百多元。"他笑说："我再加你二三百元卖给我吧。"于是钱氏买下了这通景屏，时价四百元。可惜无原款，是五尺屏条，共十二屏通景。他重新装裱，将假的"唐寅"款擦去，再泥金补好，由张石园题签。后来此图又被中国美术家协会上海分会收购珍藏。（据唐云先生告诉我，时价为一千二百元。）

任伯年有一幅《华祝三多图》（又名《华峰三祝图》），大帧绢本（六尺堂幅），工笔双钩，任阜长派头，古装束，陈老莲法。画古帝王尧深山往访长寿老人，三老恭侍迎候。三个老人白发，画得古透古透。帝王有侍臣、宫扇之类护拥，深山有芭蕉之属，画得山青水绿，似宋元画。一幅功力可抵几十幅，是任伯年中年时期最好的作品，画得比《群仙祝寿图》还要好。

任伯年与虚谷合作的《詠之先生早朝图小像》，此画原也是钱先生所藏，是苏州地方卖出来的。还有一幅肖像，条轴，人也极小，也是虚谷画写照，任伯年补景人物，画的手指甲极长，且绕过来，特别得很，也是合作，大约也在同时。任伯年还曾为虚谷所画高邕之像补景。虚谷画的高邕之色彩甚鲜，衣色是大红的。此画本来也是钱所藏。

任伯年画过戏画，《新安驿》画的是十三妹大闹能仁寺，由武旦扮，大红胡子，手举朴刀，化装成男子，小脚，要去杀安公子，但一见安公子眉目美貌，化怒为爱，公子吓坏了。此画为任伯年信笔戏作，原为章显庭所藏。章原为余姚人，余姚有一半属宁波，一半属绍兴管。他住上海四明公所，在宁波同乡会管事，因此称宁波人。又在上海天主教堂管房地产生意，"八一三"日本人打上海，地产一落千丈，他即失败，此画也不知去向。章于50年代初逝世，年约八十。（按：此图印本可见《"支那"南画大成》第七卷。）

任伯年临过恽南田一幅四尺小堂幅，工笔，芦花、蓼草，有几条鱼，画得极精。原为孙煜峰藏，现归上海博物馆。

宁波有人来说起任伯年有"半瓣月饼"，宁波人都知道的。钱先生说在我处，于是取出《中秋赏月图》来，画得极好，月亮、白兔、红漆盘中瓜果，还有半瓣月饼，画得具有神情。

任伯年还有一幅《隔帘美人》，下面是梅花布景，一个圆月洞中一个仕女。仕女不工，是粗笔，画得极好。而帘子纯以焦墨"擦—擦—擦"勾出，乱勾，远视之看得出里面一个美人，效果非常好。

《紫藤猫雀图》赠上海博物馆了，一株紫藤花，两只吃得"滚壮"的猫，蹿上去，飞出一群麻雀，鸟吓煞快了，哗——飞出来，停在紫藤棚上。这幅全是生活中观察写生，极有神趣。原为四条短屏，钱氏将它们裱在一起，为一个横披。

任伯年的仕女，能工善写，有一幅画一仕女，坐着披头散发，头发拖到地，画得很好看，并无恐怖之状。不知画的是什么故事，曾听堇叔讲过。他还有册页仕女，画龙女牧羊，也是头发披散到地上。

《关河一望萧索》，画的是花木兰出征。钱先生曾藏有一幅，背景画着城楼，楼下一守门兵吹画角，天上是一队雁鹅，前面是白马，一女扮男装依于马侧仰视。

《风尘三侠图》，任伯年画了许多。钱先生曾藏有三幅。其中有一幅四尺小中堂，笔较工，红拂在梳妆，虬髯公牵骡，李靖在窗外，厨房中还有一老师傅，在持刀斩肉，做馒头，非常有情趣。

钱镜塘先生劫余幸留的任伯年作品现藏有数十帧。其中精品计有《中秋赏月图》《姚小复像轴》《五月披裘图》《竹林雅集图》《次中鸡谈图》《春水鱼活图》（此帧临新罗山人之作，录有原款，绝佳）、《青素斗婵图》《叱石成羊图》《麻姑采药图》《携琴访友图》《荷塘煎裙图》《李白吟诗图》《卢橘麻雀图》《虬松野鼠图》《蒲塘双雁图》（此帧为临边寿民之作，款云"边寿民墨戏，以彩笔摹之"，甚为别致）、《洗婴图》《白战图》《姜石农像轴》等等，均为平日爱不释手之任画精品。还有一幅任伯年未完成之作，为炭稿。

任雨华与任堇叔年龄相差很大。任雨华后嫁吴氏，吴家颇有资财。任堇叔说，任雨华回家时手臂上常戴四副金镯头。任雨华画承家学，悉像任伯年。堇叔工古文辞章，书法好，也能画。

嘉兴杨伯润家，藏有任伯年书画甚多，都被后人卖了，有许多任伯年信札，不知去向。

关于任伯年百年纪念展览会（1939年8月举行，参看《申报》），钱镜塘回忆说："这次展览借大新公司，画全是一点稿子，是从徐小仓家里卖出的一些画稿，大多为徐小仓所临，画上无款识，无印鉴，有四尺、三尺一幅的，都是勾草稿，《四猫芭蕉图》那张稿子也在。大多不设色，也有着一点颜色的。当时画件不够，也从我处借去一些任伯年画，也是一般或较差的，布置点缀一下，后来也全被抽签卖掉了。那次画展，是借任伯年百年纪念之名，实际上任画精品未展出。发起人有孙雪泥等，他当时是生生美术公司经理。当然，这个年代是对的，有吴仲熊参加，吴知道任伯年生卒年月。任伯年生于道光二十年（1840年），所以是百年纪念展览会。这次展览会有无任伯年照片或画像，我记不清楚了，只是当时宁波人陈天南（字声远），有一张任伯年的照片，要卖给我，我后来未要。"（按：该展览会上有任伯年49岁所摄照片，应为任氏后人收藏。）

钱镜塘先生收藏极富，如徐熙《雪竹图》、范宽《晚景图》等均为传世名迹。其历尽艰辛，50年代将大批文物捐赠国家博物馆，其中有王石谷山水，是以二十两黄金从刘海粟处购藏捐赠的。其高风感人，叶圣陶先生曾属文延誉。而他对任伯年之独嗜，更是追求一生，别具慧眼的。我每往访，在他客厅必展任画叙谈。钱先生极富幽默，某日风大，则云"今日风大，任伯年大出风头"。"文革"后，他游莫干山，有人问他："老先生，山中雾大，吃得消吗？"他笑道："十年云雾都过来了，吃得消。"大家相与一笑，其精神健适如此。1983年6月2日，我得钱先生信，嘱前往一叙，岂料咫尺忽成天涯，钱老是日夜忽而作古，我叹恨不已。当时有诗悼钱老："忽听远尔失镜翁，谁期泪黯石榴红。却悲书到未谋面，剩忆茶余时展容。历劫遇难气弥壮，富藏精鉴世同功。杖藜扶筇今何去，隔尽云山几万重。"

（1983年6月12日雨窗）

二、清荫忆语·访章诚望

章诚望先生，以史学教授而雅好书画，其治学严谨，闻见淹博，家富收藏，尤嗜任伯年画。其先人敬夫先生，与胡公寿为同乡，经胡公寿介绍，与任伯年亲交，过从甚密，交情深笃，故其多得任伯年精品而珍藏。昔徐悲鸿先生在《任伯年评传》中，曾记其在南京访章诚望评赏任画之情景，有"吾于1928年初秋居南京，访得章敬夫先生之子，延吾往其家（玄武湖边）观伯年画。盖其父生平最敬伯年，又家殷富，故得伯年画颇多。记其佳者有《唐太宗问字图》，尚守老莲法，但已具后日奔逸之风。又《五伦图》，花鸟极精"云云。予生也晚，亦喜研读任画，每赴南京，辄往玄武湖边章府趋访。而诚望先生亦雅兴不减，设茗留客，频换任氏佳作于小厅品赏。一室之内，焕然生辉，翠庭幽窗，花光交映，聆其娓娓笑谈，诚不知乐之何极也。因记其谈任话语，以广其传。

章敬夫（1848—1915年）在沪上业商，会在其故里青浦营构清荫草堂，甲申（1884年）春乞图于任伯年。任伯年欣然为作《清荫草堂图》卷。图成，又有胡公寿作《清荫草堂图记》。章诚望曾写信给我，论曰："伯年先生画，以人物花卉鸟兽等为多，山水少作，且率为纵笔纷披之漫笔。我家所藏《清荫草堂图》，乃精心经营之作，颇少见。全图沉雄酣畅，下笔如风舒云卷，纵横排奡，独具风格。为突出"清荫"之义，树木特多，布叶于勾勒之余，忽施以痛快淋漓之泼墨，顿使峥嵘浑厚之气，逼于眉宇，复佐以曲桥一区之夭矫幽僻，韵致悠然，诚能工细与写吾心兼施，宏伟与静穆互见，彼此和洽，如天衣无缝，非魄力过人，画理晓畅，实难臻此。"又云："艺术，在英文中有和谐、调和、统一之义。《清荫草堂图》中有意不统一，双钩，泼墨，不统一中又统一，出奇制胜，不统一而能统一，不调和而能调和，有大气魄、大本领。而最难处在于不统一之统一。"

章诚望尝闻其母云：胡公寿与任伯年论画，教他画画要站着画，不能坐，第二要悬腕画，画好后要远远看，挂在墙上，或从楼上朝下看，有不足之处补之，真正不行则撕掉。任伯年与胡公寿关系极深，他后来的画笔笔中锋，笔路如刀刻，与胡公寿指点有关。胡公寿的字出入颜鲁公、黄庭坚，任伯年的字也学胡公寿。章敬夫业商甚忙，而账余餐后，也常于内室闲聊，故所记之事，亦得章敬夫先生。

任伯年喜画鸡，某日，章敬夫尝抱一对鸡送任伯年。伯年笑曰："且慢，我也送你两只鸡。"于是乘兴作《双鸡图》回赠。此图章氏珍藏，岁月良久，不意图中一鸡头及款题中几个字竟遭鼠啮（时任伯年已辞世），叹息弥深，后请钱慧安重补画一鸡头云。论者谓笔墨通神，良有以也。此图仍在，唯一鸡头，终不及任笔也。

章敬夫尝乞任伯年画《五伦图》，求之三年，未得。后某日去，任笑云："今日可赠《五伦图》矣。"因取笔，咬咬笔头，蘸蘸墨，将鹤尾上加上数笔，补毕，遂相赠焉。五伦者，凤凰以喻君臣也（《诗经》中用鹓鶵，画中易为凤凰），丹鹤以喻父子也，鸳鸯以喻夫妇也，鹡鸰以喻兄弟也，黄鹂以喻朋友也。

某氏请任伯年画，二三年未得，复去求。某日，代为磨墨、铺纸，任伯年时仍躺在烟榻上，抽着鸦片烟，不之顾。忽清风一阵吹来，一张好宣纸竟吹覆到墨池上，蘸上墨矣。某氏且叹且怨："我叫你起来画，你不起来，现在纸已糟蹋掉了。"任伯年徐云："不着急，我就用这张纸给你画。"遂起，就画案，将纸铺好，想了一想，忽又将砚中之墨在纸上东倒西泼，再用大笔勾补，画的墨涂涂一双大黑猫，某氏笑吟吟，且喜且谢，携画而去。

章敬夫原有红木文具箱，约一尺立方，门屏上有任伯年所画松枝图屏，并题诗句，甚为典雅。今亡失不复存矣。

又章氏原存任伯年亲笔书写名片一枚，红笺墨笔签名，极精雅，惜于"文革"中毁失。

任伯年曾收集了许多西洋的圣诞贺年片，据云有一万二千余张（按：此数甚巨，估录存待考）。

章诚望先生告，他所珍藏之任伯年作品中，有五件为极精品：

《唐太宗评字图》

《清荫草堂图》

《五伦图》

《双鸡图》

《雪里双鸽图》

而他最欣赏者为《雪里双鸽图》，其境界、神情俱佳，画双鸽一瑟缩，一饥寒，将雪景衬托无余，笔端有无限情思，不复待言。任伯年的画，如画雀子，双双俱活，不似有些画家笔下之雀，如一枪打过的，呆鸟也。

三、灯火深处·访任昌垓

我的《任伯年》一书出版后，一日忽得上海摄影师蔡嘉生的来信，对我书中谈及"任伯年身后之萧条景况"，感叹任伯年的后嗣"息影绝响，而他的艺术陶冶着一代代审美的心灵"颇有异议，他告诉我任伯年的孙子任昌垲先生就住在上海，这一讯息令我喜出望外。确实，对于任伯年的后代，几乎无人知晓。我在北京曾问过徐邦达先生，相对也茫然。只知道任雨华之孙吴仲熊，50年代初已去美国。后来我去美国，也确实想去拜访他，有一位友人为我联络，又从王季迁先生处得到吴仲熊的地址和电话。但其时他已是垂垂老矣，耳聋且昏，无法通电话，改为写信，他住在俄亥俄州（Ohio）的 Columbus，却又无法复信，只是聊致问候，遂无消息。想起任氏身后，自不免中心惆怅。

　　忽闻任伯年文孙的消息，确也令人鼓舞。岂非"众里寻他千百度，蓦然回首，那人却在灯火阑珊处"？

　　去年（庚午）的一个春夜，我怀着急迫的心情，在上海闹市瑞金二路一个幽静的里弄内，去叩响任氏后代的大门。那是一幢土红砖墙的三层楼建筑，任家住在三层阁上，于兹已37年矣。也正是在灯火深处，是一处并不引人注目的地方。三层楼上室内非常俭朴，没有通常书画家室内的诸多书画珍玩，豪华气度，更不用比大画家了。主人任昌垲先生，一见很安详慈厚，从那眼神、眉宇间，仍能想起与照片上的任伯年颇有几分相像。笑谈之间，自然是关注于其身世和家世。仿佛一切都在重新开始。

　　任昌垲为任堇叔的长子，生于1917年，今年七十有五，而精神健旺。他早年入天津南开大学，继转武汉大学经济系，抗战时迁往四川乐山。40年代末在上海的中国航空公司任职，1947年后又随陈纳德任董事长的民航空运公司迁广州。新中国成立后在北京中国粮食公司外贸部工作。后调兰州畜产公司，半年后请假回沪，后进光明中学任英语教师，直至退休居家。

　　任昌垲对其家世，所知也很寥寥。他说任堇叔平时很少谈及其先祖往事。任伯年逝世时，任堇叔才15岁。而任伯年的夫人陆氏（陆太孺人）1920年去世时任昌垲方4岁。原停柩于南市永锡堂绍兴会馆内，后由其堂弟任昌荣将先祖母灵柩迁到苏州。陆氏为苏州人，他记得住钜鹿路天惠坊一号时，常有亲戚姓赵，苏州人往来。当时任堇叔生活清贫，动辄搬迁，1920年至1924年堇叔住法租界鼎庆里（后改名为振平里）二十号，以后一两年即搬家一次，最后迁到钜鹿路福海里。任堇叔1936年逝世，也停柩于永锡堂，后由任昌垲的小妹妹昌珥于闸北汶水路普安公墓营葬。任堇叔的夫人范季珍，比堇叔小14岁，1895年生，1948年逝世，后事由任昌珥办理，吴仲熊也参加。吴仲熊祖父为湖州丝绸商，因敬慕任伯年，娶任雨华为继室。故仲熊叫堇叔为舅公。仲熊原在安利洋行（现和平饭店内）任高级职员，对任昌垲极好，昌垲读大学的两年学费，均由仲熊支付。50年代初赴美，任伯年画多经吴仲熊收藏，若干珍品赠予徐悲鸿，少量携往美国，据说有数箱任画存上海，"文革"中被抄没而无踪影。后来听说保存于上海工艺品进出口公司而不知去向。

任伯年生有二女二男：长女任雨华（1869—1920年），适湖州吴氏；次女任某而失其名，适扬州沈氏；长子任堇叔（1881—1936年），生一子二女；次子任天池（瑜），配唐佩云。堇叔夫人吸鸦片烟，当时家贫，两个女儿去当舞女。长女任昌璧（即任野平，1921—1938年），性刚强；次女任昌珥（1923年生），现居香港，性灵活。当敌伪时，在百乐门舞厅，有七十六号特务一流，看中任昌璧，初不从，因彼势力大，无奈何，遂云"将我娘安顿好，我嫁给你"，而在旅馆中服毒身亡，只有十八年华，当时报纸有新闻慨叹。而是时任昌垓在四川乐山武汉大学读书，独抱悲痛，此事向不与外人道及。

任氏后人今在沪城，以及远徙美国、加拿大和我国港、台地区者多人，除任雨华、堇叔辈，却无有习画者。任雨华画早有定评，苍秀俊逸，有声于时，而堇叔精于文辞、书法，为近代名家，亦工于画。常闻沙孟海先生对其书法称道不已。任昌垓家无藏画，任伯年作品一件也没有。但他却示我珍藏的任伯年摄影的玻璃底片，为任伯年49岁小影，任堇叔有长篇题跋者。而今已久历沧桑，为百年前旧物，虽斑驳不堪，而任伯年之面影犹依稀可辨，诚足珍贵。虽为一块三寸长方的玻璃薄片，在几代人手中抚摩珍赏，真可为百年兴衰和近代史留一佐证了。徐悲鸿在1928年因吴仲熊陪同在上海访问任堇叔，堇叔赠徐悲鸿一张任伯年照片，即由此底片所影印。后来徐悲鸿据此画了一幅任伯年肖像油画，极为传神生色，也是任伯年传世的唯一影像和油画作品。任先生复出示任堇叔的书画扇面七八纸，有行书录王维诗和东坡逸事的，有楷书引《水经注》的，还有几幅水墨山水，一写宋人词意春潮晚渡，一写钟子期抚琴奏高山流水（己巳小春月），笔意草草，而情意动人。昌垓先生铭记先人的情怀，其一往深挚直令我感动。临别时，我谈起海内外大博物馆、美术馆都珍藏着任伯年大量作品，经常有纪念活动、出版物和学术研讨会的盛况，虽然其后人手中竟无一收藏——我并非想说一点安慰他的话。但任昌垓先生仍然激动地说，藏在国家或别处比在家中更好，其情怀磊落，大有祖风。因此，我必须订正关于任氏后人的若干论述和话语，我不信在新时代和未来岁月，任氏后人不会更有新人崛起于艺坛。我看着那深处灯火在春夜渐次灿然烂然而耿于长天。

壬申（1992年）一月廿一日辛未嘉平望后灯下

任伯年用印

任润之印
–1865年–

山阴任润次远甫印信
–1865年–

颐印
（徐三庚刻）
–1866年–

任氏小楼
–1867年–

任颐私印
（徐三庚刻）
–1868年–

任颐长寿
–1868年–

任颐印
（徐三庚刻）
–1868年–

任伯年
（徐三庚刻）
–1871年–

颐印
（徐三庚刻）
–1871年–

任颐印信
–1872年–

任颐印信长寿
（徐三庚刻）
–1876年–

颐印
（徐三庚刻）
–1877年–

任颐印
–1877年–

任颐之印
–1877年–

任伯年
–1879年–

任伯年
–1881年–

伯年大利
–1882年–

伯年
–1882年–

任颐伯年
–1882年–

颐颐草堂
（吴昌硕刻）
–1883年–

山阴任颐
（吴昌硕刻）
－1883年－

伯年
（吴昌硕刻）
－1884年－

任颐长寿
（吴昌硕刻）
－1885年－

任颐
（押书）
（吴昌硕刻）
－1885年－

任颐
－1885年－

伯年
（吴昌硕刻）
－1885年－

画奴
（吴昌硕刻）
－1886年－

任颐之印
（吴昌硕刻）
－1886年－

伯年
（吴昌硕刻）
－1887年－

任伯年宜长年
（吴昌硕刻）
－1887年－

任伯年
（吴昌硕刻）
－1888年－

任千秋
（吴昌硕刻）
－1889年－

山阴道上行者
（吴昌硕刻）
－1889年－

任和尚
（吴昌硕刻）
－1889年－

任公子
（吴昌硕刻）
－1890年－

伯年
（吴昌硕刻）
－1892年－

任伯年年谱人名索引